NICOLAS
STOCKHAMMER

TRÜGERISCHE RUHE

Der Anschlag von Wien und
die terroristische Bedrohung in Europa

Amalthea
Verlag

Gefördert von der Stadt Wien Kultur

Redaktioneller Hinweis:
In Fällen, in denen aus Gründen der Stilistik das generische Maskulinum verwendet wird, sind grundsätzlich immer alle Geschlechter gemeint.

Der Umwelt zuliebe **#ohnefolie**

Umschlaggestaltung und Satz: Anna Haerdtl, Barbara Reiter und Silvia Fuchs, Bureau A/O
Umschlagmotiv: Anschlag von Wien, Tatort in der Seitenstettengasse
© Hans Punz/APA/picturedesk.com
Grafik Seite 126/127: © Der Standard
Lektorat: Eva Harker
Herstellung: VerlagsService Dietmar Schmitz GmbH, Heimstetten
Gesetzt aus der Freight Text Pro
Designed in Austria, printed in the EU
ISBN 978-3-99050-252-5

C + S + S
in Liebe gewidmet

INHALT

VOR WORT

PETER R. NEUMANN
PROFESSOR FÜR SICHERHEITSSTUDIEN
KING'S COLLEGE, LONDON

Der Anschlag in Wien vom November 2020 war gleichermaßen
absehbar und überraschend. Er war überraschend, weil der sogenannte Islamische Staat (IS) zu diesem Zeitpunkt bereits als besiegt galt. Vom vermeintlichen Kalifat, das Mitte 2010 der ganzen
Welt Angst und Schrecken eingejagt hatte, waren gegen Ende der
Dekade nur noch ein paar Dörfer übrig. Hinzu kam, dass Österreich selbst auf dem Höhepunkt der jihadistischen Terrorwelle
in den Jahren 2015 bis 2017 nie als wichtiges Ziel galt. Trotz Mitgliedschaft in der von Amerika angeführten Anti-IS-Koalition
hielt sich das Land militärisch zurück. Viele Experten waren der
Meinung, dass Österreich für den IS „keine Priorität" habe.

Wie Nicolas Stockhammer in diesem Buch eindrucksvoll
belegt, waren diese Einschätzungen nicht nur falsch, sondern
„trügerisch". Schon Anfang 2010, als sich der Konflikt in Syrien
radikalisierte, hätte klar sein sollen, welch enormes jihadistisches
Radikalisierungspotenzial selbst in der vermeintlich so friedlichen und wohlhabenden Alpenrepublik existierte. Mehr als 250
Personen aus Österreich zogen in den Konflikt und schlossen sich
jihadistischen Gruppen an. Gemessen an der Bevölkerungszahl
war die Anzahl der österreichischen Syrien-Kämpfer zweieinhalb
Mal so hoch wie in Deutschland und sogar dreieinhalb Mal so
hoch wie in der Schweiz. Niemals zuvor hatte eine solch starke
Mobilisierung für die jihadistische Bewegung stattgefunden, und
obwohl sich diese zunächst auf den Krieg in Syrien richtete, ging
es vielen früher oder später auch um ihre eigenen, westlichen
Heimatländer.

Mit „Trügerischer Ruhe" legt Nicolas Stockhammer eine
erste umfassende Einordnung des Anschlags vom 2. November
2020 vor. Das ist aus mindestens drei Gründen wichtig. Erstens,
weil es selbst bei so dramatischen und viel studierten Ereignissen wie Terroranschlägen auch Jahre später noch offene Fragen

gibt. Der Anschlag in Wien ist dabei keine Ausnahme. Bis heute weiß zum Beispiel niemand genau, wie sich Mohammed Atta, der Anführer der Attentäter vom 11. September 2001, radikalisieren konnte; die Verbindungen zwischen den Londoner Attentätern vom 7. Juli 2005 und al-Qaida sind bis heute unklar; und in Deutschland gibt es immer noch Streit darüber, wie der Attentäter vom Berliner Breitscheidplatz den Behörden durch die Finger schlüpfen konnte.

„Trügerische Ruhe" bringt alle bekannten Fakten über den Anschlag von Wien zusammen, ordnet sie ein und macht es möglich, die noch offenen Fragen zu identifizieren. Das ist wichtig, denn hundertprozentige Sicherheit gibt es nirgendwo, und bei jedem Anschlag geht es darum, aus Fehlern zu lernen. Wie wir von den Anschlägen in New York, London und Paris wissen, ist es meist nicht ein einziger Fehler, der zur Katastrophe führt, sondern eine Verkettung von kleineren und größeren Versäumnissen auf allen Ebenen. Eine unabhängige und schonungslose Analyse, wie sie Stockhammer in diesem Buch präsentiert, ist unabdingbare Voraussetzung dafür, dass sich solche Fehler nicht wiederholen.

Ein zweiter Grund ist, dass sich am Wiener Anschlag nachverfolgen lässt, wie sich der jihadistische Terrorismus im Laufe der Jahre geändert hat – und wie nicht. Solange das angebliche Kalifat in Syrien und dem Irak eine Operationsbasis bot, waren viele Anschläge des IS relativ komplex und wurden von dort aus organisiert. Bestes Beispiel sind die Anschläge von Paris und Brüssel in den Jahren 2015 und 2016, für die ein ganzes Netzwerk – bestehend aus mindestens drei Dutzend Terroristen – verantwortlich war. Als es in den darauffolgenden Jahren gelang, die Operationsbasis des IS zu zerstören, hieß es plötzlich, dass die Terrorgefahr jetzt nicht mehr von solchen Netzwerken ausgehe, sondern von „einsamen Wölfen" – also vermeintlich selbst radikalisierten Attentätern, die keine Verbindung zur Terrorgruppe hatten, sich im Internet „verführen" ließen und auf eigene Faust losschlugen.

Solche Einzeltäter gab und gibt es. Aber wie Nicolas Stockhammer zeigt, sind sie in vielen Fällen weniger „einsam" als das Label „einsamer Wolf" suggeriert. So war der Wiener Attentäter seit Jahren in der jihadistischen Szene unterwegs, hatte Kontakte im gesamten deutschsprachigen Raum und war für einen (fehlgeschlagenen) Versuch, sich dem IS in Syrien anzuschließen, bereits zu knapp zwei Jahren Haft verurteilt worden. Den Anschlag führte er als Einzeltäter durch, aber der Mythos des „einsamen Wolfs", den keiner kennt und der quasi über Nacht zum Terroristen wird, hatte mit ihm wenig zu tun. Selbst Einzeltäter, so wird auch an diesem Beispiel klar, sind oftmals behördenbekannt, im extremistischen Umfeld vernetzt und lassen sich durch gute investigative Arbeit „entdecken".

Nicht zuletzt zeigt das Buch, dass die Bedrohung durch den jihadistischen Terrorismus nicht vorbei ist. Natürlich gibt es deutlich weniger Jihadisten als noch vor zehn Jahren, ganz besonders in Europa. Und es stimmt, dass es dem IS schwerer fällt, im Westen Anschläge zu verüben – auch wegen der insgesamt sehr guten Arbeit der Sicherheitsbehörden. Aber ganz verschwunden ist die Gefahr nicht. In den letzten zehn Jahren haben sich in Europa mehr junge Menschen jihadistisch radikalisiert als je zuvor. Und auch wenn sich die große Mehrheit von der Ideologie losgesagt hat, kommt es immer wieder zu Anschlägen und Anschlagsversuchen.

Obwohl andere Formen des Terrorismus in der Zwischenzeit zweifellos an Bedeutung gewonnen haben, wäre es deshalb ein Fehler, die Erfahrung und Kompetenz bei der Bekämpfung des jihadistischen Terrorismus einfach so aufs Spiel zu setzen. Nicolas Stockhammers Buch beweist, wie wichtig es ist, Bedrohungen über Jahre hinweg zu beobachten, langfristige Strukturen zur Gefahrenabwehr und Prävention aufzubauen und immer wieder die eigenen Annahmen auf den Prüfstand zu stellen. Jeder, dem die Sicherheit Österreichs am Herzen liegt, sollte dieses Buch lesen.

London, 17. August 2023

EIN LEI TUNG

DREI JAHRE DANACH

Während ich diese Zeilen schreibe, ist es knapp drei Jahre her, dass Wien an einem lauen Allerseelenabend von einem islamistischen Terroranschlag heimgesucht wurde. Die Wunden sind noch immer nicht ganz verheilt, die Narben werden der Stadt bleiben. Wie viele andere europäische Metropolen hat der Terrorismus auch Wien verändert. Wenn wir heute durch die Gassen des sogenannten Bermudadreiecks schlendern, werden sich viele von uns an jenen tödlichen Abend im Herzen der Stadt erinnern. Auch ohne die Mahnmale zum Gedenken an die Opfer. Das völlig Unbeschwerte ist seitdem dahin. Die schmerzhaften Erinnerungen an die grauenhaften Szenen des Anschlags, die Gewehrsalven, das brutale Vorgehen des verblendeten Attentäters und die unschuldig attackierten, wehrlosen Opfer kommen einem unversehens in den Sinn. Genauso wie die schaurige Akustik: Hier ein dumpfer Knall. Dort hektisches Gebrüll. Überall Sirenen. Visuell begleitet von dem blauen Lichtermeer Dutzender Einsatzfahrzeuge. Kohorten von Polizisten, Rettungskräften und Helfern. Legionen von Medienvertretern und Kameras. Eine unübersichtliche Gemengelage. Chaos bis zum Schluss. Am darauffolgenden Morgen die vollkommene Ernüchterung. Eine Bilanz des Grauens. Das blutverschmierte Pflaster. Unzählige Einschusslöcher. Umgestoßene Stühle. Zerborstene Scheiben. Polizeiliche Absperrungen. Fast wie die Filmkulisse eines Actionfilms. Doch leider war dies nicht inszeniert, sondern harsche Realität.

Die unzähligen Bilder und Eindrücke jenes langen Abends haben sich fest ins kollektive Unterbewusstsein der Menschen in Wien eingebrannt und sind irgendwie stets abrufbereit. Dafür braucht es bloß einen kleinen Anstoß, etwa einen Spaziergang durch den Bereich des einstigen Tatorts. Die Besinnung auf die tragischen Ereignisse jenes 2. November hat sicherlich auch etwas Reinigendes. Sie macht die Endlichkeit unserer Existenz bewusst. Und einmal mehr offenbart sie die willkürliche Macht des Zufalls und die unnachgiebige Härte des Schicksals. Ich selbst kenne einige, die an jenem Abend inmitten des Geschehens waren, aber nicht mit dem Attentäter zusammengetroffen sind. Die Opfer hatten dieses Glück nicht. Im Gegenteil, die meisten von ihnen hatten das ausgesprochene „Pech", einem skrupellosen Attentäter, mit Schnellfeuergewehr und Pistole bewaffnet, direkt zu begegnen, der auf sie zielte, der töten wollte. Einige darunter wurden durch dessen Feuerstöße eher zufällig getroffen, durch Abpraller oder Streifschüsse. Ganze neun Minuten dauerte das apokalyptische Terrorszenario. Neun Minuten, die das Leben so vieler für immer verändert haben. Jenes der überlebenden Verletzten, der Angehörigen der Toten, derjenigen, die sich in Restaurants und Kellergeschossen versteckt gehalten haben. Jenes der Einsatzkräfte. Niemand blieb unberührt. Manche haben vielleicht ein Fingerglied verloren, andere einen geliebten Angehörigen – alle jedoch die Gewissheit der Sicherheit. Sie alle leben mit ihrer individuellen Erinnerung an jenen Allerseelenabend. Und mit den mannigfaltigen Konsequenzen, die für jede einzelne Person komplett unterschiedlich sein können.

Die vorliegende Zusammenstellung versucht, die Hintergründe und Auswirkungen dieser folgenschweren Tat zu erläutern und kritisch einzuordnen. Wie so oft bei derartigen Themen mit Bezug zu nachrichtendienstlichen Vorgängen und Erkenntnissen gibt es inoffizielle Quellen und Informationen, die nicht zitierfähig sind, Hinweise, die glaubhaft erscheinen, aber nicht belegt sind. Natürlich auch umgekehrt, was möglicherweise manche erstaunen wird. Aus diesem Grund habe ich mich vordergründig an offen zugänglichen Quellen orientiert und die relevanten Zusammenhänge möglichst originalgetreu sowie akkurat rekonstruiert. Dennoch kann man gewisse Kenntnisse und Informationen bei der Beurteilung von Ereignissen und Konstellationen nicht völlig ausblenden. Diese reflektieren dann die subjektive Komponente, die hoffentlich einen Mehrwert dieses Buches darstellt. Trotz meines redlichen Versuchs, einige wichtige Fragen zu beantworten, werden andere weiterhin offenbleiben. Eine wesentliche Zielsetzung meiner Beschäftigung mit dem Terroranschlag von Wien und der terroristischen Bedrohungslage in Europa ist unzweifelhaft eine kritische Auseinandersetzung einer breiteren Öffentlichkeit mit diesen Aspekten. Schließlich hoffe ich, dass dieser Befund einen Beitrag zu einer aufgeklärten öffentlichen Diskussion über Terrorismusbekämpfung und deren Notwendigkeiten sowie zugleich auch deren Defizite leisten wird.

Meine professionelle Beschäftigung mit dem Terrorismus hat mich allgemein sicherlich etwas abgebrüht werden lassen, was die tragische Dimension von Terroranschlägen betrifft. Manchmal ertappe ich mich zwar bei traurigen Gedanken an die bedauernswerten Opfer, aber für eine sachliche Betrachtung solcher Konstellationen als „Studienobjekt" ist kritische Distanz unabdingbar. Ähnlich wie bei einem Arzt, der seine subjektive Betroffenheit ausblenden muss, um einen guten Job am Patienten zu verrichten. Doch der Wiener Terroranschlag hat mich erstmals selbst ins Mark getroffen. Wahrscheinlich vordergründig deshalb, weil ich in jenem Bezirk, wo der Attentäter zuletzt gewohnt hat, aufgewachsen bin und einen persönlichen Bezug zum Tatort habe. Ebenso, weil ich mich geistig in die Lage vor Ort komplett hineinversetzen konnte. Hinzu kamen die zahlreichen Bilder und Videos, die meinen Eindruck noch weiter verfestigten. Mit etwas Zeitverzögerung, aber dann umso mehr, erfassten mich starke Gefühle wie Trauer und Mitgefühl. Als ich den Tatort das erste Mal besuchte, musste ich nach Fassung ringen. Möglicherweise ergeht es anderen Kollegen aus meinem Berufsfeld ähnlich, wenn es einen Terroranschlag in ihrer Heimatstadt gibt.

Diese persönliche Betroffenheit ist vermutlich der Hauptgrund dafür, dass ich dieses Buch erst im dritten Jahr nach dem Terroranschlag vom 2. November 2020 geschrieben habe. Ich wollte mir etwas Abstand genehmigen. Erstens als Forscher und Analytiker der Geschehnisse und zweitens, um meinen eigenen, persönlichen Zugang zu diesem Ereignis zu finden. Diese Darstellung reflektiert ein Stück weit auch meine subjektive Betrachtung der Faktizität. Daher finden sich darin immer wieder Einblicke in meine Gedanken, um die Hintergründe gewisser Schlussfolgerungen besser zu illustrieren.

Nichtsdestotrotz bleibt dies die Bearbeitung eines Politikwissenschaftlers, der sich seit rund zwei Jahrzehnten mit dem Thema beschäftigt, verbunden mit dem Anspruch, eine seriöse Bestandsaufnahme *sine ira et studio* zu liefern. Die Zielsetzung in meinem Fach besteht darin, den unbestechlichen Blick konsequent nach vorn zu richten und aus Vergangenheit und Gegenwart auf die mögliche Zukunft zu schließen – also faktenbasiert „Illusionen zu zerstören", wie eine Koryphäe der Disziplin es einmal treffend auf den Punkt gebracht hat. Im Kapitel über die strategischen Trends des Terrorismus versuche ich, basierend auf der Methode der strategischen Vorausschau, ein mögliches Zukunftsbild zu entwerfen. Hierauf aufbauend wage ich einen Ausblick in die nächste Zukunft der terroristischen Lage in Europa, wohl wissend, dass solche Projektionen immer nur explorativ sein können. Zudem unterstehen sie den Voraussetzungen einer linearen Trendentwicklung. Gamechanger, also grundlegende Brüche wie eine Pandemie, Krieg in der unmittelbaren Nachbarschaft oder technologische Revolutionen sind jederzeit denkbar. Das bedeutet, dass es kurzfristig anders kommen kann als ursprünglich erwartet.

In den rund 36 Monaten seit der Wiener Terrornacht ist viel passiert. Einiges hat sich verbessert, anderes ist gleich geblieben; die Bedrohungslage durch extremistisch motivierte Gewalt hat sich, wie ich zeigen werde, sogar graduell verschlechtert. Gänzlich verhindern wird man derartige Anschläge niemals können. Aber wir müssen aus dieser Schreckenstat und den zahlreichen Defiziten ihrer unterschiedlichen Akteure lernen. Dies ist die Basis für eine zukünftige effektive Vorbeugung oder Verhinderung weiterer terroristischer Attacken.

Es obliegt unserer Verantwortung, dafür Sorge zu tragen, dass die Opfer dieses Terrorakts nicht vergessen werden. Ihnen und den zahlreichen selbstlosen Helfern, den wahren Helden vom 2. November 2020, ist dieses Buch respektvoll gewidmet.

Wien/Berlin im Juli 2023

GAMECHANGER,
ALSO GRUNDLEGENDE
BRÜCHE WIE EINE
PANDEMIE, KRIEG IN
DER UNMITTELBAREN
NACHBARSCHAFT ODER
TECHNOLOGISCHE
REVOLUTIONEN SIND
JEDERZEIT DENKBAR.

VORBEMERKUNG

Immer wieder werde ich gefragt: Was bringt jemanden zum wenig ersprießlichen Themenbereich Extremismus und Terrorismus? In meinem Fall geschah dies eher zufällig und war vordergründig dem Geist der Zeit geschuldet. Im Rahmen meiner politikwissenschaftlichen Ausbildung widmete ich mich im Wesentlichen ideengeschichtlich-politiktheoretischen Fragen von Staatsräson und Macht. Doch wie so oft im Leben treffen sich die elliptischen Bahnen. Das Thema hat mich erfasst und nachhaltig in seinen Bann gezogen.

Meine erste Begegnung mit dem Terrorismus war, wie bei so vielen meiner Generation, eine virtuelle – als Konsument von dramatischen Echtzeitbildern eines Terroranschlags. Vor dem Fernsehbildschirm ergriff mich blankes Entsetzen, als am 11. September 2001 die beiden entführten Passagierflugzeuge direkt in die New Yorker Twin Towers rasten. Der globale Schock hielt wochenlang an. Auch in unseren Breitengraden. Seminare an der Universität wurden kurzfristig thematisch umgeplant und der „Terror" bestimmte für längere Zeit die Tagesordnung. Es gab in jenen Tagen kaum eine Konversation, die nicht in irgendeiner Form den Terrorangriff in den USA betraf. Wenige Monate vor dem Abschluss meines Politikwissenschaftsstudiums wollte ich mehr über dieses Phänomen erfahren und absolvierte ein gewaltiges Lesepensum von einschlägigen Büchern und Berichten.

Kurz entschlossen bewarb ich mich vor nunmehr fast genau 20 Jahren ohne große Erwartungen, aufgenommen zu werden, für ein Spezialprogramm „International Security after 9/11" mit dem Schwerpunkt Terrorismusbekämpfung an der renommierten Stanford University in den USA. Als dann der Postbote unerwartet den UPS-Brief mit der Zusage zustellte, hatte ich ein Gefühl, als ob Weihnachten und Ostern auf einen Tag fielen. So durfte ich als frischgebackener Magister nach Stanford und erhielt dort unglaubliche fachliche Einblicke, die meine Arbeit heute noch prägen. Während meines Aufenthalts an dieser Elite-

Institution forschte ich in einem fast paradiesischen Umfeld in Kleinstgruppen mit internationalen High-Profile-Kommilitonen und war Dauergast in der berühmten unterirdischen Bibliothek am Campus.

Mein weiterer Ausbildungsweg führte mich im Rahmen meines Doktoratsstudiums an die Humboldt-Universität zu Berlin, wo mich mein akademischer Mentor, Professor Herfried Münkler, einer der führenden deutschen Politikwissenschaftler, noch tiefer in die Materie eintauchen ließ und mich darin bestärkte, den Terrorismus „intellektuell zu durchdringen", wie er es formulierte. Am Münkler'schen Lehrstuhl für Theorie der Politik wurde dem Namen entsprechend theoriebasiert geforscht. Dadurch haben Begriffsarbeit und Theorien mein Verständnis des Fachs geprägt. Ein Zugang, von dem ich noch heute sehr profitiere. Überhaupt sind die Ideengeschichtler und Politiktheoretiker eine eingeschworene Gemeinschaft, die sich als „Elite der Politikwissenschaftler" verstehen. Das legendäre dienstägliche Doktorandenkolloquium, eigentlich ein Schaulauf der Habilitierten, in der Berliner Universitätsstraße war ein intellektuelles Leuchtfeuer und zugleich ein Stahlbad für die Vortragenden, deren Thesen penibel seziert wurden. Auch ich selbst kam in den Genuss, vor den Augen der Anwesenden von mehreren Seiten freundlich angegriffen und förmlich zerlegt zu werden. Am Ende erhielt ich ein verständnisvolles Schulterklopfen. „Willkommen im Club", hatte mir ein älterer Kollege augenzwinkernd zugeflüstert. Das war so etwas wie ein akademischer Initiationsritus. Herfried Münkler präsentierte dort ebenfalls regelmäßig die neuesten Thesen und Kapitel seiner bevorstehenden Publikationen. Heute darf ich ihn einen guten Freund nennen, den ich sehr schätze und mit dem ich mich regelmäßig austausche.

Meine akademisch überaus lehrreichen Jahre in der deutschen Hauptstadt waren von den US-Interventionen im vom Weißen Haus dereinst ausgerufenen „Krieg gegen den Terror" geprägt. Auf den Straßen Berlins und auch sonst überall in Europa wurde lautstark gegen diese, als Maßnahmen der Terrorismusbekämpfung etikettierten, militärischen Gegenschläge der Vereinigten Staaten protestiert.

Nach meiner Berliner Zeit verschlug es mich nach einem kurzen Intermezzo im österreichischen Verteidigungsministerium schließlich als wissenschaftlicher Mitarbeiter der Universität Wien an die Landesverteidigungsakademie, wo ich mir einen anderen, mehr sicherheitspolitischen Zugang zur Materie aneignen durfte. Dort machte ich erstmals Bekanntschaft mit der Methode der Szenariotechnik und dem softwareunterstützten Zukunftsmanagement (*Strategy Foresight Cockpit*), die ich bis zum heutigen Tag im Rahmen meiner Forschung verwende, um Trends, Prognosen und eben Szenarien des Terrorismus abzuleiten. Nach dem Terroranschlag von Wien bekam ich die Chance, eine eigene Forschungsstruktur unter meiner wissenschaftlichen Leitung an der Donau-Universität Krems, den Research Cluster „Counter Terrorism, Countering Violent Extremism (CVE) and Intelligence" aufzubauen. Dort werden Terrorismus und die Phänomene des Extremismus vor dem Hintergrund von Prävention und Bekämpfung analysiert. Das Themenfeld Intelligence, also die nachrichtendienstliche Beschäftigung mit diesen Problemstellungen, ist eine dritte Säule in Forschung und Lehre.

Der Terrorismus als Gegenstand meines wissenschaftlichen Interesses begleitet mich beruflich seit nunmehr rund zwei Jahrzehnten. Meine Faszination für dieses Thema ist ungebrochen und es gibt immer wieder neue Facetten zu entdecken.

WARUM TERROR ISMUS?

Mit diesem Buch möchte ich einer interessierten Leserschaft das Thema Terrorismus und seine komplexen Zusammenhänge näherbringen. So emotionsgeladen diese Materie sich darstellt, so vielschichtig ist sie – dementsprechend taucht instinktiv zuallererst und zwangsläufig die Frage nach dem „Warum" auf.

Doch was ist Terrorismus in Abgrenzung zu anderen Gewaltakten wie etwa zu Amok und School Shootings überhaupt? Wovon ist die Rede, wenn wir über terroristische Gewalt sprechen? Die Mehrzahl von uns hat eine grundsätzliche Idee hierzu, jedoch variieren die jeweiligen Zugänge in den meisten Fällen je nach persönlichem Bezug und individueller Relevanz. Ein vollkommen deckungsgleiches Verständnis von Terrorismus ist kaum zu finden – wie wir sehen werden, auch nicht in der Politik, der Wissenschaft oder in den Medien. Und schon gar nicht in der breiten Öffentlichkeit.

Der Terrorismus ist eine Strategie der Schwachen und eine Manifestation der Ausweglosigkeit, nicht selten ein Verzweiflungsakt und der Ausdruck eines Scheiterns.[1] In den meist traurigen Biografien der Attentäter lässt sich dieses Versagen auf persönlicher Ebene, privat wie beruflich, regelmäßig gut nachvollziehen. Wahllose Gewalt gegen unbeteiligte Dritte erscheint häufig als der letzte Ausweg für extremistische Gruppierungen und Einzeltäter. Offenbar sind sie der Meinung, mittels öffentlichkeitswirksamer Brutalität ihre Ziele erreichen zu können. Terroristen sind die willfährigen Erfüllungsgehilfen einer mörderischen Ideologie. Sie werden benutzt, um willkürlich Angst und Schrecken zu verbreiten.

Einige der Hauptursachen, warum jemand zu einem Terroristen wird, sind die Einflüsse politischer, wirtschaftlicher oder sozialer Faktoren. Hierzu zählen politische Unterdrückung, religiöser Fanatismus, Armut sowie Arbeits- und Perspektivlosigkeit, aber ebenso Sinnkrisen, Frustration und Enttäuschung. Menschen, die sich unterdrückt fühlen oder ihre politischen Überzeugungen nicht frei äußern dürfen, können sich unter bestimmten Voraussetzungen zu terroristischen Aktivitäten hinreißen lassen. Manche wiederum sehen in ihrer religiösen Überzeugung den einzigen Weg zur Rettung der Welt und glauben, dass der Einsatz von extremistischer Gewalt dafür notwendig sei. Insbesondere junge Erwachsene haben in gewissen Konstellationen aufgrund von Armut und Arbeitslosigkeit keine Zukunftsaussichten. Für sie ist der Terrorismus eine impulsive Möglichkeit zur Veränderung dieser Umstände, letztlich in der Meinung, ihrem chancenlosen Dasein zu entkommen. Frustriert und enttäuscht stürzen einige in eine Sinnkrise, die sie dazu bringt, sich dem Terrorismus als dem letzten Ausweg aus ihrer persönlichen Misere zuzuwenden. In der Praxis ist es oftmals eine Kombination dieser Ursachen.

WAS IST TERRORISMUS?

Terrorismus ist die gezielte Anwendung von Gewalt, Einschüchterung oder Nötigung, um weltanschauliche, politische oder religiöse Ziele zu verfolgen.[2] Ist diese Form der ideologisch motivierten Gewalt eher eine Taktik oder eine Strategie? Sicherlich beides. Sowohl eine taktische Methode, derer sich Extremisten bedienen, um mit einzelnen Maßnahmen ihre Anliegen durchzusetzen. Zugleich aber auch eine vielschichtige, kommunikationsbestimmte Strategie der Gewalt, der Einschüchterung, der Zermürbung und der Provokation, also ein Aktionsplan, der langfristig zu einer politischen Verhaltensänderung führen soll.

Der Terrorist des einen sei der Freiheitskämpfer des anderen, heißt es immer wieder polemisch. Darin zeigt sich die Schwierigkeit, den Begriff Terrorismus (von frz. *terreur*) allgemeingültig zu erfassen, da er zugleich eine negative und eine positive Wertung beinhaltet. Oftmals sehen sich Terroristen im typischen Selbstverständnis als „Revolutionäre" oder „Kämpfer für eine gute Sache". Sie erhöhen ihr ideologisches Anliegen zu einem Rechtfertigungsgrund für ihr illegitimes Handeln.

Wie eigentümlich falsch dies sein kann, illustriert ein fiktives Beispiel: Eine Gruppe von radikalen Tierschutzaktivisten bringt einen voll besetzten Zug, der auch Hühnerbatterien transportiert, zum Entgleisen. Tierschutz ist zweifellos ein legitimes Begehren, doch die Mittelwahl ist im skizzierten, zugegebenermaßen extremen Beispiel eindeutig terroristisch. Unterm Strich bleibt, gleichgültig wie man zur Sache selbst stehen mag, Terrorismus übrig, unbenommen, ob es als ethisch vertretbar angesehen werden könnte, zum Wohle der nicht artgerecht beförderten Tiere zu extremeren Maßnahmen zu greifen. Die Aktivisten haben mit ihrem Sabotageakt bewusst das Leben von unschuldigen Menschen und Tieren aufs Spiel gesetzt, um auf eine objektiv bestehende Ungerechtigkeit aufmerksam zu machen.

Daher ist stets zwischen dem Anliegen, den Zielen und der Protestform zu unterscheiden. Anliegen und Zielsetzungen können legitim sein, die Protestform hingegen illegitim und auf terroristischen Mitteln beruhen oder solche anstreben. So ist extremistisch motivierte Gewalt als illegitimes Handeln zu verurteilen und gleichzeitig, sofern zutreffend, sind die legitimen Anliegen zu unterstützen, die durch extremistische Mittel diskreditiert werden. Manche Medien tappen gelegentlich in die Falle, diese notwendige Differenzierung nicht trennscharf vorzunehmen. Sie laufen in solchen Situationen Gefahr, sich vom möglicherweise gerechtfertigten Begehren einer politischen Initiative blenden oder sogar einspannen zu lassen. Auch ist nicht von der Hand zu weisen, dass persönliche Einstellungen und Werthaltungen von Journalisten, aber auch von Forschern den Zugang zu diesem sensiblen Thema graduell mitprägen. Zumal Terrorismus in der Regel ereignisorientiert ist und es verschiedene Beurteilungen der relevanten Ereignisse geben kann. Man kann also folgern: Der Standort bestimmt den Standpunkt. Seriöse Medien müssen jedenfalls sehr sorgfältig und differenziert mit diesem Thema umgehen. Derzeit lässt sich dies etwa anhand der aufgeladenen Debatte rund um die „Klimakleber" und einschlägige Protestaktionen von Klimaschutzgruppen wie der „Letzten Generation" gleichsam in Echtzeit nachvollziehen. Journalistische Beiträge pendeln regelmäßig zwischen Stigmatisierung und

Trivialisierung. Keiner von beiden Zugängen ist auf Grundlage fundierter Einschätzungen der Extremismusforschung haltbar. Diskussionen verlagern sich vermehrt insbesondere auch in die sozialen Medien, die wie eine Echokammer der Polarisierung funktionieren. Verbreiter extremistischer Ideologien instrumentalisieren Facebook, YouTube, Telegram, TikTok & Co zusehends für ihre Zwecke, wobei die Pandemie hier begünstigend oder gar antreibend gewirkt hat.[3]

Die Wissenschaft muss demgegenüber stabile und nachvollziehbare Kriterien für eine Begriffsbestimmung von Terrorismus, aber auch Extremismus anbieten. Denn die Auswirkungen einer (Nicht-)Festlegung auf die Politik können signifikant sein. Genauso wählen Staaten wie internationale Organisationen mit Bedacht auf eigene Interessen und Präferenzen ihren subjektiven Zugang zum Terrorismusbegriff. Nach wie vor kursieren in der Terrorismusforschung rund 260 verschiedene Definitionen. Zu den am häufigsten wiederkehrenden Merkmalen des Terrorismus innerhalb dieser begrifflichen Einfassungen gehören mit 83,5 Prozent Gewalt, mit 65 Prozent politische Ziele und schließlich mit 51 Prozent die Verbreitung von Angst und Schrecken.[4]

Eine der meistzitierten Begriffserläuterungen kommt vom amerikanischen Doyen der Terrorismusforschung, Bruce Hoffman. Danach kann Terrorismus „[...] als bewusste Erzeugung und Ausbeutung von Angst durch Gewalt oder die Drohung mit Gewalt zum Zweck der Erreichung politischer Veränderung [...]" verstanden werden.[5] Das Ziel besteht also in einer Zustandsänderung der Politik. Weiters sei der „Terrorismus [...] spezifisch darauf ausgerichtet, über die unmittelbaren Opfer oder Ziele des terroristischen Angriffs hinaus weitreichende psychologische Effekte zu erzielen. Er will innerhalb eines breiteren ‚Zielpublikums' Furcht erregen und dieses dadurch einschüchtern [...]."[6] Die Verunsicherung ist das Mittel der Zielerreichung. Nach Herfried Münkler ist „Terrorismus [...] die Praxis des Gewaltgebrauchs durch [nichtstaatliche, Anm. N. S.] Akteure, die ihrem Gegner ressourcenmäßig deutlich unterlegen sind und über die psychischen Effekte physischer Gewalt politische Ziele erreichen wollen."[7] Im Wesentlichen ist der Terrorismus stets eine asymmetrische Konfliktsituation. Die eigene Unterlegenheit gleichen Terroristen durch den Zeitvorteil und den operativ taktischen Vorsprung aus, welche sie gegenüber Sicherheitsbehörden haben, was ihre Planungen im Vorfeld betrifft. Gemeint ist hiermit vorwiegend der Überraschungseffekt.

Problematisch erscheint außerdem, dass der Terrorismus ein „Drittes zwischen Krieg und Verbrechen" und zugleich auch ein hybrider Aggregatzustand zwischen Krieg und Frieden ist, wie Münkler verdeutlicht.[8] Unserem Verständnis nach ist der Terrorismus zweifellos ein auf Hass basierendes Gewaltverbrechen, das mit den Mitteln der Polizei sowie der Strafjustiz zu bekämpfen ist. Dennoch ist vor allem dann, wenn terroristische Gewalt von einer militärisch aufgebauten Organisation nach ebensolchen taktischen Grundsätzen ausgeübt wird, von einem kriegerischen Akt gegen die politische Ordnung auszugehen. Terrorismus hat in dieser Textur eine Systemänderung bis hin zum Regimewechsel, vor allem aber Destabilisierung zum Ziel. Daher entscheiden Regierungen von angegriffenen Staaten im Wesentlichen, ob sie mit sicherheitspolizeilich-strafrechtlichen oder mit militärischen Mitteln darauf antworten. Die USA haben sich im Nachklang von 9/11 in einen langatmigen und kostenintensiven „Krieg gegen den Terror" verstrickt, dessen mäßig erfolgreiche militärische Interventionen in Afghanistan und im Irak annähernd zwei Jahrzehnte gedauert und rund 8000 (!) Milliarden US-Dollar an Ressourcen verschlungen haben. Ganz zu schweigen von der enormen Anzahl (etwa 900 000) an Menschenopfern.[9] In Frankreich hat man als Reaktion auf die beiden massiven Terroranschläge von 2015 (Charlie Hebdo und Bataclan) mit einem verordneten Ausnahmezustand reagiert, der ebenfalls eine starke militärische Komponente, etwa an Wachsoldaten, beinhaltete. Dies ist aber in unseren Breitengraden eher die Ausnahme. Die Mehrheit der europäischen Staaten orientiert sich am sogenannten Kriminalitätsparadigma, also an einer Gegenstrategie, die auf dem Einsatz von konventionellen Instrumentarien innerer Sicherheit, das heißt der Polizei und des Verfassungsschutzes, beruht. Dabei wird das Ziel verfolgt, Terrorismus strafrechtlich zu ahnden.

Strukturell kann man Terrorismus mit einer schwelenden Glut vergleichen. Darüber hinaus erweist sich der Terrorismus entsprechend dem Krieg als ein „wahres Chamäleon", das seine Gestalt nach Belieben verändern und an äußere Sicherheitsumgebungen anpassen kann.

DER HYBRIDE TERRORISMUS

Besonders deutlich haben die islamistisch motivierten Attentate in Europa seit 2015 diese taktische Anpassungsfähigkeit der Terroristen gezeigt. Sie weisen auf einen neuartigen, „hybriden" Terrorismus hin, der eine strategische Abkehr von komplexen, lange geplanten und breit angelegten Terrorszenarien wie den Anschlägen vom 11. September 2001 vermuten lässt.

Hybrid bedeutet in diesem Zusammenhang eine bewusste Vermengung alter, „bewährter" Taktiken mit den Möglichkeiten des digitalen Zeitalters. Wenn man so möchte, simpel und unkompliziert, aber digital. Die digitale Transformation als tiefgreifende Veränderung hat in den postmodernen Terrorismus Einzug gehalten und diesen streckenweise auch übernommen.

In der Regel steckten hinter der überwiegenden Mehrzahl der jihadistischen Terrorattacken in Europa weder hierarchisch strukturierte Terrorzellen noch eine komplexe Vorbereitung. Die Vorgehensweise der vorwiegend selbst radikalisierten Einzeltäter entspricht dem Muster des sogenannten Gelegenheitsterrorismus. Für diese nach wie vor dominante Spielart terroristischen Vorgehens ist charakteristisch, dass die Attentäter von jihadistischen Terrornetzwerken entkoppelt sind. Die anhaltende Loslösung von Einzeltätern und kleineren Strukturen von den maßgeblichen salafi-jihadistischen Terrororganisationen, dem „Islamischen Staat" (IS) und al-Qaida, hat Marc Sageman als „führerlosen Jihad" bezeichnet.[10]

In den meisten Fällen werden die Terroristen nicht mehr direkt von Organisationen wie dem IS ausgebildet, vorbereitet, ausgestattet und detailliert instruiert. Vielmehr sind sie aus eigenen Stücken zur Durchführung von Terrorakten bereit. Unterstützt werden sie dennoch. Ideologisch inspiriert, angestiftet und mitunter ebenso angeleitet. Ein Studium der relevanten islamis tisch motivierten Terroranschläge in Europa seit dem Aufkommen des IS zeichnet ein klares Bild in dieser Hinsicht und belegt diese These.[11] Die jihadistische Ideologie ist die Trägerschicht, auf der alles Weitere aufbaut. Zur Aufrechterhaltung der Dynamik erscheint es daher essenziell, diese extremistische Weltanschauung zu verbreiten und an die „richtigen Empfänger" zu bringen. Islamistische Propaganda bietet für Jihadisten die ersehnte Rechtfertigung, einen Terrorakt zu verüben. Durch ihre terroristischen Aktionen oder bloß die artikulierte Bereitschaft dazu können sie gleichsam Teil eines Terror-„Franchise"-Netzwerks werden. Praktisch jeder einschlägig Radikalisierte kann, ohne jemals zuvor als Islamist in Erscheinung getreten zu sein, spontan bei diesem Trittbrettfahrer-Terrorismus mitmachen. Ohne jedwede Vorlaufzeit, komplizierte Instruktionen oder langwierige Aufnahmeverfahren. Eine formale Zugehörigkeit zum IS oder zu einer anderen islamistischen Terrororganisation ist mittlerweile nicht mehr notwendig. Alles ist der Spontaneität geschuldet – gepaart mit einer erstaunlichen Einfachheit in der Durchführung. Danach reicht es nunmehr aus, eigeninitiativ tätig zu werden und sein perfides Gewalthandeln der islamistischen Sache zu widmen. „Soldat des IS" wird, wer im Namen des IS tötet. Ich habe dieses islamistische Terror-Franchise bereits früher als „McJihad" bezeichnet.[12]

Diese spontanen sogenannten Low-Level-Attacken durch radikalisierte Einzeltäter oder Mikrozellen sind demzufolge noch immer das dominante terroristische Anschlagsmuster in Europa. Die Vorgehensweise bei terroristischen Anschlagsszenarien beruht dabei auf taktischer Einfachheit in Planung, Logistik und bei der operativen Durchführung, gleichgültig, ob diese Terrorakte als geplant oder gelegenheitsbasiert eingestuft werden. Zu den relativ leicht zu beschaffenden Wirkmitteln wie (Hieb- und Stich-)Waffen, Schnellfeuergewehren und Sprengstoffwesten sowie Alltagsgegenständen wie Messern könnten in naher Zukunft möglicherweise auch Drohnen gehören. Zwischenzeitlich hatten sich Szenarien des „vehikulären" Terrorismus (unter anderem in Nizza, Berlin, Barcelona, Stockholm) aus Sicht der Terroristen bewährt, bei denen jeweils ein Attentäter mit einem Fahrzeug in eine Menschenmenge gerast ist. Bereits 2014 hatte der mittlerweile getötete IS-Propagandist Abu Mohammed al-Adnani dazu aufgerufen, unvorhersehbare Terrorattacken gegen „Ungläubige" im unmittelbaren Umfeld mit einfachsten Mitteln zu verüben: „Zerschmettert seinen Kopf mit einem Stein, schlachtet ihn mit einem Messer, überfahrt ihn mit einem Auto, werft ihn von einem hohen Platz nach unten, erstickt oder vergiftet ihn."[13]

Gerade im letzten Jahrzehnt ist insbesondere die zunehmende Virtualisierung des Terrorismus, sowohl bei Jihadisten als auch bei Rechtextremisten, ein nachhaltiger Trend geworden.[14] Das Internet (vor allem soziale Medien und verschlüsselte Messenger-Apps) spielt nunmehr eine Schlüsselrolle im Zusammenhang mit der gesamten Palette terroristischer Erscheinungsformen. Ideologieunabhängig entfaltet sich diese Verlagerung in den virtuellen Raum entlang der terroristischen „Wertschöpfungskette". Das geht vom Erstkontakt mit extremistischer Propaganda zu Radikalisierung, Rekrutierung und Planung bis zur logistischen Unterstützung inklusive des Austausches über die effektive Durchführung eines Terroraktes.[15] Nahezu alles findet mittlerweile online statt. Nicht zuletzt islamistische Extremisten nutzen diese Kanäle gekonnt, um gezielt neue Attentäter zu rekrutieren, Zweifelnde anzustacheln oder zu Terroranschlägen aufzurufen.

Dadurch sind aufseiten der Extremisten ein Wettbewerb und indirekt eine Eskalationsdynamik entstanden. Diese Konkurrenz im Kampf um Aufmerksamkeit, einerseits der Islamisten untereinander, andererseits auch nach außen hin gegenüber Rechtsextremisten, hat eine terroristische Gewaltspirale ausgelöst, die zu einer wechselseitigen Inspiration führt – Vorbilder versus Nachahmer. Im Sinne einer Propaganda der Tat verstärkt eine solche Interaktion den Handlungsdruck innerhalb der extremistischen Gesinnungsgemeinschaften. So haben islamistische Terroranschläge häufig Antwortcharakter auf rechtsextremistische und umgekehrt.[16] Es entsteht eine Art Teufelskreis von Reaktion und Gegenreaktion.[17] Terroristische Gewalt wirkt deshalb gefühlt omnipräsent. Durch eine Häufung von Anschlägen im europäischen Umfeld wird die Unsicherheit weiter gefördert. Man fragt sich nicht unberechtigt, wann und wo es das nächste Mal zu einer Terrorattacke kommen wird. Allein in Europa wurden zwischen 2014 und 2022 insgesamt rund 120 islamistisch motivierte Terroranschläge verübt und/oder von den Sicherheitsbehörden verhindert.[18] Infolge der tatsächlich umgesetzten jihadistischen Terrorakte gab es insgesamt mehr als 800 Tote und 3800 zum Teil schwer Verletzte. Die Zahlen der relevanten Vorkommnisse dürften auch in den nächsten Jahren in ungefähr demselben Rahmen bleiben oder sogar steigen. Im islamistischen Phänomenbereich ist aktuell eine drastische Zunahme an gewaltorientierter Propaganda im Internet zu registrieren. In einschlägigen Foren werden vermehrt terroristische Planungen diskutiert, auch die notwendigen Mittel zur Durchführung von Low-Level-Szenarien sind vorhanden. Ein weiterer Faktor sind großflächig bevorstehende Haftentlassungen von verurteilten Jihadisten in Europa. Daher erscheint ein künftiger Rückgang in der relevanten Statistik der durchgeführten, nicht durchgeführten und verhinderten Terrorplots vor dem Hintergrund krisenhafter Entwicklungen und einer fortschreitenden Polarisierung in Europa jedenfalls unwahrscheinlich. Sämtliche der tatsächlich umgesetzten, jihadistisch motivierten Terroranschläge in den Jahren 2021 und 2022 wurden von Einzelpersonen verübt, die allein handelten.[19] Diese Daten belegen den bestehenden Trend zum radikalisierten Einzeltäter.

So war dies auch der Fall beim Wiener Terroranschlag vom 2. November 2020, wobei der Attentäter zwar unmittelbar allein gehandelt haben dürfte, aber inspirative und logistische sowie taktische Unterstützung erhalten hat. Beobachter fragen sich, was einen jungen Mann dazu verleitet, mitten im beschaulichen Wien wahllos mit einem vollautomatischen Schnellfeuergewehr auf unschuldige Menschen zu schießen. Noch dazu, zumal bereits im Vorfeld klar erschien, dass der Attentäter diese Attacke höchstwahrscheinlich nicht überleben würde. Wie verzweifelt und verblendet muss man sein, um eine solche sinnlose Schreckenstat zu verüben? Kann ein Mensch sämtliche moralischen Bedenken und angeborenen Selbsterhaltungsreflexe vollkommen ausblenden? Die Antworten hierauf sind vielschichtig und komplex. Und ausnahmslos einzelfallorientiert. Kaum ein Fall gleicht dem anderen in den bestimmenden Parametern. Unzählige wissenschaftliche

Erklärungsmodelle in Hinblick auf Radikalisierung sowie den dahinterstehenden Prozess setzen entweder beim Individuum, bei Bezugsgruppen im Umfeld oder bei der Gesamtgesellschaft an. Relevant bei Einzeltäterszenarien sind Individuen und die unmittelbare Situation, in der es zum Terrorakt kommt. Was kann man dagegen tun? Wie kann man dieser Entwicklung auch in Zukunft nachhaltig entgegenwirken?

Über Sinn und Bedeutung terroristischer Gewalt nachzudenken ist kein einfaches Unterfangen. Überlegungen dieser Art erfordern ein grundlegendes Verständnis der Funktionalität des Terrorismus, aber vor allem seiner elementaren Wechselwirkungen. Hier die Terroristen, dort die Angegriffenen. Zudem orientiert sich terroristische Gewalt an den politischen Strukturen, den Staaten, die ebenfalls ins Visier genommen werden. All dies ist stets gesamtheitlich und in wechselseitigen Abhängigkeiten und Bezügen zu denken. Denn was für unsereins gemeinhin mit Blick auf Ursachen, Motive und Zielsetzungen vollkommen widersinnig erscheinen mag, kann für Terroristen durchaus eine nutzbringende Option sein. Sowohl im Diesseits als auch im Jenseits, da gerade Jihadisten mehrheitlich transzendent orientiert sind.

Was die Motivlage von Terroristen betrifft, so unterscheidet man primäre von sekundären Motiven. Bei den primären Motiven handelt es sich um tief sitzende Frustrationen, erlittene Traumata, schwerwiegende psychische Kränkungen oder andere negative Erfahrungen (wie im Kapitel „Warum Terrorismus?" beschrieben). Oftmals ist es eine Kombination von „Push-Faktoren", also motivierenden Umständen, die zur Radikalisierung von ansprechbaren, meist labilen Persönlichkeiten beitragen. Die Radikalisierten betrachten sich prinzipiell als Opfer und verspüren zunehmend einen Drang zu handeln. Gewalt erscheint ihnen als eine sinnvolle, weil auf den ersten Blick Erfolg versprechende Alternative.

Die sekundären Motive sind die berühmten „drei R" (nach Louise Richardson): „Rache, Ruhm und Reaktion".[20] Rache als Antwort auf die reale oder wahrgenommene Unterdrückung von Muslimen im Westen oder in muslimisch dominierten Ländern. Ruhm bezieht sich auf die ersehnte Anerkennung innerhalb der extremistischen Bezugsgruppe, der sich Terroristen zugehörig fühlen. „Der wahre Märtyrer will nicht sterben, sondern ewig leben. Der Massenmord verheißt Ruhm und Unsterblichkeit, und sei es nur im Gedächtnis der Hinterbliebenen", wie der Soziologe Wolfgang Sofsky illustriert.[21] Dies meinen vor allem junge radikalisierte Männer dadurch zu erreichen, indem sie als Kämpfer, manchmal zugleich als Märtyrer, für die eigene verquere Ideologie oder demokratiefeindliche Überzeugung in Erscheinung treten. Gewaltsame, extremistisch motivierte Handlungsweisen sind häufig eine unmittelbare Reaktion auf wahrgenommene Provokationen wie etwa die Veröffentlichung von Karikaturen des Propheten Mohammed. Terrorakte streben wiederum selbst nach einer Reaktion der Angegriffenen. Im Idealfall, aus Sicht der Angreifer, entpuppt sich diese Antwort der Staaten als ein übereiltes Gegenhandeln. Konkret kann das eine drastische Beschränkung von Grundrechten, insbesondere staatsbürgerlichen Freiheiten, nach sich ziehen, die wiederum den Terroristen in die Hände spielt.

Terrorismus ist letztlich eine komplexe Erscheinung, was sich auf unterschiedlichen Ebenen entfaltet: auf der Mikroebene des Individuums, auf der Mesoebene des sozialen Umfelds und auf der Makroebene der Gesellschaft beziehungsweise der Politik. Diese sind miteinander verwoben, können aber auch unabhängig voneinander existieren und die Entstehung des Terrors beeinflussen. Darüber hinaus gibt es tiefere, strukturelle Ursachen, unmittelbare Beweggründe und Auslöser. Ebenso sind die Katalysatoren, also Verstärker oder Durchlauferhitzer extremistischer Gewalt zu adressieren. Am ehesten ergibt es daher Sinn, von Konstellationen zu sprechen, in denen sich Terrorismus herausbilden kann. Kaum eine gleicht der anderen. Zwar gibt es hin und wieder Ähnlichkeiten und Unterschiede, aber jede Konstellation ist für sich einzigartig. Die virtuellen Möglichkeiten der Digitalisierung haben den Terrorismus in seinen Möglichkeiten potenziert. Daher kann man analog zu dieser Entwicklung mittlerweile von einem „Terrorismus 3.0" sprechen. Terroristen kommunizieren über die Chatfunktion von gängigen Spielkonsolenplattformen oder über beliebte Videoapplikationen wie TikTok. Bauanleitungen und Gebrauchsanweisungen für alle möglichen Sprengsätze oder 3D-Drucker-Waffen (etwa beim rechtsextremistischen Terroranschlag von Halle im Oktober 2019) finden sich häufig frei verfügbar im Internet. Man muss dafür mitunter nicht einmal mehr in die illegalen Untiefen des Darknet abdriften. Terrorgruppen und deren Adepten erreichen mit ihrer extremistischen Propaganda im Internet mittlerweile mühelos Hunderttausende Personen – in Echtzeit und überall auf der Welt. Der IS konnte zumindest am Anfang seiner konstruierten „Kalifatsutopie" in Syrien mittels professioneller Videos und jihadistischer Hochglanzmagazine wie *Dabiq* und *Inspire* oder *Rumiyah*, vor allem aber in einschlägigen Social-Media-Kanälen bis zu 6000 junge Menschen aus ganz Europa anlocken, sich dem Jihad anzuschließen.

Um die Logik des Terrorismus nachvollziehen zu können, müssen jeweils die einzigartigen Rahmenbedingungen betrachtet werden, die ihn fördern und beflügeln. Ebenso sind fundierte Kenntnisse hinsichtlich der terroristischen Akteure, Taktiken, Modi Operandi, Wirkmittel und Szenarien vor allem mit Blick auf Präventionsstrategien erforderlich. Die Gretchenfrage bleibt dabei stets jene nach den individuellen Motiven und dem Überschreiten der Hemmschwelle zur Gewalt, deren Antwort beim Einzelnen und dessen Umfeld zu suchen ist. Eine weitere wichtige Komponente ist die Rolle von individuellen und kollektiven Identitäten sowie die weltanschaulichen Überzeugungen, die für die Rekrutierung und Mobilisierung von Terroristen von zentraler Bedeutung sind. Den Nährboden für die Entstehung von Terrororganisationen bilden politische, soziale oder religiöse Konflikte, deren ideologische Aufladung auch für Terrorattentate durch Einzeltäter ursächlich sein kann. Dabei sind die Taktiken und Vorgehensweisen von Terroristen äußerst vielfältig und können je nach Zielsetzung und Kontext stark variieren. Sie reichen von Selbstmordattentaten und Geiselnahmen bis hin zu Cyberattacken und Angriffen mit biologischen oder chemischen Waffen.

Insgesamt setzen die Analyse und Bekämpfung von Terrorismus ein breites Spektrum an Kenntnissen und Fähigkeiten voraus, von politischer Analyse bis hin zu technischer Expertise.

Eine koordinierte und integrative Herangehensweise insbesondere auf europäischer Ebene, die die unterschiedlichen Facetten von Terrorismus berücksichtigt, ist unerlässlich, um wirksame Strategien zur Verhinderung von terroristischen Aktivitäten zu entwickeln und umzusetzen. Terrorismusbekämpfer müssen „Komplexitätsreduzierer" sein, denn oft sucht man die Nadel im Heuhaufen und hat nur sehr wenig Zeit, um einen Terroranschlag im Vorfeld zu verhindern.

DIE STRATEGIEN EXTREMISTISCHER GEWALT

Die Hauptstrategien des Terrorismus sind jene der Kommunikation, der Zermürbung beziehungsweise Ermattung und schließlich der Provokation. Diese kommen in unterschiedlicher Intensität manchmal sogar gleichzeitig zur Anwendung.

Terrorismus hat im Sinne einer „Propaganda der Tat" zugleich Schock- und Signalwirkung und entspricht zweifellos einer Kommunikationsstrategie.[22] Denn frei nach Margaret Thatcher ist Publizität der „Sauerstoff des Terrorismus". Hierzu passt das terroristische Kalkül einer offenen Gewaltbotschaft. Der Adressat ist der „interessierte Dritte" oder vielmehr der zu interessierende Dritte.[23] Denn die Selbstvergewisserung der ungeteilten Aufmerksamkeit beim gewünschten Empfänger der Terrorbotschaft ist essenziell. Brian Jenkins hatte Terrorismus zutreffend als „Theater" bezeichnet.[24] Der israelische Militärhistoriker und Bestsellerautor Yuval Harari vergleicht Terroristen daher mit „Theaterregisseuren"[25], denen primär an der Inszenierung des Terrors gelegen ist. Bereits eine geringe Anzahl an Todesopfern bei Terroranschlägen vermag bei Millionen Menschen diffuse Angst und Schrecken zu erzeugen.

Zermürbung ist das „bewährte" taktische Prinzip einer Ermattungsstrategie. Solange unnachgiebig „gebohrt" wird, das heißt die Terrorbedrohung durch regelmäßige Nadelstiche – wiederkehrende Terroranschläge, kleinere terroristische Vorkommnisse, aber auch wiederholte Terrorwarnungen – hochgehalten wird, bleibt Terrorismus permanent in den Köpfen der Menschen und führt damit zu einer Ermattung der Bevölkerung (zum Beispiel durch die RAF, die Brigate Rosse, die IRA oder Boko Haram und andere). Strategisches Ziel der Terroristen ist die Psyche der Menschen und letztlich die öffentliche Meinung: Die Terroristen wollen unsere Gesellschaft mürbe machen. Diese Taktik drückt bereits der Begriff der „Zermürbung" unserer Durchhaltefähigkeit aus. Ermattung steht für eine Übermüdung und eine steigende Bereitschaft unserer Gesellschaften zu Kompromissen mit Extremisten, um diese als lästig empfundene Bedrohung loszuwerden. So versucht eine „Ermattungs- oder Abnützungsstrategie, die rechtsstaatlichen Grundsätze in Frage zu stellen, die Handlungsfreiheit der Regierungen einzuschränken oder gar zunichtezumachen, indem öffentlich bewiesen werden soll, dass eben dieser Staat unfähig ist, seine ihm auferlegten [Anm. N. S.: Sicherheits-]Aufgaben zu erfüllen".[26] Terroristen wollen ganz klar dokumentieren: „Seht her, euer Staat ist nicht in der Lage, euch zu beschützen!"

Der Soziologe Peter Waldmann versteht Terrorismus als eine „Provokation der Macht", die grundsätzlich auf eine (Gegen-)Reaktion der Angegriffenen ausgerichtet ist, was das Katz-und-Maus-Spiel von Angreifern und Angegriffenen in Gang halten soll.[27] Für Yuval Harari gleichen Terroristen bildlich gesprochen Fliegen, die einen Porzellanladen zertrümmern wollen.[28] Sie haben nur eine Möglichkeit: sich summend ins Ohr eines Stiers zu setzen, bis dieser wütend wird und in Raserei alles zerstört. Medien und Politik werden von Terroristen missbraucht, indem sie die Werkzeuge dieser Zerstörung werden. Unvorhersehbare Terroranschläge gegen unbeteiligte Zivilisten haben seit jeher die Wirkung, neben Angst und Schrecken auch eine Verunsicherung in der Bevölkerung zu verbreiten. Der Gewaltforscher Steven Pinker folgert mit Bezug auf das Verhältnis von Eintrittswahrscheinlichkeit zu Schadenswirkung: „Terrorismus ist eine seltsame Kategorie von Gewalt: Hier ist das Verhältnis von Angst und Schaden geradezu absurd."[29] Außer Zweifel steht zudem, dass der nachhaltige psychologische Effekt in seiner Breitenwirkung größer ist als jener der unmittelbaren Zerstörung. Hier ist zwischen objektiver

Sicherheitslage und dem subjektiven Bedrohungsempfinden zu unterscheiden. Während Letzteres eher selten konkret und eine unmittelbare Gefahr durch den Terrorismus für einzelne Menschen statistisch unwahrscheinlich ist, kann die kollektive oder individuelle Wahrnehmung dieser Bedrohung von Unsicherheit geprägt sein.

DIE MEDIEN UND DER TERROR

Was fasziniert uns eigentlich so am Terrorismus? Warum schockiert uns terroristische Gewalt besonders? Dies sind keineswegs unberechtigte Fragen. Aus meiner Sicht ist es vor allem die Beliebigkeit, mit der es einen treffen kann. Die Macht des Schicksals hat sicherlich eine nicht zu unterschätzende, einschüchternde Wirkung auf uns, wenn wir zufällig ins Visier von heimtückischen Verbrechen geraten. Dabei spielt der Faktor Zufall eine große Rolle. Darüber hinaus sind die Ausübung und expressive Darstellung roher Gewalt in unseren Breitengraden mittlerweile fast zu einer Ausnahme geworden. Nicht zu vergessen die Dimension unschuldiger Opfer, die sehr wahrscheinlich, ohne jemals zuvor mit den Attentätern zu tun gehabt zu haben, kurzfristig um ihr Leben bangen müssen. Für Florian Hartleb finden sich zudem noch weitere Erklärungsansätze für die Faszination einer breiten Masse am Terrorismus:

→ „Wir unterteilen die Menschen entweder in ‚ganz normal‘ oder ‚psychisch gestört‘. Besonders das Extreme fasziniert uns [...].

→ Es gefällt uns, über Implikationen im sozialen Umfeld zu rätseln, Dekadenz und einen Verfall der Sitten zu wittern [...].

→ Es fesselt uns, über die politische Motivation zu diskutieren, generell über die Botschaft, die sich hinter einer von langer Hand geplanten Tat offenbar verbirgt [...].

→ Wir hinterfragen die Gewichtung von persönlicher Kränkung und exzessiver politischer Radikalisierung beim Täter [...].“[30]

Zudem trauern wir um die Opfer, deren Leben willkürlich und abrupt ausgelöscht wurde. Im Raum steht auch die Frage nach einer angemessenen Erinnerungskultur. Letztlich wird im Anschluss an Terroranschläge deutlich, dass Staat und Gesellschaft nicht perfekt sind und dass wir Alarmzeichen früher erkennen müssten, um solch eine Tat in Zukunft zu verhindern.

Sämtliche dieser Faktoren, der Zufall, das Extreme, die Bildhaftigkeit, der Schock und unsere Neugier, aber auch bloß das allgemeine Interesse am Zeitgeschehen lassen Terrorismus für die Medien attraktiv erscheinen. Solche Schlagzeilen stoßen auf Interesse und bringen Quote. Die Medien und der Terrorismus pflegen eine symbiotische Beziehung. Beide können nicht ohne einander. Manche Forscher vergleichen Terroristen mit Parasiten, die den Wirten (die Medien) schamlos für ihre Zwecke ausnutzen.[31] Terrorismus wird heutzutage über die Massenmedien vermittelt. Einerseits auf offiziellen medialen Kanälen, aber auch in sozialen Medien, Internetforen und Chatgruppen. Die „Propaganda der Tat" sucht die Öffentlichkeit. Der Terrorismus benötigt Publizität und somit eine Bühne zur Inszenierung. Medien sind oft der Resonanzkörper des Terrors. Ohne mediale Berichte läuft ein Terrorakt ins Leere. Ohne Terrorismus gäbe es jedoch auch viel weniger Schockierendes zu berichten. Ein Dilemma. Über den Terror zu berichten ist besonders für Nachrichtenjournale attraktiv, denn Schockereignisse dieser Art bedienen die wesentlichen Nachrichtenwertfaktoren wie Aktualität, Timing, Emotionalität, Negativität, Bildmächtigkeit oder Eindeutigkeit.[32] Im Kern geht es dabei um die Qualität der Berichterstattung und das Ethos der damit befassten Journalisten. Bilder von blutverschmierten Opfern oder dem Leid der Angehörigen haben meines Erachtens nichts auf dem Fernsehbildschirm zu suchen. Ebenso ist jegliches Bildmaterial, das den oder die Attentäter zeigt, nur sehr spärlich zu verwenden, da es von sympathisierenden Extremisten zwecks Glorifizierung der Terroristen missbraucht werden könnte.

Boulevardmedien werden nicht selten zu Erfüllungsgehilfen der Terroristen: Durch eine sensationslüsterne Berichterstattung wird ein Forum für Terroristen und deren Anliegen geschaffen. Sie bedienen mit ihrer öffentlichen Zurschaustellung von Leid und Tod den blanken Voyeurismus einiger weniger. Zyniker sprechen mittlerweile von „Terrortainment"[33]. Gar nicht zu berichten, funktioniert indes auch nicht. Sonst überließe man die Deutungshoheit über den relevanten terroristischen Vorfall den Spekulanten, Verschwörungserzählern und den Propagandakanälen der Extremisten. Letztlich ist es die Erzählung, die entscheidend ist und sich ins kollektive Gedächtnis einnistet. Die Bilder prägen das jeweilige Narrativ. Politik und Medien, aber auch Extremisten *framen* dann diese Erzählung. Framing bedeutet, eine subjektive Interpretation von Ereignissen und Themen als gesteuerten Prozess in (gefällige) Deutungsraster einzufügen. Es steckt ein eindeutiges Kalkül dahinter, wie über einen Terroranschlag berichtet wird. Sei es die Kommerzialisierung – also die Maximierung von Zuschauerzahlen – oder bloß die Steigerung der Popularität eines Mediums, weil es „unzensuriert" berichtet. Terroristen framen einen Anschlag ebenfalls entsprechend ihrer Propaganda. Aus ihrer Sicht folgen ihre Handlungsweisen einer „Kommunikationsstrategie" der Gewalt.[34] Während des Gerichtsprozesses zum rechtsextremistisch motivierten Terroranschlag von Halle machte der angeklagte Attentäter Stephan B. auf die Frage, warum er die Tat live streamen wollte, eine bemerkenswerte Aussage: „Die Übertragung ist wichtiger als die Tat an sich."[35] Diese Bemerkung gewährt tiefe Einblicke in das Kalkül eines Terroristen. Er nutzt die Medien gezielt aus, um seine Botschaft der Gewalt und des Hasses zu übermitteln – die Form wird sukzessive wichtiger als der Inhalt. Diese Erkenntnis hat massive Auswirkungen auf kommende Terroranschlagsszenarien. Wie Regisseure werden die Architekten terroristischer Aktionen diese Komponente der Außenwirkung und medialen Verwertung noch stärker in ihre Planungen miteinbeziehen. Das bedeutet, dass es ihnen darum gehen wird, noch dramatischere Bilder und Effekte zu erzeugen, um den abgebrühten Medienkonsumenten noch schockierendere Eindrücke zu liefern. Das Livestreaming der Anschläge mittels Helmkamera und die Nachahmung der Ästhetik von Ego-Shooter-Computerspielen haben sich aus Sicht der Terroristen bereits bewährt. Von Christchurch über El Paso bis Halle – das Muster ist vor allem bei rechtsextremistischen Attentätern anzutreffen, aber auch Islamisten sind auf diesen Zug aufgesprungen und schlachten Terrorakte vermehrt mittels Livestream aus. Im Fachjargon nennt man diese Entwicklung die „Gamifizierung des Terrors"[36]. Am spielerischen Element des Terrors bediente sich auch die deutsche rechtsextremistische Terrorzelle NSU, deren kitschige Videos mit Paulchen Panther und ihrer menschenverachtenden, rassistischen Botschaft an Zynismus nicht zu überbieten waren.[37] All dies wird unternommen, um Aufmerksamkeit zu schaffen.

Das soll nicht darüber hinwegtäuschen, dass es eine Art Aufmerksamkeitsökonomie des Terrorismus gibt. Terroranschläge im Westen treffen auf ein höheres Interesse bei Medienkonsumenten und erlangen damit prinzipiell mehr Resonanz. Dort, wo es regelmäßig zu terroristischen Vorfällen kommt, etwa in Teilen der islamischen Welt – in Nordafrika, in der Levante, im subsaharischen Afrika oder in Afghanistan, graduell auch in Israel –, nimmt das Interesse der westlichen Medien ab, und diese Terroranschläge gehen häufig als kleine Schlagzeile unter. Die Betroffenheit schafft Aufmerksamkeit. Je weiter weg, desto weniger greifbar und nachvollziehbar für die hiesigen Bevölkerungen, könnte man feststellen. Nichtsdestotrotz haben die Terroranschläge vom 11. September 2001 auf das World Trade Center (WTC) und das Pentagon gleichermaßen in europäischen Breitengraden eine Schockwelle ausgelöst und sowohl Betroffenheit als auch Solidarität erzeugt. Wahrscheinlich hat dies gleichzeitig mit der emotionalen transatlantischen Verbindung und dem Mega-Szenario zu tun, das live in unsere Wohnzimmer übertragen wurde. Praktisch jeder Mensch weiß, wo er sich gerade aufgehalten hat, als die beiden von al-Qaida-Terroristen entführten Jets in das WTC gekracht sind. Ähnlich wie die Ermordung John F. Kennedys, die Mondlandung oder der Fall der Berliner Mauer ist 9/11 Teil der kollektiven Erinnerung. Die umfassende mediale Begleitung mit Echtzeitbildern, die mittlerweile zeitlos sind, hat einen wesentlichen Beitrag dazu geleistet. Von wenigen Ausnahmen abgesehen, war die Berichterstattung zu diesen Anschlägen mit rund 3000 Toten sehr ausgewogen und respektvoll, was die Opfer betrifft. Mehrheitlich war es internationalen Medien gelungen, den Spagat zwischen dem öffentlichen Interesse an Information und den Schutzinteressen der Angegriffenen zu bewältigen.

Nicht zuletzt gibt es mancherorts einen qualitativen Unterschied hinsichtlich der öffentlichen Aufmerksamkeit, was die Urheberschaft der Terrorattacken anbelangt. Eine Studie aus den Vereinigten Staaten ergab beispielsweise, dass islamistisch motivierte Terroranschläge im Durchschnitt 357 Prozent (!) mehr mediale Berichterstattung erhielten als ideologisch anders gelagerte Anschläge.[38] In diesem Bewusstsein agieren in den USA islamistische Terroristen in der Meinung, ein größeres mediales Interesse zu generieren, eher selbstbewusst, wohingegen etwa Rechtsextremisten jenseits des Atlantik einen erhöhten Druck verspüren könnten, die Intensität und Schlagzahl entsprechend zu erhöhen. Der Sturm auf das US-Kapitol in Washington D.C. vom 6. Januar 2021, vorgetragen durch einen Mob radikalisierter Trump-Anhänger und hier im Besonderen bewaffneter ultrarechter Milizen (wie Oath Keepers, Proud Boys, Three Percenters) sowie anderer zwielichtiger Akteure (etwa der QAnon-Schamane Jack Angeli) hat dies nachvollziehbar belegt.[39] In Europa und vor allem im deutschsprachigen Raum hingegen dürfte sich der Grad der medialen Zuwendung an Aufmerksamkeit bei islamistisch wie rechtsextremistisch motivierten Terroranschlägen eher die Waage halten.

ISLAMISTISCHER TERRORISMUS

Der islamistische Terrorismus basiert auf einer extremistischen Kampfideologie, dem Jihadismus. Dahinter steckt eine absolute, verengende Auslegung des Islam, die auf politisierten Erzählungen der Ungleichheit und Ungerechtigkeit, aber vor allem der Gewalt beruht. Es ist dabei enorm wichtig zu betonen, dass Islamismus niemals mit dem Islam als Religion gleichzusetzen ist. Denn genau dies versuchen extremistische Gruppierungen Muslimen einzureden. Aber auch islamfeindliche Agitation beruht auf dieser verhängnisvollen Lüge.

Der Islamismus stellt eine radikale Abwertungsideologie dar, die eine politische Umsetzung von wortwörtlich ausgelegten

Zielen spezifischer Interpretationen des Islams anstrebt. Indem die Demokratie als schwach und wenig effizient abgewertet wird, soll zugleich der „Mehrwert" einer islamistischen Sichtweise hervorgehoben werden. Der Islamismus verfolgt das Ziel, eine exklusive, also ausschließende Auslegung der Grundsätze des Islams, wie sie im Koran niedergeschrieben sind, in muslimischen Ländern, aber auch in westlichen Gesellschaften einzuführen und deren strenge Einhaltung sicherzustellen. Während in westlichen Gesellschaften die Vorstellung von der islamistischen Zielsetzung im Sinne einer erstmaligen Islamisierung der Gesellschaft vorherrscht, arbeite(te)n Islamisten in mehrheitlich muslimischen Gesellschaften (etwa die Muslimbruderschaft in Ägypten) schon konkret an deren Anwendung beziehungsweise versuchen, die Scharia über säkulare Gesetze zu stellen. Hierbei sollen die islamischen Gesetze der Scharia auf sämtliche Lebensbereiche angewendet werden, einschließlich Politik, Wirtschaft, Geschlechterverhältnisse, Bildung, Erziehung und allgemein geltende Rechtsnormen. Darin inkludiert ist eine Aushöhlung sowohl der Demokratie als auch der Rechtsordnung und insbesondere eine Suspendierung von Grundrechten, sofern diese den „Notwendigkeiten" der Scharia als Werte- und Normenmodell zuwiderlaufen. Wie das in der Praxis aussehen kann, zeigt aktuell das abschreckende Beispiel der archaischen Taliban-Herrschaft in Afghanistan, wo Frauen schrittweise entrechtet werden. Im Extremfall wird von Islamisten auch der „Heilige Krieg" (Jihad) zur Durchsetzung dieser islamistisch orientierten Lebensweise gefordert. Der Jihadismus beruht auf diesem gewaltsamen Zugang und verspricht die Einlösung der islamistischen Forderungen, wenn diese mit Gewalt eingebracht werden. Als militante Ausprägung dieser politisierten Weltanschauung gleicht der Jihadismus einem Parasiten, der sich von jungen Radikalisierbaren ernährt. Kontinuierlich springt er auf andere Wirte über und steckt sie an. Es wird von Ideologen und Propagandisten eine einfache Weltsicht verbreitet, die die Welt systematisch in Gut und Böse einteilt. Dazwischen gibt es nichts. Man nennt dies ein dichotomes Weltbild, welches als grundlegend für jegliche Form des Extremismus anzunehmen ist.[40] Was nicht mit den Ideen dieser islamistischen

Positionen in Einklang steht, wird pauschal als „haram" („verboten") oder als „schirk" („Götzendienst") diskreditiert.

Kennzeichnend für die Werthaltungen von Islamisten sind vor allem folgende vier Aspekte:

1. Sie befürworten den Islam als religiöse Ideologie.
2. Sie verfechten eine ganzheitliche Interpretation des Islam und unterscheiden zwischen einem „wahren" und einem „falschen" Islam.
3. Sie bekennen sich zu der Vorstellung, dass das Endziel des Islam die Eroberung der ganzen Welt sei.
4. Sie stimmen zu, dass die Verwirklichung dieses Ziels den Einsatz jedweder Mittel legitimiert, einschließlich Gewalt.[41]

Sämtliche Islamisten werden den Aussagen 1 bis 3 wahrscheinlich vorbehaltlos zustimmen. Der vierte Aspekt kann als Alleinstellungsmerkmal kennzeichnend für Jihadisten angesehen werden. Sie gehen unisono von der Idee aus, dass Gewalt ein adäquates und legitimes Mittel sei, um eine Islamisierung der Gesellschaft nach ihren Vorstellungen voranzutreiben. Generell erlebt der Islamismus immer dann eine Hochkonjunktur, wenn die Erzählungen von Unterdrückung und Stigmatisierung auf fruchtbaren Boden fallen. Der Islam wird in die Geiselhaft der Islamisten genommen. Sie gaukeln vor, die Gralshüter des „wahren Islam" zu sein, den sie bereit sind, mit dem Schwert zu verteidigen.[42] Der Verlierer dieser negativen Entwicklung ist der Islam als Religion, da das Bild des Islamismus in der öffentlichen Wahrnehmung den moderaten Islam vereinnahmt oder überschattet. Asiem El Difraoui vergleicht den Jihadismus metaphorisch mit einer Hydra.[43] Dieser wachsen nach jedem militärischen Sieg oder Terroranschlag im Namen des Jihad „jedes Mal noch mehr Köpfe aus dem totgesagten Leib".[44]

RADIKALISIERUNG:

WIE WIRD MAN TERRORIST?

Was versteht man unter Radikalisierung?[45] Damit ist jener Vorgang gemeint, wenn ein „Individuum oder ein Kollektiv zur Durchsetzung seiner politischen Ziele und Ideen seine Mittel ausweitet und nicht mehr nur gewaltfrei agiert, sondern auch Gewalt anwendet. Radikalisierung wird somit als ein Prozess hin zur Gewaltanwendung oder sogar hin zum Terrorismus verstanden."[46] In der Regel verläuft jeder Radikalisierungsprozess stufenweise auf unterschiedlichen Wirkungsebenen.[47] Einerseits „affektiv" auf der Gefühlsebene, wo die emotionale Komponente der zunehmenden, in den eigenen psychischen und sozialen Defiziten begründeten Offenheit für radikales Gedankengut im Vordergrund steht. Andererseits auf der Verstandesebene der abwertenden, demokratiefeindlichen Ideologien, wo bei den Betroffenen eine wachsende Bereitschaft, extremistisches Verhalten zu rechtfertigen, zu registrieren ist. Schließlich ebenso auf einer pragmatischen Ebene, wo die Gewaltaffinität bereits ausgeprägt und der Weg in die Gewalt bereits mehr oder weniger vorgezeichnet ist.

Die Radikalisierung zum Terrorismus ist ein komplexer, stufenweiser Prozess, der von mehreren Faktoren beeinflusst wird. Es gibt kein einheitliches Profil von Terroristen und keine allgemein akzeptierte Theorie zur Erklärung, warum Menschen terroristische Gewalt als Mittel zur Durchsetzung ideologischer Ziele wählen. Dennoch haben sich einige ursächliche Aspekte herauskristallisiert. Radikalisierung hat eine Nachfrage- und Angebotsseite.

ANGEBOT UND NACHFRAGE

Man unterscheidet daher zum Beispiel zwischen Push- und Pull-Faktoren, manchmal auch persönlichen Faktoren für Radikalisierung.[48] Zu den Push-Faktoren (Nachfrage), also jenen, die Ansprechbare zur Radikalisierung gewissermaßen hinstoßen, gehören unter anderem:

→ Psychologische und psychosoziale Faktoren (Familie, Freundschaften oder das erweiterte soziale Umfeld)
→ Persönliches Scheitern/Misserfolge (beruflich wie privat)
→ Krisen (in der folgenden Reihenfolge): persönlich, gesellschaftlich, politisch
→ Ausgrenzungserfahrungen, Marginalisierung, Diskriminierung
→ Identitäts- und Sinnsuche
→ Generelle Orientierungs- und Perspektivlosigkeit (sozioökonomische Ungleichheit beziehungsweise Undurchlässigkeit)

Hiervon zu unterscheiden sind die sogenannten Pull-Faktoren (Angebot) der Radikalisierung (also jene, die anziehend wirken), die hier exemplarisch dargestellt werden:

→ Die Verfügbarkeit extremistischer Ideologien beziehungsweise Ideologiefragmente
→ Die Präsenz extremistischer Akteure, die Radikalisierungsbereite abholen
→ Eine „charismatische Ansprache" durch diese Akteure
→ Zugehörigkeit zu einer ausgewählten, exklusiven Wertegemeinschaft
→ Eindeutige Regeln, Hierarchien und klar zugewiesene Rollen
→ Soziale Durchlässigkeit und die Möglichkeit des Aufstiegs innerhalb der Gruppe
→ Das Versprechen von Abenteuer, Heldentum und der Teilhabe an einer Utopie
→ Die hergestellte Verbindung zu internationalen Konflikten (zum Beispiel in der islamischen Welt)
→ Opfernarrative und das Angebot von Feindkollektiven („Sündenböcke")

Wie kommt es überhaupt zu einer Radikalisierung von Einzelpersonen? Hierauf gibt es keine klare Antwort, da Radikalisierung stets auf einer individuellen Entwicklung beruht. Es kann eine beliebige Mischung aus den oben genannten Push- und Pull-Faktoren sein, die jemanden dazu veranlasst, sich extremistischen Ideen zuzuwenden und sich schrittweise auch damit zu identifizieren. Manchmal ist deshalb von einem „Radikalisierungscocktail" die Rede.

BAUSTEINE DER RADIKALISIERUNG

Peter R. Neumann beschreibt mit seinem „Baustein-Modell" die angesprochene stufenweise Entwicklung von Radikalisierung anhand von fünf „Bausteinen", die bei nahezu jedem Radikalisierungsverlauf in irgendeiner Form anzutreffen sind: Frust, Drang, Ideen, Leute und Gewalt.[49] Er betont, dass der Unmut (Frust) über empfundene Missstände wie Ungerechtigkeit, Unterdrückung, sozialer und ökonomischer Ausschluss oder widersprüchliche Identitäten Menschen empfänglich für extremistische Ideen machen kann. Hieraus entwickelt sich ein Drang, an dieser Situation etwas zu ändern – entweder als Ausdruck von Sinnsuche, Ausflucht oder Abenteuerlust. Was den Ausschlag für diesen Drang gibt und wie er sich entfaltet, hängt in hohem Maße vom Individuum selbst ab. Extremistische Ideen und Erzählungen sind die notwendige Grundlage für jeden Radikalisierungsprozess. Man radikalisiert sich zum Extremismus. Ideen oder Ideologien liefern die „Rechtfertigung, Richtung und den Anstoß für politisches (und gewalttätiges) Handeln".[50] Ideologien selbst basieren nach Neumann auf einem dreistufigen Prozess: Diagnose, Prognose und Motivation.[51] Während die Diagnose der Problemanalyse dient, sucht die Prognose nach einer (einfachen) Lösung. Schließlich widmet sich die Motivation der Frage, was die Rolle des Betroffenen bei der identifizierten Problemlösungsmethode sein kann. Ein weiterer bedeutender Aspekt ist das unmittelbare soziale Umfeld eines sich radikalisierenden Individuums und inwieweit andere Personen als Verstärker Einfluss auf dessen Entwicklung nehmen. Ebenso spielt die Erfahrung von Gewalt eine Rolle, sei es als eigene traumatische Erfahrung oder als brutale Handlung gegen andere. Am Ende dieses Verlaufs, der unterschiedlich lange dauern kann, steht der Terrorismus. Eine derartige, stark verein-fachende Darstellung des Baustein-Modells erhält natürlich erst anhand realer Fälle zusätzliche Substanz.

Persönliche Krise oder traumatisches Erlebnis (Frust)

Eine persönliche Krise oder ein traumatisches Erlebnis können eine Person empfänglicher für extremistische Ideologien ma-chen. Diese Erfahrungen begünstigen die Entfremdung von der Gesellschaft und den Vertrauensverlust in die Regierung und an-dere Institutionen. In einer solchen Phase können extremistische Gruppierungen eine Art Auffangnetz oder Ersatzfamilie bieten und eine vermeintlich einfache Lösung für komplexe Probleme präsentieren.

Prototypisch für diese Kategorie der Traumatisierung ist Salman Abedi, jener Attentäter, der am 22. Mai 2017 einen Selbst-mordanschlag bei einem Konzert von Ariana Grande in der Man-chester Arena verübte.[52] Dabei kamen 22 Menschen ums Leben, über 500 wurden verletzt. Abedi wuchs in einer unterprivilegier-ten Familie auf, die aus Libyen stammte. Sein Vater war ein is-lamistischer Aktivist, der gegen Muammar Gaddafi kämpfte und später in Manchester politisches Asyl erhielt. Abedi war nicht re-ligiös und hatte keine Verbindung zu extremistischen Gruppen, bis er im Jahr 2011 nach Libyen reiste und dort den tobenden Bürgerkrieg erlebte.[53] Dieses traumatische Erlebnis, kombiniert mit persönlichen Schwierigkeiten,[54] führte dazu, dass er radika-lisiert wurde und sich schließlich einer terroristischen Gruppe anschloss. Die britischen Behörden fanden heraus, dass Abedi in der Vergangenheit regelmäßig in Moscheen ging, die von ex-tremistischen Predigern frequentiert wurden. Es wird vermutet, dass er durch diese Kontakte weiter radikalisiert wurde und sich schließlich dazu entschloss, den Anschlag in Manchester durch-zuführen. Die Unterstützung, die er erfuhr, dürfte jedoch vorwie-gend inspirativ gewesen sein. Dennoch, die Hintergründe der Tat sind nach wie vor nicht restlos aufgeklärt. Salman Abedi wird als der Haupttäter des Anschlags in Manchester angesehen, aber es wird angenommen, dass er Unterstützung von anderen Personen erhalten hat.[55] Die britischen Behörden führten in der Folge des

Anschlags eine umfangreiche Untersuchung durch, um mögliche Mittäter und Hintermänner zu identifizieren, darunter den Bruder des Attentäters, Hashem Abedi.[56]

Ähnlich verlief die Radikalisierung von Richard Reid, der auch als „Schuhbomber" bekannt ist.[57] Reid war ein Konvertit zum Islam und hatte in seiner Kindheit üble Erfahrungen gemacht, die ihn langfristig psychisch belasteten. Im Jahr 2001 versuchte er ohne Erfolg, auf einem Flug von Paris nach Miami einen Sprengstoff, versteckt in seinem Schuh, zur Explosion zu bringen. Reid wurde von mehreren Passagieren, die sein verdächtiges Verhalten bemerkten und ihn schließlich überwältigten, daran gehindert, den Zünder auszulösen. Das Flugzeug wurde nach Boston umgeleitet, wo Reid von den Behörden in Gewahrsam genommen wurde. Der gescheiterte Attentäter gab später an, dass seine Radikalisierung zum Teil auf seine persönlichen Ausgrenzungserfahrungen zurückzuführen sei und er sich von der westlichen Gesellschaft abgelehnt und diskriminiert gefühlt habe.

Ideologische Radikalisierung (Ideen)

Die ideologische Radikalisierung ist ein stufenweiser Prozess, bei dem eine Person ihre politischen oder religiösen Ansichten auf eine extreme Art und Weise verinnerlicht und ebenso ausdrückt. Dies kann dazu führen, dass sich das Individuum von der Gesellschaft isoliert und in eine Gruppe von Gleichgesinnten eintaucht. Besonders effektiv in dieser Hinsicht war al-Qaida, die zuerst eine extremistische Version des Islam propagiert und mehrere Anschläge auf westliche Ziele verübt hat. Die Führungselite der Terrororganisation vermochte es, den Aspekt des Auserwähltseins und einer (vermeintlichen) Elite Gleichgesinnter zu betonen und so eine Zugehörigkeit zur Gruppe für manche Radikalisierte als besonders begehrenswert darzustellen. Mit ähnlichen Mitteln arbeiten neonazistische Bewegungen, die ihre Ideologie auf rassistischen Überzeugungen gründen. Abschottung und Exklusivität sind Grundprinzipien dieser Radikalisierungsmechanismen. Sympathisanten, die sich radikalisieren, beginnen sich mit extremistischem Gedankengut anzufreunden und sich schrittweise von der Mehrheitsgesellschaft zu distanzieren. Meist hat dies zur

Konsequenz, dass sie sich auch immer weiter von ihren Freunden
und Familienmitgliedern entfernen und sich dann einer radikalen
Gruppe anschließen, die ihre extremistischen Ansichten kanali-
siert und schlussendlich in Absichten umwandelt.

Ein brisantes Beispiel für eine bedingungslose Radikalisierung durch eine neonazistische Ideologie ist jenes von Anders
Behring Breivik, dem ruchlosen Einzelattentäter von Oslo und
Utøya im Jahr 2011.[58] Breivik war von der Ideologie des europäischen Rechtsextremismus tief überzeugt und verstand sich selbst
als Kämpfer („Weißer Ritter") gegen den Islam und den Multikul-
turalismus. Er war der Ansicht, dass der Islam und die Muslime
eine demografische und kulturelle Invasion Europas durchführen
und die westliche Zivilisation zerstören würden.[59] Zudem war der
Norweger ein konspirativer Verfechter des rechtsextremistischen
Mythos vom „großen Austausch". Diese Erzählung bezieht sich
auf die in jenen Kreisen populäre Idee, dass es eine Verschwörung
gebe, um die jeweilige einheimische Bevölkerung durch eine massive Einwanderung von vermeintlich minderwertigen Nichteuro-
päern zu ersetzen. Anhänger dieser kulturalistisch aufgeladenen
These gehen davon aus, dass internationale politische Eliten und
globale Mächte absichtlich eine multikulturelle „Umvolkung"
durch Fremde planen würden, um die „weiße Rasse" auszu-
löschen und den Westen zu zerstören. Breivik, ein krankhafter
Narzisst und Egomane,[60] hatte sich jahrelang an einer extremistischen und gewalttätigen Ideologie abgearbeitet, die solche Mythen absorbierte. Aus Elementen dieser Mythen und Ideologien
entwickelte er eine eigene, höchst menschenverachtende Überzeugung, die er in einem 1500-seitigen, kruden Manifest darlegte,
in dem er seine faschistischen Ansichten ausführlich schilderte.[61]
Aus diesem Ideenkonstrukt leitete Breivik eine Pflicht zum Handeln ab und tötete in einem terroristischen Amoklauf insgesamt
69 Menschen, darunter zahlreiche Jugendliche (32 der Opfer waren unter 18 Jahre, die jüngsten 14). Sein taktisches Vorgehen war
hochgradig perfide: Als Polizist verkleidet rief er die auf einem
Zeltlager auf der Insel Utøya verweilenden jungen Menschen zusammen, unter dem Vorwand, sie genauer über das Bombenat-
tentat von Oslo (das er selbst verübt hatte) zu informieren. Dann

eröffnete er unvermittelt und kaltblütig das Feuer und begann einen Massenmord wie in einem gewalttätigen Videospiel. Zuvor nahm er Steroide und kühlte sich emotional völlig ab.[62]

Soziale Radikalisierung (Leute)

Soziale Radikalisierung ist ein Prozess, basierend auf zwischenmenschlichen Interaktionen, bei dem eine Person aufgrund von sozialen Faktoren wie Armut, Arbeitslosigkeit oder Diskriminierung radikalisiert wird.[63] Das Individuum kann sich zu einer extremistischen Gruppe hingezogen fühlen, da es in diesem Umfeld Gemeinschaftsgefühl und Solidarität erfährt. Die mitunter schwierigen sozialen Bedingungen, die dazu geführt haben, dass zahlreiche junge Menschen im Nahen und Mittleren Osten dem IS beigetreten sind, können als eine wesentliche Ursache für die Hinwendung zu extremistischen Ideologien und Gruppen begriffen werden. Die Mehrzahl dieser Jugendlichen war ohne Arbeit und Perspektive und fühlte sich von der Gesellschaft abgelehnt. Der IS bot ihnen eine scheinbare Alternative zu ihrem tristen, entbehrungsreichen Alltagsleben. Schlussendlich gaben ihnen die Rekrutierer und Propagandisten des Jihad das trügerische Gefühl, Teil von etwas Größerem zu sein.

Ein wesentlicher Faktor, der zu Radikalisierung und Terrorismus führen kann, ist eine tief verwurzelte Unzufriedenheit mit dem Status quo und dem politischen System.[64] Die meisten Terroristen empfinden die bestehende Ordnung als ungerecht und korrupt und haben das Gefühl, dass politische Prozesse und Institutionen ihren Anliegen kein Gehör schenken. Timothy McVeigh, der amerikanische Lone-Wolf-Attentäter von Oklahoma City, kann dieser Kategorie zugerechnet werden.[65] Er war ein selbst radikalisierter Homegrown-Terrorist (aus dem angegriffenen Land stammender Terrorist), der 1995 den verheerenden Bombenanschlag auf ein Amtsgebäude (das lokale FBI-Büro war ebenfalls dort untergebracht) in Oklahoma City durchführte, bei dem 168 Menschen getötet und über 600 verletzt wurden. McVeigh war ein ehemaliger Soldat, der durch rechtsradikale Ideologien wie White Supremacy-Narrative (also rassistische Erzählungen über die Vorherrschaft der weißen Rasse), Anti-Regierungspropaganda und antisemitische Ansichten radikalisiert wurde. Einige wichtige Faktoren, die zu McVeighs Radikalisierung[66] beigetragen haben, sind seine negativen Erfahrungen während des Golfkriegs, seine Beteiligung an Anti-Regierungs-Miliztruppen und seine Konfrontation mit rechtsradikaler Propaganda, einschließlich den *Turner Diaries*, einem einschlägig bekannten Roman, der für einen Rassenkrieg plädiert und einen großen Einfluss auf McVeighs Ideologie hatte. McVeigh hatte das Gefühl, dass die Regierung der Vereinigten Staaten ihn und seine Rechte als Bürger nicht respektierte, und verstand den Anschlag als einen Akt des Widerstands gegen das politische System. Ähnliche Motive wurden auch von anderen Anti-Regierungs-Terroristen wie Eric Rudolph und Theodore „Ted" Kaczynski, einem echten „einsamen Wolf", der als „Unabomber" Bekanntheit erlangte, ins Treffen geführt. Rudolph war verantwortlich für eine Reihe von Anschlägen, darunter einen Bombenanschlag auf eine Abtreibungsklinik in Birmingham, Alabama, bei dem im Jahr 1998 zwei Menschen starben und weitere verletzt wurden.[67] Außerdem verübte er Bombenanschläge auf die Olympischen Sommerspiele 1996 in Atlanta, Georgia, infolge derer zwei Menschen getötet und mehr als 100 verletzt wurden, sowie auf eine Homosexuellenbar in Atlanta im Jahr 1997, wobei ein Mensch starb und zahlreiche weitere verletzt wurden.

Kaczynski, ein ehemaliger Mathematikprofessor, war für eine Serie von Briefbombenanschlägen in den USA zwischen 1978 und 1995 verantwortlich. Dabei wurden drei Menschen getötet und 23 weitere verletzt.[68] Der radikale Einzelgänger, der sich in einer abgelegenen Berghütte verschanzte, lehnte moderne Technologie und die Industriegesellschaft vehement ab. In seinem intellektuell durchaus anspruchsvollen Manifest *Industrielle Gesellschaft und ihre Zukunft*, das er an verschiedene Medien schickte, legte er seine Ideologie dar.[69] Hauptthemen sind die konsequente Ablehnung der modernen Technologie und eine vernichtende Kritik an der Industriegesellschaft. Technologie und industrieller Fortschritt hätten zur Entfremdung von Natur und Mitmenschen geführt. Von der von ihm als korrupt und manipulativ verurteilten modernen Gesellschaft fordert er eine Rückkehr zu traditionellen Werten sowie eine nachhaltige Lebensweise.

Diese Anliegen werden gerade heute auch viele Nicht-Extremisten für berechtigt halten, die Artikulation des Protests, zahlreiche Menschen zu töten, ist jedoch nicht hinzunehmen.

Gruppenzugehörigkeit (Leute)

Ein Individuum kann durch den Kontakt mit anderen Individuen oder extremistischen Gruppen im eigenen Umfeld beeinflusst und schließlich radikalisiert werden. Die wahrscheinlich bekannteste Person, die durch Gruppenzugehörigkeit indoktriniert und zum Terroristen radikalisiert wurde, ist Mohammed Atta, der federführende Attentäter des 11. September 2001. Er war Mitglied einer radikalen Islamistenzelle in Hamburg.[70] Seine Zelle hatte enge Verbindungen zur al-Qaida-Terrororganisation und wurde von ihr trainiert und unterstützt. Zusammen mit seinen Mitverschwörern plante und organisierte Atta die Angriffe auf das World Trade Center und das Pentagon, bei denen fast 3000 Menschen getötet wurden.[71] Durch die Verbindung zu al-Qaida und die 9/11-Anschläge erlangte Atta große Bekanntheit.[72] Sein individueller Radikalisierungsverlauf und die fatale Rolle von Gruppenzugehörigkeit und -dynamik zeigen, wie wichtig es ist, extremistischen Gruppen und Terrornetzwerken sowie ihren Rekrutierungsbemühungen das Handwerk zu legen. Der Psychologe und Terrorismusforscher John Horgan argumentiert, dass soziale Gruppen und Beziehungen für Radikalisierung und Rekrutierung von Terroristen grundlegend sein können. Insbesondere betont er, dass Gruppendynamik bei den Involvierten zu extremistischen Ansichten führen kann, die sie allein möglicherweise nicht angenommen hätten.[73] Außerdem trägt sie dazu bei, dass Mitglieder von Terrororganisationen ihre moralischen Grenzen überschreiten und Gewalttaten begehen, die sie allein nicht begehen würden.[74] Trotzdem ist der Einfluss von Gruppendynamik auf die Radikalisierung und Mobilisierung von Terroristen von Fall zu Fall unterschiedlich und hängt von einer Vielzahl von Faktoren ab.[75] Gruppenzugehörigkeit ist nicht minder für die Radikalisierung der rechtsextremistischen Gruppe Nationalsozialistischer Untergrund (NSU) maßgeblich, die im Zeitraum zwischen 2000 und 2007 in Deutschland zehn Morde (an neun Migranten sowie einer Polizistin) und drei Bombenattentate verübt hatte.[76] Die Hauptmitglieder des NSU, Uwe Böhnhardt, Beate Zschäpe und Uwe Mundlos, waren eng miteinander verbunden, es wurde sogar über eine Dreiecksbeziehung spekuliert. Sie unterhielten enge Verbindungen zu anderen rechtsextremistischen Gruppen und waren Teil eines weitläufigen Netzwerks von Unterstützern und Sympathisanten.[77] Das Trio radikalisierte sich im Laufe der Zeit und wurde durch verschiedene rechtsextreme Netzwerke und Organisationen unterstützt und ideologisch beeinflusst. So hatte Böhnhardt Kontakte zur rechtsextremen Skinhead-Organisation Blood & Honour, die als zentral für die Ideologie der NSU angesehen wird. Ebenso spielte der Einfluss anderer Figuren aus der rechtsextremen Szene, wie Ralf Wohlleben, André Eminger oder Holger Gerlach, eine wichtige Rolle bei der Radikalisierung der NSU.

Einige Forscher wie Daniel Köhler nehmen an, dass die drei NSU-Terroristen schon in ihrer Jugend rechtsextremen Ideologien anhingen und entsprechende Kontakte pflegten.[78] Später sollen sie sich in der Neonaziszene organisiert und an kleiner dimensionierten terroristischen Aktionen wie gewalttätigen Übergriffen und Sprengstoffanschlägen beteiligt haben.

Indoktrination durch Familie oder Freunde (Leute)

Ein Radikalisierungsverlauf kann auch durch die Familie oder enge Freunde beeinflusst werden. In einigen Fällen werden extremistische Ansichten von Eltern an ihre Kinder weitergegeben, insbesondere, wenn diese selbst Teil einer radikalen Gruppe sind oder mit dieser stark sympathisieren. In anderen Fällen können Freunde oder Bekannte eine Person dazu bringen, extremistische Ansichten zu übernehmen.

Stellvertretend für diese familiäre Indoktrination steht das tschetschenischstämmige Brüderpaar Tsarnaev, das für den Bombenanschlag auf den Boston Marathon im Jahr 2013 verantwortlich war, bei dem drei Menschen getötet und über 250 verletzt wurden.[79] Die Brüder Tamerlan und Dzhokhar Tsarnaev wurden von ihrem Vater in den Islamismus eingeführt und radikalisiert. Tamerlan, der ältere, hatte Schwierigkeiten in der Schule, passte nie in eine soziale Gruppe, erlebte die Scheidung seiner Eltern und die Rückkehr nach Russland und musste seinen olympischen Traum, als Amerikaner zu boxen, aufgeben.[80] Er begann extremistische Ansichten zu übernehmen und radikalisierte auch seinen jüngeren Bruder, indem er ihn mit einschlägigem Propagandamaterial, unter anderem des berüchtigten islamistischen Hasspredigers Anwar al-Awlaki, versorgte.[81] Die Radikalisierung insbesondere von Tamerlan zog Anfang 2011 die Aufmerksamkeit der Sicherheitsbehörden auf sich, als ein russischer Geheimdienst das FBI um Unterstützung bei der Untersuchung seines Potenzials, ein islamischer Auslandskämpfer zu werden, bat.[82] Das FBI kam jedoch zu dem Schluss, dass Tamerlan Tsarnaev keine glaubwürdige Bedrohung bedeute, und stellte die Untersuchung ergebnislos ein.[83]

Psychologische Faktoren (Drang)

Bestimmte psychologische Merkmale wie mangelnde Empathie, eine Neigung zu Aggressivität oder soziale Isolation können dazu beitragen, dass eine Person anfälliger für radikale Ideologien wird. Der Fall Omar Mateen, Attentäter des Massakers im hauptsächlich von Homosexuellen frequentierten Nachtclub *Pulse* in Orlando im Jahr 2016, kann als symptomatisch für psychologische Faktoren angesehen werden, die ursächlich für Radikalisierung sind. Mateen, selbst mit einer homosexuellen Affinität,[84] die er offenbar aus religiösen Gründen unterdrückte, fiel bereits in der Highschool wegen Gewaltausbrüchen auf und war wegen häuslicher Gewalt angeklagt worden. Zudem werden ihm psychische Probleme nachgesagt, er soll in der Vergangenheit wegen Verdachts auf eine bipolare Störung behandelt worden sein. John Horgan zufolge weisen Menschen, die sich radikalisieren, oft bestimmte Merkmale auf, wie zum Beispiel „Entfremdung, Identitätsprobleme und die Suche nach einer neuen Identität".[85] Hinzu kommen manifeste Hinweise, dass Mateen zeitweise mit Drogenmissbrauch zu kämpfen hatte, was auf Probleme mit seiner Identität und Entfremdung von der Gesellschaft hindeuten könnte.[86] Auch in der Familie des Attentäters dürfte eine Tendenz zu extremistischem Gedankengut bestanden haben. Dem Vernehmen nach war Mateens Vater ein Anhänger der Taliban und hatte in der Vergangenheit antiamerikanische Aussagen getätigt.[87] Diese Faktoren trugen in Summe wahrscheinlich dazu bei, dass Omar Mateen anfälliger für extremistische Ideologien war und schließlich überdurchschnittlich schnell radikalisiert wurde.

Onlinepropaganda und soziale Medien

Das Internet und insbesondere soziale Medien haben es extremistischen Gruppen erleichtert, ihre Propaganda zu verbreiten und neue Anhänger zu rekrutieren. Onlinepropaganda kann sehr überzeugend sein und Personen beeinflussen, die möglicherweise nie zuvor in Kontakt mit extremistischen Ansichten gekommen sind.[88]

Ein klassisches Beispiel für eine virtuelle Radikalisierung ist der Attentäter von Christchurch, Brenton Tarant.[89] Der gebürtige Australier hatte zuvor keine Verbindung zu extremistischen Gruppen. Er radikalisierte sich online und wurde von der rassistischen Ideologie des „weißen Suprematismus" und dem völkischen Narrativ vom „großen Austausch" (wie Breivik) angezogen. Er sah sich selbst als Verteidiger der „weißen Rasse" und begann seine extremistischen Ansichten online zu verbreiten, bevor er schließlich den Anschlag auf zwei Moscheen durchführte. Die Terrorattacke forderte 51 Todesopfer (das jüngste drei Jahre alt) und rund 50 Verletzte. Tarrant streamte seinen Terrorakt mittels Helmkamera live im Internet. Anders Behring Breivik war sein großes Vorbild, dem er um jeden Preis nachzueifern trachtete.

Im islamistischen Spektrum kann der IS als Organisation sinnbildlich für die größer werdende Rolle des Internets und der sozialen Medien bei der Radikalisierung stehen. Die Gruppe nutzte das Internet und soziale Medien seit ihrem Bestehen sehr effektiv, um ihre Botschaften zu verbreiten und Anhänger zu rekrutieren. Onlineplattformen wie Twitter, Facebook und YouTube wurden zweckentfremdet, um Propagandavideos und andere extremistische Inhalte zu teilen und die Gruppenzugehörigkeit zu erleichtern. Zahlreiche spätere IS-Anhänger und terroristische Auslandskämpfer wurden durch Onlineaktivitäten der Terrororganisation beeinflusst und radikalisiert. Ein bekanntes Beispiel, das stellvertretend für so viele junge muslimische Mädchen und Konvertitinnen aus europäischen Metropolen steht, die eine Jihad-Reise unternommen haben, ist die britische Schülerin Shamima Begum, die 2015 als 15-Jährige mit zwei Freundinnen nach Syrien gereist war, um sich dem IS anzuschließen. Hinweise lassen vermuten, dass sie durch Onlinepropaganda der Terrorgruppe IS radikalisiert wurde. Der IS nutzte geschickt soziale Medien und andere Onlinekanäle, um junge Menschen anzusprechen und zu radikalisieren. Shamima Begum hatte Berichten zufolge auch Kontakt zu einem Mann namens Abu Bilel al-Britani, einem britischen IS-Mitglied, der auf Social-Media-Plattformen Propaganda verbreitete und anderen bei der Anwerbung von Kämpfern half. In Syrien fand Begum ihre Rolle als „Enforcer" bei der IS-Sittenpolizei und zeitweise als Rekrutiererin. Als sie 2019 in einem nordsyrischen Flüchtlingscamp aufgespürt wurde, entzog man ihr unwiderruflich aus Gründen der nationalen Sicherheit die britische Staatsbürgerschaft.[90]

DAS LAGE BILD

DER JIHADISTISCHEN BEDROHUNG

HERBSTSTURM DES JIHAD ODER CHARLIE HEBDO 2.0

Das schicksalhafte Jahr 2020 war zuallererst geprägt von der hereinbrechenden Pandemie und damit verbundenen multiplen Einschränkungen im unmittelbaren Lebensvollzug jedes Einzelnen. Mit etwas Verzögerung traten großflächig in ganz Europa ab März 2020 erstmals vielfältige Beschneidungen der individuellen Freiheiten von Bürgern in Kraft. Die staatlich verordnete Bekämpfung der Ausbreitung eines bis dahin, zumindest in der damals vorherrschenden Ausprägung, noch unbekannten Virus war die argumentative Grundlage für Maßnahmen wie Lockdowns, befristete Ausgangssperren, Kontaktverbote und eine allgemeine Maskenpflicht. Für einige Wochen und Monate hatte es fast den Anschein, als hätte sich das Leben entschleunigt – in gewissen Bereichen sogar so, als würde die Welt stillstehen. Homeoffice und Videokonferenzen prägten den beruflichen Alltag vieler Menschen, genauso wie das Internet noch viel stärker als zuvor zum Ort der Information und des zwischenmenschlichen Austauschs wurde. Personen, die bereits für extremistische Ideen ansprechbar waren, suchten und fanden im Netz neue verstärkende Foren. Radikalisierung hatte auf sämtlichen Ideologie-Ebenen zugenommen. Die Pandemie hat dem Terrorismusforscher Brian Michael Jenkins zufolge „neue Motive für Wut und potenzielle terroristische Gewalt" mit sich gebracht. Auslösend waren „persönliche Verzweiflung, der Wunsch, jemandem die Schuld zuzuschieben – was häufig tief sitzende Vorurteile reflektiert und neue Verschwörungserzählungen inspiriert".[91] Verschwörungstheorien auf der gesamten ideologischen Bandbreite erlebten beginnend mit dem Jahr 2020 eine regelrechte Hochkonjunktur. Aber nicht nur neue Anfällige, sondern auch bereits Radikalisierte wurden weiter in den Strudel des demokratieverachtenden Extremismus und abwertender Ideologien hineingezogen. Extremistische Organisationen und Strukturen schlachteten die weltweite Gesundheitskrise propagandistisch aus und missbrauchten sie für Rekrutierungszwecke. Insbesondere auch islamistische Gruppierungen und Terrororganisationen. Der IS hatte im Frühjahr 2020 einen eigenen Propaganda-Newsletter (*al-Naba*) veröffentlicht, der neben praktischen Verhaltenstipps zum Schutz vor Ansteckung auch Schuldzuweisungen enthielt. Dort wurde unter anderem argumentiert, dass Allahs Zorn die Menschen auf die Probe stelle. Das neuartige Coronavirus wurde als göttliche Strafe für menschliche Sünden betrachtet, da Krankheiten sich angeblich nur nach dem Willen Allahs verbreiten würden. Als Gründe wurden „religiöse Entfremdung", „Obszönität und moralische Korruption" sowie mangelnde Unterstützung und Verteidigung unterdrückter Menschen und das allgemeine „muslimische Versagen" genannt.[92] Dies hat zur Anschauung geführt, dass es an der Zeit sei, den „Heiligen Krieg" voranzutreiben, die Mujahedin (Kämpfer) zu unterstützen und den „wahren Glauben" zu verbreiten. In einer ersten Phase wurde den Jihadisten seitens des IS jedoch zum Selbstschutz geraten, Europa fernzubleiben.[93]

Doch es gab einen Gamechanger. Lethargie und Ruhe waren schlagartig vorbei, als das französische Satiremagazin *Charlie Hebdo* am 2. September 2020 zu Beginn der Gerichtsverhandlungen gegen mutmaßliche Mittäter des Terroranschlags auf die Redaktion im Jahr 2015 in einem Sonderheft erneut jene Mohammed-Karikaturen zeigte, die bei der Erstveröffentlichung der Cartoons im Jahr 2006 für einen Sturm der Entrüstung gesorgt hatten und zu einer kontroversen Debatte über die Meinungsfreiheit und die ästhetischen Grenzen des Satirejournalismus führten. Die karikierende Darstellung des Propheten Mohammed wurde bereits damals von zahlreichen Muslimen als blasphemisch und beleidigend empfunden und führte zu einer starken Ablehnung und Empörung in einigen Teilen der muslimisch geprägten Welt. Am 7. Januar 2015 wurde die Redaktion von *Charlie Hebdo* zum Ziel eines islamistischen Angriffs, bei dem zwölf Menschen getötet wurden. Dieser Anschlag löste eine breite Solidaritätsbewegung mit *Charlie Hebdo* („Je suis Charlie!") und eine öffentliche Diskussion über Meinungsfreiheit und Zensur aus. Das Magazin *Charlie Hebdo* wurde nach dem Motto „Der Kunst ihre Freiheit" zum Märtyrersymbol für die Verteidigung der liberalen westlichen Werte und für den Kampf gegen religiös motivierten Extremismus. In der kontroversen Debatte darüber, ob *Charlie Hebdo* die Mohammed-Karikaturen erneut veröffentlichen sollte, argumentierten die einen mit der Meinungsfreiheit, während andere vor den möglichen Konsequenzen warnten, insbesondere in Bezug auf die Radikalisierung und Mobilisierung von Extremisten.

Im Jahr 2020 entschied *Charlie Hebdo* sich schließlich dafür, die Karikaturen erneut zu veröffentlichen. Dies führte zu einer Welle der Entrüstung und Mobilisierung unter islamistischen Gruppen in Europa. Jihadistische Netzwerke nutzten die Wiederveröffentlichung, um ihren Anhängern eine rechtfertigende Erzählung und Legitimation für gewaltsame Aktionen zu liefern. Sie behaupteten pauschal, dass der Westen den Islam und den Propheten Mohammed bewusst beleidige und es daher die Pflicht der Gläubigen sei, dagegen vorzugehen. Immer wieder war in einschlägigen Onlineforen und Debatten von „Bestrafung" die Rede. In den sozialen Medien verbreiteten sich Botschaften, Videos und Propaganda, die die Wiederveröffentlichung der Karikaturen instrumentalisierten, um Hass zu schüren. Islamistische Gruppen nutzten die Bilder, um neue Rekruten zu gewinnen und zur Durchführung von Anschlägen zu inspirieren. Die verstärkte islamistische Mobilisierung in den virtuellen und physischen Räumen fand ab September 2020, unmittelbar nach der Wiederveröffentlichung der Mohammed-Karikaturen, einen brisanten Höhepunkt und artete in einen jihadistischen Herbststurm der Gewalt aus. Dieser fegte wie eine kurze, harte Windböe durch Europa und hinterließ eine blutige Spur. Es kam in weiterer Folge zu mehreren Anschlagsversuchen und einer Serie von terroristischen Akten durch Einzeltäter in Europa. Radikalisierte Einzelpersonen griffen zu Hieb- und Stichwaffen und attackierten wahllos oder gezielt wehrlose Personen auf offener Straße. Fast ausnahmslos waren die gewalttätigen Extremisten durch die islamistische Kampagne aufgrund der Karikaturen angestiftet.

Den Anfang der Sequenz an terroristischen Vorfällen in West- und Mitteleuropa markierte ein islamistisch und homophob motivierter Messerangriff in der Dresdener Altstadt am 4. Oktober 2020. Bei der hinterlistigen Attacke auf offener Straße wurde eine Person getötet und eine weitere lebensgefährlich verletzt. Der Attentäter Abdullah Al H. H., ein vorbestrafter 20-jähriger syrischer Asylwerber, näherte sich schnellen Schrittes und von hinten seinen nichts ahnenden Opfern, einem homosexuellen Paar, und rammte beiden nebeneinander gehenden Personen nahezu gleichzeitig je ein Messer (mit einer Klingenlänge von 21 und 14 Zentimeter) in den Rücken. Das erste Opfer verstarb noch an Ort und Stelle an innerer Verblutung, das zweite Opfer wurde mit schwersten Verletzungen ins Krankenhaus gebracht. Der Terrorist war von den Behörden als Gefährder eingestuft. Er soll laut Staatsanwaltschaft über sein Facebook-Profil das IS-Symbol verbreitet, für den Jihad geworben und Gleichgesinnte zum Kampf gegen die *Kuffar*, also die „Ungläubigen", aufgerufen haben. Darüber hinaus soll sich Abdullah Al H. H. in einschlägigen islamistischen Chatforen für einfach umsetzbare Bombenbauanleitungen interessiert haben.[94] Nach einer Verurteilung zu einer unbedingten Haft von zwei Jahren und neun Monaten und kompletter Verbüßung der Jugendfreiheitsstrafe war er am 29. September 2020 entlassen worden. Wie so häufig konnte seiner offensichtlichen Radikalisierung nicht ausreichend entgegengewirkt werden. Abdullah Al H. H. stand unter behördlicher Führungsaufsicht. Diese war offenbar jedoch keine 24/7-Rundumüberwachung. Denn sonst hätte der Attentäter wahrscheinlich nicht jenes Küchenmesserset in einem Shoppingcenter erwerben können, das er zur Tat in Dresden verwendete.

Weltweit für Aufsehen sorgte jedoch ein anderer spektakulärer Terroranschlag. Am 16. Oktober 2020 wurde der 47-jährige Geschichtslehrer Samuel Paty von einem 18-Jährigen mit tschetschenischen Wurzeln in einem Pariser Vorort auf offener Straße mit einem Messer brutal enthauptet. Der Pädagoge hatte in seinem Geschichtsunterricht die Mohammed-Karikaturen gezeigt und eine kritische Diskussion im Klassenverbund gefordert. Der Vater einer Schülerin, der gegen Paty im Netz mobilisiert hatte, soll nach Angaben aus Ermittlerkreisen am Tag des Anschlags WhatsApp-Nachrichten mit dem Attentäter ausgetauscht haben. Auch der antisemitische Prediger Abdelhakim Sefrioui, ein Mitglied der sich als gewaltablehnend gerierenden Muslimbruderschaft, soll in diesem Fall mit einer gezielten Hasskampagne eine tragende Rolle bei der Verbreitung der infamen Lügenpropaganda gespielt haben, die schließlich die darauffolgende Gewaltspirale auslöste.[95]

Ein paar Tage später, am 29. Oktober 2020, kam es zu einem islamistisch motivierten Anschlag in Nizza, bei dem durch einen Messerangriff in der Kirche Notre-Dame-de-l'Assomption drei Personen getötet wurden. Der Täter, ein 21-jähriger Tunesier, verwendete eine 17 Zentimeter lange Klinge, mit der er auf die Opfer einstach. Konkrete Hinweise, die im Zuge der Ermittlungen evident wurden, legen einen direkten Zusammenhang mit der Ermordung Patys und den Cartoons von *Charlie Hebdo* nahe.

Der Wiener Terroranschlag vom 2. November 2020 ist ebenfalls in diese Reihe einzuordnen und als ein Auswuchs des jihadistischen Herbststurms, einer heftigen, aber kurzen Welle islamistischer Gewalt in Europa, zu verstehen.

PANDEMIEBEDINGTE KRISEN ALS TREIBER

Die Pandemie hat zweifellos eine Kaskade der Radikalisierung befördert. Durch eine nachhaltige Polarisierung ist sie der Kollateraleffekt einer globalen Gesundheitskrise mit vielfältigen Konsequenzen. In den unterschiedlichen Fragen des gesellschaftlichen Zusammenlebens wurden weltanschauliche Gräben aufgerissen. Nahezu ideologieübergreifend haben die Maßnahmen zur Bekämpfung von COVID-19 und die entsprechend einschränkende Politik einer weitschichtigen Radikalisierung in sämtlichen Gesellschaftsschichten Vorschub geleistet. Eine meist berechtigte Systemkritik und sachorientierte Meinungsverschiedenheiten wurden von radikalisierten Milieus aufgenommen und gebündelt. Rechtsextremisten, Linksextremisten und Islamisten haben zwar aus unterschiedlichen Motiven, aber gleichermaßen zu einem allgemeinen Widerstandsrecht gegen den Staat aufgerufen. Zeitweise kam es zu einen Wettbewerb um die Unzufriedenen. Die Rhetorik in den sozialen Medien wurde immer polemischer. Populistische Parteien und Extremisten kämpften gegen eine als ungerecht wahrgenommene staatliche Zwangsordnung. Damit im Einklang steht die Stärkung der Ideologien und Milieus von Reichsbürgern und Querdenkern. Zudem kam es zu einer Revitalisierung des Antisemitismus.[96] Menschen gingen europaweit immer wieder auf die Straße, um gegen die Coronamaßnahmen der nationalen Regierungen zu protestieren.

In annähernd ganz Europa zeichnet sich seit geraumer Zeit eine Verschiebung der politischen Mitte weiter an die Ränder ab. Beschleunigt wird dies generell durch politische und ökonomische Krisen. Damit verbunden ist eine vermehrte Infragestellung sozialer Gewissheiten, beflügelt durch Faktoren wie eine wachsende Ideologisierung von Lebensbereichen. Eine Zuspitzung der politischen Rhetorik populistischer Parteien verschärft diese negative Entwicklung. Besonders gut nachvollziehbar war dies im Rahmen unzähliger Anti-Coronamaßnahmen-Demonstrationen, wo abwertende (Verschwörungs-)Ideologien und demokratiefeindliche Werthaltungen in manchen Gesellschaftsgruppen als Reaktion auf einschränkende Maßnahmen geradezu „salonfähig" wurden.

Krisen unterliegen einer kontinuierlichen Beschleunigung.[97] Eine Konsequenz dieses Schnellerwerdens ist sicherlich, dass damit das Gefühl einer Entfremdung und eines Nicht-mehr-mithalten-Könnens einhergeht. Der Fortschritt, ob real oder eingebildet, geht vielen zu schnell. Beschleuniger der Unsicherheit in weiten Teilen der Gesellschaft sind entfesselte Finanzmärkte[98], eine spürbare Teuerung von Grundnahrungsmitteln und mitunter galoppierende Energiekosten[99], eine unkontrollierbare Revolution der künstlichen Intelligenz mit noch ungewissen Auswirkungen auf die Arbeitswelt[100] sowie das Damoklesschwert eines Klimawandels[101]. Hinzu kommt das verbreitete Gefühl, dass die Politik keine Antworten mehr zu bieten habe und weitgehend nur mehr mit Symptombekämpfung beschäftigt sei. Für Fareed Zakaria ist eine wachsende Ungleichheit ebenfalls ein Treiber der globalen Krise(n) nach der Pandemie.[102] Beschleunigung wird vielerorts als Bedrohung empfunden, als Angriff auf die Stabilität und den Wohlstand. Die schnelle krisenhafte Abnutzung könnte unweigerlich zu einer Überhitzung, für einige Kommentatoren sogar zum katastrophenbedingten Kollaps oder Untergang führen.[103] Eine Hinwendung zu extremistischen Ideen, gleich welcher Weltanschauung, ist für manche Menschen vor diesem Hintergrund nur die logische Konsequenz der Unsicherheit und einer kollektiven Identitätskrise. Man sucht vermeintlich einfache Antworten auf komplexe Fragen. Das ist zugleich der Ausdruck eines Begehrens nach Eindeutigkeit, Berechenbarkeit und Stabilität in bewährten Gewissheiten.[104] Daher ist für Personen, die mit extremistischen Ideen liebäugeln, die Einfachheit eines Weltbildes ohne Grauschattierungen verlockend – eine simple Reduktion auf „Gut und Böse". Diese manichäische Einteilung schafft Klarheit in einer zunehmend unübersichtlichen Welt. Einerseits gibt es die unmittelbaren, teilweise einschneidenden Auswirkungen der Krisen und deren Wahrnehmung auf Lebensführung, Wohlstand und Prosperität. Andererseits sind massive Einbrüche, Schuldzuweisungen und konstruierte Feindbilder zu registrieren, die mit dem Aufkommen illiberaler Ideologien und extremistischer Erzählungen Hand in Hand gehen. Damit im Einklang entstehen neue Akteure und Strukturen aus dem Sog der Pandemie, die diese negativen Entwicklungen populistisch ausschlachten und sogar extremistisch ausbeuten. Dies betrifft gleichermaßen sämtliche extremistischen Weltanschauungen. Staatsleugner, radikale Coronamaßnahmen-Gegner mit neuerdings prorussischem Aktionismus ebenso wie Verfechter von Verschwörungsmythen, radikale Ökoaktivisten, Rechts- und Linksextremisten, aber auch Islamisten. Diese trennen zwar unterschiedliche Ideologien und Ambitionen, doch die Stoßrichtung bleibt nahezu identisch. Deren kleinster gemeinsamer Nenner ist die Ablehnung des Staates und dessen Organen, die als die einzig Schuldigen an den Missständen betrachtet werden. Die bevorzugte Strategie der Extremisten, gleichgültig ob Islamisten oder sonstige, ist immer deckungsgleich: Delegitimation.

Mittels eigens vorgefertigter, abwertender Erzählungen ziehen Extremisten die Rechtmäßigkeit der verfassungsmäßigen

Institutionen und des staatlichen Gewaltmonopols in Zweifel. Die Demokratie als solche wird durch ihre Aktivitäten nachhaltig beschädigt und ausgehöhlt. Alternative und soziale Medien, Filterblasen, „Trolle" oder Fake News sind bloß die Verstärker „alternativer Wahrheiten". Diese sind im Kern darauf angelegt, zur jeweiligen weltanschaulich passenden Erzählung entsprechende Unwahrheiten zu propagieren. Die Zielsetzung dahinter besteht darin, die Verfassung und ihre innewohnenden Werte zu schwächen. In der Ablehnung des Rechtsstaates treiben Extremisten unverhohlen demokratiefeindliche Positionen voran. Die fortschreitende gesellschaftliche Spaltung als Ausdruck einer kontinuierlichen Zuspitzung an den politischen Rändern bewegt sich also mehr und mehr in die Mitte der Gesellschaft. Getragen von der nicht ganz unberechtigten Überzeugung, unsere Wohlstandsentwicklung habe ihren Zenit überschritten. Schuldig an negativen gesellschaftlichen Trends ist immer die jeweils anzugreifende Gruppe. Im Worst-Case-Szenario führt diese Polarisierung zu einer schrittweisen Zersetzung des gesellschaftlichen Zusammenhalts, also einer „Erosion der Kohäsion", wie ich es nenne. Der Kitt, der über Jahrzehnte hindurch alles zusammengehalten hat, löst sich langsam auf. Befeuert wird diese gemeinschaftsschädigende Tendenz durch ein nachweislich größer werdendes Wohlstandsgefälle und immer schwieriger einzulösende Wohlfahrtsversprechen. Aber vor allem durch extremistische Abwertungs- und Delegitimationserzählungen, mit denen permanent und willkürlich gegen Sündenböcke agitiert wird und ein Keil durch die Gesellschaft getrieben werden soll. Unter anderem „Migranten" und „Asylwerber", „die Rechten", „die Linken", „die Ungläubigen" oder „die Klimasünder" bieten sich als geeignete Schuldige für jegliches Übel an. In diesem Pool werden radikalisierte Menschen ihr jeweils passendes stereotypisches Feindbild finden. Die Konsequenz hiervon ist, dass die äußersten Ränder immer stärker bespielt werden und die demokratische Mitte auseinanderdriftet. Derartige Entwicklungen sind bereits vielerorts in Europa zu beobachten. Krisen, aber auch ein rasanter technischer Fortschritt und damit verbundene Chancen generieren Verlierer und Gewinner. Extremisten jeder Couleur nehmen diesen Ball auf und werfen ihn gekonnt in die Menge, um zu provozieren. Sie streuen Gerüchte und spielen mit Verschwörungserzählungen. Der Tummelplatz dieser illiberalen Anschauungen und zugleich die Plattform ihrer Verbreitung ist das Internet. Unlängst hatte UN-Generalsekretär Guterres gewarnt, „[...] wir müssen wachsamer denn je sein", um zu verhindern, dass „terroristische und gewalttätige extremistische Gruppen im Internet einen fruchtbaren Boden finden, um ihr bösartiges Gift zu versprühen".[105]

POST-AFGHANISTAN

Der überhastete Abzug sämtlicher amerikanischen und anderen NATO-Koalitionstruppen aus Afghanistan im August 2021, der es den Taliban ermöglichte, wieder die Macht im Land zu übernehmen, ist bedauerlicherweise als ein enormer Erfolg für die globale jihadistische Bewegung zu qualifizieren. Die kollektive Erzählung, man habe die westlichen Besatzer mit Beharrlichkeit und Stärke nach fast 20 Jahren ungerechtfertigter Okkupation erfolgreich aus dem Land gedrängt, wird ihre Moral, insbesondere jene der Taliban und gleichermaßen anderer islamistischer Gruppierungen, wahrscheinlich auf Jahre hinaus stärken. Afghanistan kann nun umso mehr als ein neues Epizentrum, möglicherweise sogar als ein Rückzugsort oder operatives Hauptquartier für lokal und global agierende islamistische Terrororganisationen gesehen werden. Was die Terrororganisation al-Qaida betrifft, so kooperiert diese seit ungefähr 1996 eng mit der Taliban-Führung und man ist, etwa im Personalbereich, teilweise auch wechselseitig verbunden. Trotz dieser Vernetzung scheint es keineswegs gesichert, dass die Jihadisten vom Erfolg ihres Verbündeten profitieren können. Al-Qaida hat lange darum gekämpft, eine internationale terroristische Kraft zu bleiben, mit der man rechnen muss. Seit 2005 hat sie im Westen keine nennenswerten Anschläge mehr verübt und ist hauptsächlich durch ihre regionalen Zweigstellen in mehr oder weniger abgelegenen Ecken Asiens, Afrikas und des Nahen Ostens relevant geblieben. Die Einschätzung, was das künftige Entwicklungs- und Bedrohungspotenzial von al-Qaida als Terrororganisation betrifft, ist in der Fachwelt keinesfalls eindeutig. Terrorismusforscher in den USA – wie stellvertretend Bruce Hoffman, der eine „fortdauernde Bedrohung durch al-Qaʿida"[106] annimmt, oder der Bin Laden-Experte Peter Bergen[107] und viele andere sowie eingeschränkt Colin P. Clarke, der dies eher szenariobasiert und mit unterschiedlicher Eintrittswahrscheinlichkeit betrachtet[108] – sehen das Terrornetzwerk wieder erstarkt, resilient und weiterhin auf dem Vormarsch. Aus einer starken lokalen Einbettung heraus könnte die Organisation sich mittelfristig global entfalten. Demgegenüber sehen Experten in Europa, etwa Guido Steinberg[109] und mit Abstrichen auch Peter Neumann[110], graduell eher eine Beschränkung in der lokalen Dimension. Al-Qaida könne demnach bestenfalls als ein regionaler Akteur in verschiedenen Zonen (unter anderem Afghanistan, Pakistan, Libyen, Jemen, subsaharisches Afrika) wirksam werden. Eine Bedrohung für den Westen (vor allem in Europa) durch die seit den Terroranschlägen von 9/11 weltweit bekannte Organisation sei mittelfristig eher unwahrscheinlich, so der Tenor der Mehrheit europäischer Forscher. Was die Einschätzung der Entwicklung (Konsolidierung) von al-Qaida betrifft, tendiere ich eher zur Ansicht der nordamerikanischen Kollegen,[111] hinsichtlich der unmittelbaren Gefährdung in oder für Europa meine ich, dass auf kurze Sicht die europäischen Experten hier doch eher ein berechtigtes Argument haben. Mit einem sicheren Zufluchtsort in Afghanistan wird die Bedrohung des Westens durch al-Qaida mit der Zeit wahrscheinlich dennoch zunehmen. Al-Qaida-Terroristen könnten wie vor dem 11. September zuerst Terroranschläge gegen US-amerikanische und europäische Einrichtungen in Übersee, wie Botschaften, militärische Stützpunkte und andere westliche Ziele, in Südasien, dem Nahen Osten und Afrika durchführen oder – was wahrscheinlicher ist – dazu anleiten. Mit einer vor westlicher Intervention geschützten „operativen Basis" in Afghanistan könnte al-Qaida auch irgendwann wieder Anschläge in Europa verüben oder zu solchen inspirieren.

Zwischen 2014 und 2017 erwies sich der „Islamische Staat im Irak und in Syrien" (ISIS) – ab Mitte 2014 „Islamischer Staat"

(IS) – als die weitaus effizientere und wirkungsmächtigere Gruppe, die ausländische Terrorkämpfer auf globaler Ebene anlockte, in vielen Ländern weltweit Anschläge verübte und überall in der muslimischen Welt Schwesterorganisationen gründete, darunter IS-Khorasan Province (IS-K, seltener auch IS-KP), den lokalen Ableger in Afghanistan. IS-K ist zwar ein eingeschworener Feind der Taliban und von al-Qaida, verfolgt aber ein ähnliches Ziel wie al-Qaida: die Errichtung eines panislamischen Kalifats. IS-K war bis Mitte 2021 aufgrund aggressiver US-amerikanischer und afghanischer Antiterror-Operationen, Offensiven der Taliban und interner Spaltungen stark geschwächt. Der zuerst politische und dann militärische Rückzug der USA als auch Europas hat es der Gruppe jedoch ermöglicht, wieder aufzusteigen. Die Organisation IS-K kontrolliert bislang kein nennenswertes Territorium, aber ihre Größe hat sich in weniger als einem Jahr verdoppelt und ist nach der Freilassung von mehreren Tausend Gefangenen aus Bagram und dem Pul-e-Charkhi-Gefängnis außerhalb von Kabul von 2000 auf etwa 4000 Kämpfer angewachsen.[112] Trotz erheblicher Rückschläge seit 2017 ist IS-K in den kommenden Jahren als der wahrscheinlichere Urheber größerer internationaler Anschläge einzuschätzen als al-Qaida, insbesondere wenn es der Organisation gelingen sollte, neue Allianzen aus afghanischen, pakistanischen und ausländischen Jihadisten auf afghanischem Boden zu bilden.

Zusammenfassend haben die besorgniserregenden sicherheitspolitischen Zustände in Afghanistan Auswirkungen auf zwei Ebenen: zum einen als Rückzugsort und Brutstätte für jihadistische Kämpfer und Organisationen. Zum anderen als überlieferte „Erfolgsgeschichte" des globalen Jihad, ein unerwarteter Antrieb, der aufgrund der wieder erstarkten ideologischen Strahlkraft das terroristische Geschehen im Westen im islamistischen Phänomenbereich weiter beflügeln könnte. Nicht minder ist die andauernde afghanische Fluchtmigration nach Europa vor diesem Hintergrund zu beurteilen, die sich seit Sommer 2021 mit der Machtübernahme der Taliban noch verstärkt hat. Unter den Massen der prinzipiell Schutzberechtigten, die vor dem Unrechtsregime der Taliban fliehen, könnten sich vereinzelt ebenso unerwünschte Extremisten befinden, die gezielt in den Schengen-raum geschickt werden.[113] Jedenfalls sind die aktuellen Entwicklungen in Afghanistan in unseren Breitengraden mit Blick auf die relevante Bedrohung durch den jihadistischen Terrorismus mit Argusaugen zu beobachten.

EUROPA

Wenn Terrorismus „Theater" ist, dann gibt Europa eine gute Bühne dafür ab. Das terroristische Lagebild ist im letzten Jahrzehnt zu einer vielschichtigen Bedrohung durch multiple Akteure und unterschiedliche Extremismen angewachsen. Im Phänomenbereich des Islamismus stehen die europäischen Staaten in ihren Bemühungen um die Aufrechterhaltung der Sicherheit und den Schutz ihrer Bürger vor großen Herausforderungen, vor allem durch den Aufstieg des IS sowie die zunehmende Radikalisierung im jeweils eigenen Land und die sich weiterentwickelnden Taktiken von Terrorgruppen und Einzeltätern. Einer der entscheidenden Faktoren für die terroristische Bedrohung in Europa war das für viele überraschende Auftauchen des IS und dessen Ausbreitung im angestammten Gebiet Syriens rund um Raqqa und teilweise im Irak. Im Jahr 2014 rief der IS sein selbst erklärtes „Kalifat" aus und zog damit rund 6000 Auslandskämpfer aus Europa und noch mehr aus anderen Teilen der Welt an. Der Zustrom dieser *Foreign Terrorist Fighters* stellte bereits zu Beginn der jihadistischen Migration ins Kampfgebiet eine ernsthafte Bedrohung für die Ursprungsländer der gewaltbereiten Extremisten dar, da einige davon im Irak und in Syrien militärisch ausgebildet wurden und Kampferfahrung sammelten. Manchen ist es gelungen, wieder in ihre europäische „Heimat" zurückkehrten. In Österreich schafften dies zwischen 90 und 100 Auslandskämpfer. Eine Minderheit davon wurde rechtskräftig verurteilt. Ähnlich verhält sich dies in anderen Staaten der EU. Das Phänomen bereitet nach wie vor europaweit Sorge, denn man befürchtet, dass kampferprobte Terroristen Anschläge verüben könnten. Jene im November 2015 in Paris und im Jahr 2016 in Brüssel wurden maßgeblich von Personen, die für den IS gekämpft hatten oder nach Syrien gereist waren, mitgeplant und umgesetzt.

Beschleunigend für die Entwicklung der terroristischen Bedrohung in Europa ist ein besorgniserregender Trend, bei dem sich junge Einzelpersonen, die vorwiegend in Europa geboren und aufgewachsen sind, innerhalb ihrer eigenen Gemeinschaften radikalisieren. Begünstigende Faktoren sind die seit der Pandemie wieder intensiv ansteigende Verbreitung extremistischer Propaganda über soziale Medienplattformen, aber auch der wachsende Einfluss charismatischer extremistischer Persönlichkeiten wie salafi-jihadistischer Hassprediger, die als radikalisierende Verstärker fungieren. Bestehende sozioökonomische Missstände und misslingende Integrationsbemühungen tragen ein Übriges zu dieser negativen Tendenz bei.

Die sich weiterentwickelnden Taktiken der Terrorgruppen und Einzelakteure stellen auch eine Herausforderung für die europäische Sicherheit dar. Traditionell wurden Anschläge in erster Linie mit Schusswaffen und Sprengstoff verübt. Die Zunahme von Anschlägen mit geringem Kosten- und Technologieaufwand (Low-Level) ist jedoch zu einem zentralen Merkmal des europäischen, islamistisch motivierten Terrorismus geworden.

Die Aussichten, einen Terroranschlag erfolgreich durchzuführen, sind zwar bezüglich der Gegenmaßnahmen der Terrorismusbekämpfungsinstanzen aus Sicht der Terroristen stets geringer geworden. Jedoch hat es kleinere „opportunistische" Low-Level-Anschläge vor allem seit 2013 immer wieder gegeben und wird es auch in naher Zukunft weiterhin geben. Entscheidend ist die Aufmerksamkeitsökonomie: Vorwiegend in den Vereinigten Staaten und in Europa ist im Falle von Terrorattacken eine beträchtliche Aufmerksamkeit in internationalen Medien garantiert. Darauf zielen Terroristen in erster Linie ab, wie ich gezeigt habe.

Die terroristische Lage in Europa hatte sich seit dem Aufkommen des IS etwa bis 2017/2018 kontinuierlich verschlimmert. Der IS entwickelt eine ausgeklügelte Strategie, den Terrorismus in die Herkunftsländer seiner Auslandskämpfer zurückzubringen. Während in Syrien und im Irak über längere Zeit der nahe

Feind, also das Assad-Regime und die Anti-IS-Koalition, bekämpft wurde, galt es aus Sicht der Jihadisten nunmehr, vermehrt den fernen Feind, also den „dekadenten Westen", die „Kreuzfahrer" und die „Ungläubigen" ins Visier zu nehmen. Explizit wurden Jihadisten dazu motiviert, in ihren Heimatländern Anschläge im Namen des IS zu verüben, obwohl man jeden Kämpfer vor Ort dringend gebraucht hätte. In einer Audiobotschaft vom Mai 2016 rief der berüchtigte Chefpropagandist und Sprecher des „Islamischen Staates", Abu Muhammad al-Adnani, Anhänger dazu auf, ihre Heimatländer anzugreifen, anstatt ins Kalifat zu reisen: „Die kleinste Aktion, die ihr in ihrem Kernland macht, ist für uns besser und nachhaltiger als das, was ihr tun würdet, wenn ihr bei uns wärt. Wenn einer von euch hofft, den Islamischen Staat zu erreichen, wünschten wir, wir wären an eurer Stelle, um die Kreuzfahrer Tag und Nacht zu bestrafen."[114]

Der Ruf al-Adnanis wurde regelmäßig erhört. In ganz Europa – von Paris über London, Stockholm, Barcelona, Nizza bis Berlin – mehrten sich islamistisch motivierte Terroranschläge. Die Liste der IS-Terrorattacken zwischen 2015 und 2018 ist lang. Die taktische Fokussierung auf spontane Low-Level-Einzeltäterszenarien erlaubte erstmals eine enorme Flexibilität in operativer Hinsicht. Die meisten Attacken blieben in einem kleineren Opferzahlbereich, jedoch hielt das Geschehen die europäische Bevölkerung über fast fünf Jahre hindurch in Atem. Flankiert von einer weitläufigen Berichterstattung, die von einer islamistischen Terrorwelle sprach und suggerierte, es gebe eine islamistische Terrorkonjunktur. Dem Anschein nach war das ja der Fall. Doch ein Blick hinter die Kulissen lohnt sich. Die Konjunktur, wenn man bei Terrorismus überhaupt davon sprechen darf, war zuerst der stimulierten Nachahmung geschuldet. Die meisten europäischen Terrorszenarien mit islamistischem Hintergrund zwischen 2015 und 2018 schienen einer Art Blaupause zu folgen und entsprachen überwiegend einem sehr ähnlichen taktischen Muster. Zudem gab es aus der Perspektive der Jihadisten ein begünstigendes Umfeld. Die anfänglichen militärischen Erfolge des IS hatten eine beflügelnde Sogwirkung auf bereits radikalisierte Islamisten. Mit intensiverer Propaganda-Aktivität gelang es islamistischen Organisationen wieder, vermehrt zu rekrutieren und zu mobilisieren. Außerdem war zu Beginn des IS-Terrors eine Art Lethargie bei den Sicherheitsbehörden zu beobachten, die sich nur langsam auf diese effektiven, niederschwelligen Terrorszenarien einstellen konnten. Zu lange hatte man sich in der kontinentaleuropäischen Terrorismusbekämpfung an größeren Konstellationen orientiert, die auf projektierten Anschlagsplanungen von Zellen und weiter gefassten Strukturen beruhten. Kalkuliert wurde mit komplexen Vorhaben, die eine ausgeprägte Logistik, taktische Planung und entsprechende Kommunikation umfassten. Tatsächlich sah man sich unvermittelt mit einfachen, schnell umzusetzenden Nadelstichen durch radikalisierte Einzeltäter konfrontiert.

Symptomatisch für diese Art von Anschlägen war der terroristische Vorfall in einer Regionalbahn bei Würzburg im Juli 2018, als ein minderjähriger afghanischer Asylwerber namens Riaz K. fünf Passagiere mit einer Axt und einem Messer attackierte und vier davon schwer verletzte. Noch kurz vor der Tat hatte er sich von seinen islamistischen Gesinnungsgenossen mit den Worten „Wir sehen uns im Paradies" verabschiedet.[115] Er war bereits länger in Kontakt mit einem IS-Mitglied gewesen. In vorangegangen Chats hatte dieser dem 17-Jährigen vorgeschlagen, mit einem Auto in eine Menschenmenge zu fahren. Der radikalisierte Afghane lehnte das mit der lapidaren Begründung ab, keinen Führerschein zu besitzen. Stattdessen werde er mit Hieb- und Stichwaffen ausgerüstet in einen Zug steigen und die erstbesten Fahrgäste angreifen. Knapp eine Woche später kam es ebenfalls im Süden Deutschlands, in Ansbach, zum nächsten jihadistischen Anschlag. Der 27-jährige syrische Asylwerber Mohammed D. beabsichtigte, eine Rucksackbombe bei einem lokalen Musikfestival zu zünden. Er war ursprünglich vom IS-Anstifter angewiesen worden, den Rucksack zentral im Festivalgelände zu positionieren, eine Detonation per Fernzünder hervorzurufen und möglichst schockierende Bilder vom Inferno an den IS zu schicken. Wegen der fehlenden Eintrittskarte und drohender Taschenkontrollen blieb ihm der Zutritt verwehrt. Auch über ein Schlupfloch unbemerkt hineinzugelangen, wie ihm sein IS-Kontaktmann empfahl, gelang ihm nicht. Als D. sich vor ein Lokal in den Gastgarten setzte, löste sich der selbst gebaute Sprengsatz aus – wahrscheinlich versehentlich durch einen Impuls seines Mobiltelefons – und die von der Brisanz her doch etwas schwächere Explosion verletzte 15 Personen, vier davon schwer. Der Attentäter selbst erlag seinen lebensgefährlichen Verletzungen. Beide Terrorattacken zeigen das bevorzugte Muster der IS-Anschläge seit 2015: von IS-Kontaktleuten angeleitete, spontane Attacken durch inspirierte, radikalisierte Einzeltäter mit einfachen Wirkmitteln und ohne komplexe taktische Planung im Vorfeld. Teil dieser Spontaneität ist jedoch auch ein gewisser Dilettantismus der Terroristen.

Mit der Figur des inspirierten Einzeltäters (im Fachjargon „Lone Actor", meist „Lone Wolf", dt. einsamer Wolf) in der plötzlich dominanten Ausprägung hatten etliche Verfassungsschutzinstitutionen nicht gerechnet. Entsprechend der Strategie des „führungslosen Jihad" ist das Konzept des „einsamen Wolfs" zusehends in den Vordergrund gerückt. Demzufolge pflegen aber jene vom Jihadismus inspirierten Personen, die allein oder innerhalb lose miteinander verbundener, autarker Zellen agieren, nur begrenzte oder keine direkten Kontakte zu terroristischen Organisationen. Jedwede Kommunikation im Vorfeld eines Terroranschlags wird auf ein notwendiges Minimum reduziert. Die strukturelle Schwierigkeit, Anschläge von Einzeltätern frühzeitig zu erkennen und antizipativ zu unterbinden, zeigt das momentane Dilemma der europäischen Terrorismusbekämpfung auf. Zugleich verdeutlicht dies die dringende Notwendigkeit einer effektiven nachrichtendienstlichen Erfassung, um gezielt und rechtzeitig auf derartige Planungen und Szenarien reagieren zu können.

Nach 2018 schien die Dynamik von in kurzen Intervallen wiederkehrenden terroristischen Attacken in Europa wieder kontinuierlich abzuflachen. Terroranschläge aus dem islamistischen Segment gingen merklich zurück und wurden fast zur Ausnahme. Bis zum bereits erwähnten Herbststurm des Jihad infolge der Wiederveröffentlichung der Mohammed-Karikaturen.

ÖSTERREICH

Österreich reklamierte für sich im eigenen Selbstverständnis über Jahre hinweg so etwas wie eine „weiße Weste", wenn es um islamistisch motivierten Terrorismus ging. Nach einer Reihe palästinensischer Terrorakte in den 1970er- und 1980er-Jahren war es in der Alpenrepublik tatsächlich lange ruhig geblieben. Die Terrorserie des rechtsextremistisch motivierten, eigenbrötlerischen Einzeltäters Franz Fuchs hielt das Land Mitte der 1990er-Jahre zwischenzeitlich in Atem. Danach sollte es rund zwei Jahrzehnte gerade im Phänomenbereich des Islamismus zu keinem nennenswerten Vorfall mehr kommen.

Über viele Jahre hinweg dominierte daher im österreichischen Sicherheitsestablishment, aber ebenso in der einschlägig befassten akademischen Community, die etwas naive Vorstellung, Österreich und insbesondere Wien seien kein bevorzugtes Terrorziel bei islamistischen Akteuren. „Attraktivere" Anschlagsorte in Europa seien eher die Metropolen Paris, London, Brüssel oder Berlin, was sich in den Jahren 2015 bis 2018 zum Teil auch bewahrheiten sollte. Diese These wurde nicht zuletzt durch den Umstand unterstützt, dass Österreich auch als neutraler Staat sicherheitspolitisch nicht unmittelbar in Konflikten im Nahen und Mittleren Osten in Erscheinung getreten war. Lange Zeit hatte sich die österreichische Bundeshauptstadt, die als Hauptquartier und Sitz verschiedener internationaler Organisationen wie den Vereinten Nationen, der OSCE und der OPEC bekannt ist, nicht direkt mit einer konkreten Bedrohung durch transnationalen Terrorismus auseinandersetzen müssen. Vielfach war die Vorstellung vorherrschend, dass Wien als neutraler Boden tabu sei. Immer wieder geisterten Fantasien von angeblichen „Stillhalteabkommen" mit islamistischen Akteuren, Ideen von Österreich als Transitland von und zum Balkan oder nach Westeuropa (auch für Extremisten) und vor allem aber die übliche Deutung von Wien als diplomatischem Knotenpunkt mit entsprechender Spionage und Gegenspionage durch die Köpfe der Menschen. Diese Kombination würde die Bundeshauptstadt gewissermaßen imprägnieren. Niemand habe ein Interesse an Terror in Wien, so die allgemeine Perzeption. Es werde schon nichts passieren. Wien sei zu klein. Wien sei zu unbedeutend. Österreich sei kein geopolitischer Player. Insgesamt war das subjektive Bedrohungsgefühl der österreichischen Bevölkerung und teilweise auch der Sicherheitsbehörden trotz der zunehmenden Internationalisierung des Terrorismus, insbesondere im jihadistischen Spektrum vor allem seit dem Aufkommen des IS als Terrororganisation, eher optimistisch. Dieser Optimismus wurde noch im Jahr 2020 vor allem durch die Statistik, die weiterhin rückläufige Anzahl von Terroranschlägen in Europa in den Jahren davor verhieß, genährt (2019: 21 islamistisch motivierte Angriffe im Vergleich zu 24 im Jahr 2018 und 33 im Jahr 2017). Daher wurde Wien vielerorts als hochgradig sichere Stadt angesehen, und nur wenige rechneten in absehbarer Zeit mit einem Terroranschlag.

Dennoch gab es in der heimischen Sicherheitslandschaft auch eine weniger optimistische Wahrnehmung der terroristischen Bedrohungslage, die ich regelmäßig auch in diversen Analysen für heimische Medien vertreten habe. Aspekte wie die zentrale Lage in Mitteleuropa, die Nähe zum Balkan, die zunehmende Vernetzung des islamistischen Terrors und die Wahrnehmung von Wien als Anlaufstelle und möglicher Rückzugsort für radikalislamistische Extremisten rückten mit Beginn um 2014 allmählich in den Vordergrund. Auch habe ich regelmäßig betont, dass Wien von Jihadisten als „weiches Ziel" betrachtet wurde. Das bedeutet, dass es in diesen Kreisen als vergleichsweise einfacher eingeschätzt wurde, in Wien einen Terrorakt „erfolgreich" umzusetzen als in anderen Städten, die vielleicht mehr Vorkehrungen getroffen hatten. Zusätzlich verstärkten regelmäßig vereitelte Terrorpläne sowohl in ganz Europa als auch vor Ort sowie konkrete Drohungen gegen Österreich – wie die Propagandavideobotschaft[116] vom Jahr 2015 des mittlerweile verstorbenen „Austro-Jihadisten" Mohammed Mahmoud – den Eindruck, dass es seit einiger Zeit sowohl die Absicht als auch die Fähigkeit gab, einen Terroranschlag in Österreich durchzuführen. Drei Vorfälle sollen die Entwicklungen in den entscheidenden Jahren zwischen 2015 und 2020 illustrieren.

Im Jahr 2015 kam es zu einem, aus meiner Sicht, medial fälschlicherweise als „Amokfahrt" titulierten Ereignis in der steirischen Landeshauptstadt Graz. Am 20. Juni 2015 raste der bosnischstämmige Alen R. mit seinem SUV mit fast 100 Stundenkilometer durch die Innenstadt. Bei seiner mörderischen Fahrt tötete er drei Menschen, darunter ein vierjähriges Kind, 36 Personen wurden zum Teil schwer verletzt. Augenzeugen zufolge soll der Todesfahrer „Allahu akbar" gerufen haben, jene Kampfparole, die islamistische Attentäter während ihrer Anschläge typischerweise benutzen. Alen R. war im Vorfeld bereits negativ aufgefallen, und die Anzeichen einer islamistischen Radikalisierung mehrten sich. Er kapselte sich ab und ließ sich, nach außen hin auffällig, einen Salafistenbart wachsen. Zuhause installierte er ein streng salafistisches „Alltagsregime". Von heute auf morgen verlangte er, dass sich seine Partnerin verschleiern musste. Es soll zudem regelmäßig zu Handgreiflichkeiten gegen sie gekommen sein, welche sie in ein Frauenhaus flüchten ließen. Gerüchten zufolge soll R. mit einer Waffe in der Nähe seines Hauses herumgeschossen und in seinem Garten Schafe geschächtet haben. Darüber hinaus gibt es glaubhafte Hinweise, dass Alen R. immer wieder IS-Propagandavideos konsumiert haben soll.

All dies hatte das Gericht offenbar nicht in Betracht gezogen, denn der „Amokfahrer" wurde als „geistig abnormer Rechtsbrecher" eingestuft. Als jemand, der unter einer psychischen Krankheit (paranoide Schizophrenie) litt. Nicht als Terrorist. Es handelte sich jedoch zweifellos um einen Terrorakt, der in Amokmanier vorgetragen wurde. Die psychische Verfassung kann ihr Übriges dazu beitragen, aber der tatsächliche Beweggrund und eigentliche Auslöser der Tat war mit an Sicherheit grenzender Wahrscheinlichkeit die fortgeschrittene islamistische Radikalisierung des Attentäters. Letztlich wurzelte dies in der extremistischen Ideologie des Salafi-Jihadismus. Der Modus Operandi, mit einem Fahrzeug wahllos in Passanten zu rasen, war zum damaligen Zeitpunkt ebenfalls eine bevorzugte Durchführungsvariante jihadistischer Terroristen. Der Stempel „Amokfahrt eines Unzurechnungsfähigen" ignoriert das offenkundige, wahre Tatmotiv: islamistische Verblendung. Eine Klassifizierung als Terrorakt wäre wichtig gewesen und hätte

sicherlich auch positive Auswirkungen auf die Terrorismusbekämpfung gehabt. Allein schon, was die Bedrohungseinschätzung der islamistischen Szene in Österreich zu jenem Zeitpunkt
betrifft.

Der zweite terroristische Vorfall ereignete sich nur rund
zwei Jahre später, am 29. Juni 2017. Ein gebürtiger Tunesier er-
mordete in Linz ein betagtes Ehepaar. Der Gemüsehändler Mohamed H. soll beim Zustellen von Frischware seine beiden langjährigen Kunden in deren Einfamilienhaus völlig unvermittelt mit
einer Stichwaffe attackiert haben. Die Art und Weise, wie diese
Morde begangen wurden, war extrem brutal und kaltblütig. Nachdem er die 85-jährige Frau mit einem Spanngurt erdrosselt hatte,
rammte er ihr ein Fleischermesser mit einer langen Klinge in die
Brust. Den 87-jährigen Ehemann erschlug er mit einem Stock und
versetzte ihm ebenfalls einen Messerstich in den oberen Thorax.
Sein „Hass auf die Gesellschaft" habe ihn zu dieser Tat veranlasst, gab der Beschuldigte bei der Einvernahme zu Protokoll. Er
habe ein Exempel an der Gesellschaft und an der FPÖ statuieren
wollen, durch die er sich als Ausländer und Muslim diskriminiert
gefühlt habe. Im Zuge der Ermittlungen verdichteten sich Hinweise auf eine salafi-jihadistische Radikalisierung des 54-jährigen
Mannes. Der Verfassungsschutz stieß auf der Social-Media-Platt-
form Facebook auf mehrere eindeutige Einträge, in denen sich
der spätere Attentäter vor der Bluttat wohlwollend zum IS und
dessen Gräueltaten geäußert hatte. Dort habe er die „IS-Ideolo-
gie verherrlicht, Terrorangriffe gutgeheißen, Durchhalteparolen
an IS-Kämpfer ausgegeben und schließlich kurz vor der Bluttat
IS-Anführer Abu Bakr al-Baghdadi die Treue geschworen", so die
Anklage.[117] In erster Linie wurde wegen zweifachen Mordes und
Brandstiftung ermittelt, weil der Tunesier nach dem Doppelmord
im Haus der beiden Pensionisten noch Feuer entfacht hatte. Von
der Mitgliedschaft in einer terroristischen Organisation wurde
der Mann allerdings freigesprochen und in eine Anstalt für geis-
tig abnorme Rechtsbrecher eingewiesen. Wiederum wurde der
Aspekt der psychischen Erkrankung in der Gesamtbewertung des
Falles überbetont: Gutachter des Prozesses diagnostizierten bei
Mohamed H. eine „psychiatrische Persönlichkeitsstörung". Im-

merhin wurde er für zurechnungsfähig erklärt und zu einer lebenslangen Haftstrafe verurteilt.

Bis zum heutigen Tag wird dieser Mordfall in Österreich von justizieller Seite nicht als terroristisch motivierte Attacke eingestuft. Dies entgegen ausreichender Evidenz einer Radikalisierung des Attentäters in den Islamismus. Fast hat es den Anschein, als wolle man um jeden Preis sicherstellen, dass die Geschehnisse in Linz als ein gewöhnliches Hassverbrechen klassifiziert werden. Jedenfalls eine fragwürdige Vorgehensweise. Steckt da womöglich ein „System" unserer Justiz dahinter, fragten sich anlässlich der Linzer Causa so manch erstaunte Beobachter aus den Bereichen Forschung und Medien hinter vorgehaltener Hand. Cui bono? Andere wähnten unser Terrorismusstrafrecht als zu zahnlos. Für die aus meiner Sicht nicht zu leugnende Einordnung des Linzer Doppelmordes als Terrorakt gibt es immerhin einen gewichtigen Beleg, den man auch hierzulande nicht achtlos übergehen kann. Die Global Terrorism Database (GTD), die international relevanteste Datenbank, wo weltweite, terroristisch motivierte Anschläge strukturiert erfasst und dokumentiert werden, verzeichnet diesen Linzer Terrorakt unter der ID 201706300036 immerhin als „jihadi-inspired incident", also als einen jihadistisch motivierten Vorfall.[118]

Der dritte symptomatische Vorfall vor dem Wiener Terroranschlag war jener rund um den Konvertiten Lorenz K. (alias Sabur Ibn Gharib), der als Drahtzieher und Architekt für einige der „gefährlichsten Anschlagsplanungen eines Österreichers vor dem November 2020" gilt.[119] Im Alter von nur 16 Jahren avancierte der Österreicher mit albanischen Wurzeln zum Mittelpunkt eines kleinen jihadistischen Netzwerks rund um drei jugendliche Jihadisten in Österreich und Deutschland, das über den Messengerdienst Telegram auch Kontakt zum IS hielt und Anschläge plante. Gemeinsam mit einem Mitstreiter (Nom de Guerre: Mujahid, dt. Jihad-Kämpfer) und dem deutschen Konvertiten Kevin T. (alias Sayfullah, dt. Schwert Gottes) wollte er einen Bombenanschlag auf militärische Einrichtungen oder polizeiliche Strukturen in Deutschland verüben. Lorenz K. wollte ein Mädchen dazu anstiften, ein Attentat auf den deutschen US-Truppenstützpunkt Ram-

stein zu verüben. Bereits 2016 soll er versucht haben, den damals
erst zwölfjährigen deutsch-irakischen Kurden Yad A. zu einem
Selbstmordanschlag auf einen Weihnachtsmarkt in Ludwigsha-
fen (Deutschland) zu motivieren. Die Tat scheiterte nur deshalb,
weil die Zünder der Bombe nicht auslösten. Nach angeblicher Ab-
sprache mit Mohammed M., dem Österreicher in den Führungs-
kadern des IS, soll Lorenz K. noch 2017 einen Anschlag in Österreich geplant haben. Doch dazu kam es nicht mehr, weil er am 20.
Januar 2017 in Wien festgenommen wurde. Im Jahr 2018 wurde
Lorenz K. zu neun Jahren Haft verurteilt. Obwohl seine terroristischen Pläne scheiterten, verdeutlichen sie die enorme extremistische Energie und eine auffällige Ruchlosigkeit in der Tat-
planung. Der Konvertit kann als Paradebeispiel eines Jihadisten
der Millennial-Generation gelten. Jung, online radikalisiert und
gewaltbereit. Lorenz K. ist mittlerweile 23 Jahre alt und befindet
sich in der Justizanstalt Graz-Karlau in Haft. Er dürfte gegentei-
ligen Bekundungen zum Trotz noch immer mit dem IS sympathisieren. So fanden die Justizwachebeamten bei einer Durchsuchung seiner Zelle Ende Juli 2020 sein Handy. Der Besitz eines
Mobiltelefons in der Haft ist illegal. Darauf soll sich jede Menge
einschlägiges, den Häftling belastendes Material befinden. Über
soziale Medien soll er Kontakte geknüpft haben. Auf Instagram
etwa war er laut Verfassungsschutz unter dem Pseudonym Khalid
Intiqami aktiv. Ebenfalls mit der Terrormiliz IS sympathisierende
Chat-Partner soll Lorenz K. zu Terroranschlägen mittels Sprengstoff in Deutschland ermuntert haben. Im Jahr 2020 soll er einen
Gefangenen afghanischer Abstammung bedroht haben, weil er
annahm, dieser habe ihn bei der Justizwache „verpfiffen". Folgende Äußerungen sind inkriminiert: „Wenn du ein Mann bist, dann
komm in meinen Haftraum. Ich mache dich fertig, ich schneide
dir den Kopf ab, weil ich ein Terrorist bin. Du bist kein richtiger
Moslem."[120] Lorenz K. soll dem damals 27-Jährigen darüber hinaus gedroht haben, ihn beim Duschen zu vergewaltigen. Deradikalisierung sieht anders aus.

Insgesamt ist die jihadistische Szene in Österreich durchaus ausgeprägt und proportional zur Größe des Landes nicht un-
erheblich. Derzeit wird der harte Kern auf zwischen 70 extrem

gewaltbereite Gefährder und 200 potenziell gewaltbereite Personen im Phänomenbereich des islamistischen Extremismus geschätzt. Bezogen auf die quantitativen Verhältnisse eines kleinen Staates mit rund 9 Millionen Einwohnern tatsächlich recht viele. Zum Vergleich: In Deutschland mit etwa zehnmal so vielen Einwohnern wie in Österreich spricht man von ungefähr 600 islamistischen Gefährdern und 500 relevanten Personen.

Im Nachklang des Terroranschlags von Wien wurde die österreichische Jihadistenszene von den Sicherheitsbehörden intensiv durchleuchtet und rückte in den Fokus von ausgiebigen Ermittlungen, was unter anderem Hausdurchsuchungen und auch Festnahmen zur Folge hatte. Dies hat zu einem weiteren Rückzug in die Klandestinität des Untergrunds geführt. Man ist in radikalen Islamistenkreisen in Österreich insgesamt vorsichtiger geworden. Nach außen hin ist die operative Aktivität in den letzten zwei bis drei Jahren merklich zurückgegangen. Teilweise hat sie sich komplett in den virtuellen Raum verschoben. Dort hat man die Strategie verändert und die extremistischen Inhalte werden entweder entstellt, maskiert oder als harmlos verkauft. Islamistische „Influencer-Preacher" sprechen auf eigenen YouTube Channels radikalisierbare Jugendliche an und adressieren dabei niedrige Affekte wie Hass und Rache. Immer wieder nehmen sie auf vermeintliche oder tatsächliche Ausgrenzungserfahrungen muslimischer Jugendlicher Bezug und pflegen plumpe Vorurteile, die sie gekonnt ausschlachten.

Ein zweiter Ort, wo islamistische Gesinnung gedeiht, ist gegenwärtig der Strafvollzug. Dies hat insbesondere damit zu tun, dass in den Gefängnissen die Ansprache durch Extremisten sehr einfach möglich ist. Eine Gruppenbildung nach ethnischer, religiöser Zugehörigkeit und ebenso die toxische Mischung aus Männlichkeitsansprüchen, Gewalt, Perspektivlosigkeit und Langeweile sind die wesentlichen Katalysatoren einer Radikalisierung in der Haft. Hinzu kommen strukturelle Probleme wie schlechte Haftbedingungen, eine grassierende Überbelegung der Strafvollzugsanstalten, körperlicher Missbrauch, Drogenkonsum, keine „Kontrolle" über die Inhalte der Religionsausübung (was predigen Gefängnis-Imame?) und vorbelastete Insassen, die es darauf anlegen, Mithäftlinge in den Strudel der islamistischen Radikalisierung hineinzuziehen. Praktisch nirgendwo sonst kann Radikalisierung derart schnell ihre Wirkung entfalten. Der Strafvollzug, und dies ist beileibe kein ausschließlich österreichisches Phänomen, bleibt ein Nährboden für extremistische Ideen und deren Vermengung mit kriminellen Elementen. Im Gedächtnis bleibt einem der Satz eines inhaftierten Jugendlichen, der meinte, man könne „nicht verhindern, dass man in Haft mit IS-Propaganda zu tun bekommt".[121] Relevant wird diese einzigartige Konstellation für die öffentliche Sicherheit, wenn in den nächsten ein bis zwei Jahren europaweit vermehrt Personen aus der Haft entlassen werden, die entweder dort radikalisiert oder nicht (vollständig) deradikalisiert wurden. Diese Häftlinge wurden entweder nach dem Terrorismusstrafrecht als zurückgekehrte Auslandskämpfer beziehungsweise als lokale Gefährder verurteilt oder haben sich als einfache Kriminelle der salafi-jihadistischen Ideologie zugewandt. In Summe speisen sie das Reservoir an Islamisten, die eine Bedrohung für die Sicherheit darstellen. Terrorismus ist sicherlich eine denkbare Handlungsoption für die Mehrzahl der Betroffenen.

Dass ausgeprägte terroristische Gewaltambitionen nach wie vor existieren, steht außer Zweifel. Zuletzt haben dies im Juni 2023 die fortgeschrittenen Planungen eines Terroranschlags auf das Wiener Pride Festival (auch Regenbogenparade) dokumentiert. Drei österreichische Jugendliche im Alter von 14, 17 und 20 Jahren mit bosnischen und tschetschenischen Wurzeln werden verdächtigt, die feiernde LGBTQ-Community ins Visier terroristischer Gewalt genommen zu haben. Ob Homophobie oder ganz banal der Hass auf die liberale Lebensweise im „dekadenten" Westen das Motiv dieses möglichen Vorhabens waren, ist bislang ungeklärt. Auf den Mobiltelefonen des älteren Brüderpaares aus St. Pölten fanden sich Berichten zufolge IS-Propagandabilder. Mit den intoleranten, auf Gewalt gegen Andersdenkende beruhenden, weltanschaulichen Grundsätzen des IS wäre ein Anschlag gegen eine Schwulen- und Lesbenparade jedenfalls ohne weitere Umstände in Einklang zu bringen. Der erst 14-jährige Wiener hatte sich in Chats über die Instant-Messaging-Applikation Threema über Bestandteile von Sprengstoff und eine Anleitung zum Bau einer Bombe erkundigt.[122] Die entscheidende Kommunikation im Vorfeld soll in einer Telegram-Chatgruppe stattgefunden haben, in der sich Sympathisanten des afghanischen IS-Ablegers IS-K ausgetauscht haben. Der 17-jährige Verdächtige soll gegenüber dem ukrainischen IS-Unterstützer Abu-Hurayra Al-Ukraini angekündigt haben, einen Anschlag auf die Pride Parade in Wien durchführen zu wollen.[123] Zu diesem Zweck habe der IS-Anhänger in Tschechien ein AK 47-Sturmgewehr und ein großes Messer, wahrscheinlich eine Machete, besorgen wollen. Angeblich seien er und der 14-jährige Verdächtige auch in das Nachbarland gereist, aber ohne Waffe zurückgekommen. Beim Verfassen dieser Zeilen läuft das Ermittlungsverfahren gegen die drei Verdächtigen, und die hier dargestellten Zusammenhänge sind bereits gerichtsanhängig. Dieser aktuelle Fall zeigt einerseits, dass die jungen Radikalisierten immer jünger werden und hat andererseits einige für die Terrorismusbekämpfung bedeutende Aspekte (unter anderem das Zugriffsrecht des Verfassungsschutzes auf Messengerdienst-Kommunikation oder die Verwendung von nachrichtendienstlich generierten Informationen für Strafverfahren) aufgeworfen.

Ein unverwechselbares Wesensmerkmal der österreichischen Islamistenszene ist deren überdimensional starke transnationale Vernetzung insbesondere zum Balkan – dort vor allem in Richtung Bosnien, Kosovo, Albanien und Nordmazedonien sowie in die Nachbarländer Deutschland und die Schweiz, nicht zuletzt auch in die Türkei. Maßgeblich haben salafistische Hassprediger wie Mirsad Omerovic alias Ebu Tejma und andere charismatische Figuren in der Szene dazu beigetragen, dass es zur Herausbildung von übergreifenden Strukturen und Kooperationsformaten jenseits der österreichischen Grenzen gekommen ist. Ein weiterer Faktor war die jihadistische Migration nach Syrien und in den Irak ins IS-„Kalifat", die ein Netzwerken der Jihadisten untereinander ermöglicht hat. Nicht zuletzt seitdem Verfassungsschützer den Druck auf die österreichische Szene kontinuierlich erhöht haben, ist eine Verlagerung der Aktivitäten ins Netz zu beobachten, die sich freilich ebenfalls in einer stärkeren Vernetzung mit ausländischen Gleichgesinnten manifestiert.

Zweifellos hat sich in den letzten fünf bis zehn Jahren vorwiegend in Europa eine neue Generation von gewaltbereiten Islamisten („Generation Z des Jihad") herausgebildet, die, allesamt Digital Natives, mehrheitlich sehr jung, radikalisiert und handlungsorientiert ist. Bei der Mehrzahl erfolgte die Radikalisierung online. Einen wesentlichen Anteil an der beschriebenen Entwicklung haben bei Jugendlichen populäre, sich stets ändernde virtuelle Plattformen wie TikTok, YouTube oder Snapchat. Bedingt durch ihre offene Struktur und Schnelllebigkeit ermöglichen sie ein zügiges und in der Regel von den Behörden unbehelligtes Teilen und Verbreiten von extremistischen Inhalten.

Alter Wein in neuen Schläuchen, möchte man fast sagen – denn die Inhalte der islamistischen Propaganda sind fast immer dieselben, nur Form und Darstellung wurden modernisiert und an die Videospiel-Ästhetik dieser neuen Generation angepasst. Rekrutierer kontaktieren für eine extremistische Ansprache potenziell anfällige Muslime oder Konvertiten in eigens eingerichteten Chats direkt oder lenken sie auf andere, kleinere, unbekannte Applikationen oder Channels um. Aufgrund ihrer Jugend ist bei den aktuellen Newcomern der Jihadistenszene die Hemmschwelle zur Gewalt oft sehr niedrig. Ebenso ist der Druck, sich in diesen Bezugsgruppen einen Namen zu machen, bereits ausgeprägt. Diese Generation Z (oder auch „Generation Covid") übernimmt, wie der Fall Lorenz K. drastisch zeigt, immer mehr die Initiative innerhalb der Akteur-Strukturen (Gruppen, Zellen, Einzeltäter) im europäischen Jihadismus. Deren Rolle wird für die extremistische Landschaft im Phänomenbereich des Islamismus in den nächsten Jahren prägend sein. Die Millennials werden sukzessive die Trends bei jihadistischer Gewalt vorgeben, sowohl was Taktik, Planung, Modi Operandi, Wirkmittel, aber vor allem auch Ziele und Szenarien betrifft. Wir werden mit hoher Wahrscheinlichkeit mit neuen Formen und Spielarten des Terrorismus konfrontiert sein. Gerade mit Blick auf dessen islamistische Ausprägung. Die Generation Z des Jihad wird künstliche Intelligenz in ihre Planungen miteinbeziehen, noch stärker versuchen, von den Präventions- und Gegenmaßnahmen der Sicherheitsbehörden zu lernen, und sich weiterhin international vernetzen, austauschen und solidarisieren. Transnationale Vernetzung, ob virtuell oder im realen Leben, ist für solche radikalisierten Jugendlichen ohnehin selbstverständlich geworden und ist ein Verstärker ihrer Aktivitäten. Auch für Kujtim F. war diese grenzüberschreitende Zusammenarbeit eine wesentliche Ressource, wie sich zeigen wird.

DIE VORGESCHICHTE

EINES TERRORANSCHLAGS

DER WIENER ATTENTÄTER UND SEIN NETZWERK

Der Attentäter Kujtim F.

Kujtim F. hatte seine ethnischen Wurzeln in der albanischen Volksgruppe in Nordmazedonien und besaß die österreichische Staatsbürgerschaft. Kurz vor seiner Geburt am 24. Juni 2000 zog seine Familie aus einem Dorf außerhalb von Tetovo nach Mödling, eine beschauliche Kleinstadt am Rande von Wien. Sein Vater arbeitete als Gärtner, während seine Mutter im Einzelhandel tätig war. Aufgrund ihrer Arbeit blieb der Familie vergleichsweise nur wenig Zeit für die Erziehung von Kujtim und seiner jüngeren Schwester. Kujtim war ein sogenanntes Schlüsselkind. Er wuchs in einer Gemeindebausiedlung in Alt-Erlaa/Atzgersdorf in Liesing am südlichen Ende der Stadt Wien auf, wo er auch die Volksschule besuchte. Bereits als Kind verbrachte Kujtim seine Freizeit auf dem Fußballplatz. Er galt als talentierter Spieler und ging seinem Umfeld zufolge in diesem Hobby auf, auch sozial, unter Gleichgesinnten. Seine Mannschaft El Buhari, in der vorwiegend junge Muslime spielten, war nach der Moschee im 12. Wiener Gemeindebezirk benannt, die innerhalb der albanischen Community als radikal galt. In diesem freundschaftlichen Umfeld dürfte bereits ein Grundstein für Kujtim F.s zunehmende Hinwendung zum Salafismus gelegt worden sein.

Was seine Schullaufbahn betrifft, ist zuerst festzuhalten, dass er trotz wenig konstanter Leistungen in die Höhere Technische Lehranstalt (HTL) Ottakring aufgenommen wurde, die er allerdings nach drei Jahren abbrach. Nach der Haft wird der Islamist seinen Bewährungshelfern später erklären, er habe sich im Klassenverbund gemobbt gefühlt, weil er „für seine Religion eingestanden" sei. Was die familiäre Einbettung betrifft, soll es manchmal alterstypische Auseinandersetzungen mit dem Vater gegeben haben. Häufige lautstarke Streitigkeiten, die manchmal sogar in Handgreiflichkeiten (die Jugendgerichtshilfe notierte „Gewalterfahrungen") ausgeartet sein sollen. Die Mutter drohte ihm nach dem Schulrauswurf mit der Delogierung. Belegt sind familiäre Spannungen unter anderem durch einen Auszug aus dem Gerichtsprotokoll:

> _Kujtim F.:_ „_Ich wollte zu diesem Zeitpunkt von zu Hause weg. Es gab diese Leute, die mich angeschrieben haben, die gesagt haben: ,Du kannst zu uns kommen. Es gibt ein schönes Leben.'"_
>
> _Richter:_ „_Was haben Sie gedacht, was Sie dort erwarten würde?"_
>
> _Kujtim F.:_ „_Ein schönes, besseres Leben, habe ich mir gedacht. Dass ich eine eigene Wohnung bekomme und ein Einkommen und keine Probleme."_
>
> _Richter:_ „_Wenn es notwendig gewesen wäre, auch ein Kampfeinsatz?"_
>
> _Kujtim F.:_ „_Ja."_
>
> _Richter:_ „_Auch Selbstmordattentate?"_
>
> _Kujtim F.:_ „_Das hätte ich mich nicht getraut."_[124]

Überliefert ist zudem, dass der Vater seinen Arbeitskollegen erzählt haben soll, er fürchte, die Kontrolle über seinen Sohn zu verlieren. Dies legt den Schluss nahe, dass die Hinwendung des Sohnes zur radikal-islamistischen Weltanschauung bereits im familiären Umfeld ein Streitthema gewesen sein könnte. Als seine Eltern 2017 in eine neue, teurere Wohnung zogen, lehnte F. deren seiner Meinung nach zunehmend „materialistischen Lebensstil" ab. Die Familie galt als nicht streng gläubig. Kujtim soll aber regelmäßig den Hobbyraum seiner Wohnhausanlage aufgesucht haben, um zu beten. Zu dieser Zeit traf er sich bereits vermehrt mit einer Gruppe junger Jihadisten, die häufig salafistische Moscheen, Parks und Fitnessstudios frequentierten. Bei seinem späteren Gerichtsverfahren fragte ihn der Richter, ob er vor seinem Versuch, in den Jihad zu reisen, gläubig war. Kujtim F. entgegnete: „Normal, seit klein auf. Ich bin so aufgewachsen. Dann hat das mit der IS-Sache in der Moschee begonnen. Es gab dort diese Leute, die über diese Sache begonnen haben zu reden und versucht haben, mich davon zu überzeugen."[125] Meist sind es junge Männer und manchmal auch Frauen der zweiten oder dritten Generation von Migrantenfamilien, die den Versprechungen von extremistischen Ideologien anheimfallen. Ein giftiger Gefühlscocktail von Ausgrenzung, mangelndem Respekt, Marginalisierung und Perspektivlosigkeit sowie familiären Schwierigkeiten ist dabei häufig die tiefere Ursache für die entsprechende Hinwendung. Oft sind es die Tristesse des Alltages und eine empfundene Sinn- und Hoffnungslosigkeit, die junge Menschen für die Rattenfänger des Islamismus ansprechbar werden lassen. Es bleibt jedenfalls unklar, ob Kujtims Radikalisierung Ursache für oder Reaktion auf die innerfamiliären Konflikte war. Die Auseinandersetzungen führten jedenfalls zu einer zunehmenden Entfremdung vor allem zwischen den beiden männlichen Familienmitgliedern. Einer der Gründe für das Zerwürfnis war höchstwahrscheinlich sein zunehmend streng religiöser Lebensstil. Nachbarn beschreiben den Sohn nach außen hin als ruhig, unauffällig und höflich. Kujtim verbrachte immer mehr Zeit beim Gebet, in der Moschee und schließlich fast exklusiv nur mehr in salafistischen Kreisen, wie Bekannte berichten.

Nach seinem Scheitern in der Schule versuchte er nach Syrien in den Jihad zu reisen. Bereits Anfang 2018 begann Kujtim F. sich gemeinsam mit seinem engsten Freund und Mitstreiter Burak K. intensiv mit der Weltanschauung und den Vorstellungen des IS auseinanderzusetzen. Laut dem Landesgericht für Strafsachen in Wien äußerte er im Jahr 2018 wiederholt gegenüber Bekannten, dass er für den „Islamischen Staat" (IS) als Auslandskämpfer Teil des „Heiligen Kriegs" werden wolle. Für ihn sei der Jihad ein „Abenteuer" gewesen. Die beiden Islamisten traten über den Messengerdienst Telegram mit IS-Mitgliedern in Syrien und dem Irak in Kontakt. Im Juli 2018 verschickte Kujtim F. über seinen Telegram-Account ein rund vierminütiges IS-Propagandavideo mit Gewehrsalven, Sprechgesängen und der oft wiederholten Parole: „Es ist Zeit für den Heiligen Krieg für Gott. Lass mich kämpfen gegen die Tyrannen und den Ehrlosen, den

Ungläubigen, den wahren Feind."[126] Dies entging auch dem zuständigen Bundesamt für Verfassungsschutz und Terrorismusbekämpfung (BVT) nicht. Ende August 2018 besorgte Kujtim sich mit seinem „Buddy" Burak K. Flugtickets nach Afghanistan. Als ihnen ein Mitarbeiter der Fluggesellschaft auf Nachfrage mitteilte, dass man zur Einreise ein Visum benötigte, stornierten sie den Flug umgehend. Trotzdem beharrte vor allem Kujtim F. auf seinem Vorhaben und reiste schließlich am 1. September 2018 nach Istanbul, um sich an die syrische Grenze zu begeben. Dort fand er in einem Haus in der südtürkischen Stadt Hatay mit zwei Deutschen und einem Belgier vorübergehend Unterschlupf. Nach drei Tagen wurde ihm von Schleppern mitgeteilt, dass es zu gefährlich sei, ihn jetzt nach Syrien zu schleusen.

Die Lage im Kriegsgebiet hatte sich mittlerweile zuungunsten der Jihadistentruppen drastisch verschärft, und die Anti-IS-Koalition hatte militärisch die Kontrolle über das umkämpfte Gebiet weitgehend zurückerlangt. Zu diesem Zeitpunkt war die Terrormiliz IS bereits massiv unter Druck geraten und kontrollierte im September 2018 nur noch ein maximal geschrumpftes Territorium am Euphrat. Kujtim F. wurde zurück in ein Hotel gebracht, wo er schließlich von der türkischen Polizei verhaftet wurde, die ihn an die österreichischen Behörden auslieferte. Nach sieben Monaten Untersuchungshaft wurde Kujtim F. am 25. April 2019 in Wien wegen Mitgliedschaft in einer terroristischen Vereinigung (§ 278b StGB) zu 22 Monaten Haft verurteilt. Während des Strafvollzugs trainierte er sich einen maskulinen Körper an und mutierte vom schmächtigen Spät-Teenager zum Mann. Zudem ließ er sich einen szenetypischen Salafistenbart mit rasiertem Oberlippenbereich wachsen, den er nicht stutzte. Eine äußerliche Metamorphose. Im Bericht von DERAD (Organisation für Extremismusprävention, Deradikalisierung und anderes) wird diese sichtbare Verwandlung ebenfalls registriert. Aus Einträgen, beginnend mit Juni 2020, geht hervor, wie sich das Äußerliche von Kujtim F. verändert hat: Er habe durch „Training und offensichtlich durch die Einnahme von Anabolika sehr schnell an Muskelmasse zugelegt", sich „einen für seine religiöse Ausrichtung typischen Bart wachsen lassen" und sich auch „einschlägig gekleidet" (beispielsweise hochgekrempelte Hosenbeine).[127] Vom Antlitz und Habitus verwandelte der spätere Attentäter sich also in einen prototypischen Jihadisten. Auch was seine Gesinnung betrifft, ist davon auszugehen, dass er seine extremistische Weltsicht in der Haft noch weiter vertiefte. Gewalt wurde für Kujtim F. sukzessive zu einer Option zur Durchsetzung ideologischer Ziele. Nachdem seine Ausreise ins Kriegsgebiet gescheitert war, hatte sich der Jihad für ihn auf ein terroristisches Szenario gegen den „nahen Feind", also gegen die liberale westliche Gesellschaft im eigenen Land zugespitzt. Die Wiederveröffentlichung der *Charlie Hebdo*-Karikaturen und der jihadistische Herbststurm des Jahres 2020 mit einer Serie von Terroranschlägen sollte aus Sicht von Kujtim F. eine ideale Rechtfertigung für die Verwirklichung des von ihm angestrebten Terrorplots darstellen.

Am 5. Dezember wurde Kujtim F. gemäß den Bestimmungen des Gesetzes auf Bewährung freigelassen, nachdem er zwei Drittel seiner Strafe verbüßt hatte. Das Gericht führte Kujtim F.s Jugend, seine gute Führung im Gefängnis und angenommene positive Zukunftsaussichten bei der Beurteilung positiv ins Treffen. Im Bericht der Zerbes-Untersuchungskommission wird Kujtim F. unter Bezugnahme auf die Berichte des Vereins DERAD, der den Insassen betreut hat, als „freundlicher, naiver und zurückhaltender Mensch mit einem problematischen, simplifizierten und stark dualistisch geprägten Verständnis von Religion" beschrieben.[128] „Ambiguitäten und Widersprüche" schienen ihn zu „überfordern", sein Wissen über Religion sei nicht nur „oberflächlich", sondern er sei „überhaupt nur rudimentär religiös gebildet" gewesen, heißt es weiter.[129] Kujtims Ansichten hätten sich während der Deradikalisierungsansprache in der Haft kaum verändert. So sei er über den gesamten Betreuungszeitraum Anhänger der Salafyya, einer ultrakonservativen Strömung des Islam, geblieben und habe daraus keinen Hehl gemacht. Neben religiösen Fragen seien in dieser Zeit auch andere Themen wie seine Wohnsituation, etwaige Ausbildungs- beziehungsweise Beschäftigungsmöglichkeiten sowie seine Freizeitaktivitäten angesprochen worden.

Im Anschluss an die Haft wurde er von einem Bewährungshelfer des Vereins Neustart und weiterhin von DERAD betreut. Obwohl seine frühzeitige Freilassung auf Bewährung in der österreichischen Öffentlichkeit nach dem Terroranschlag eine breite Empörung auslöste, war sie strafrechtlich und in Bezug auf eine wichtige mögliche Resozialisierung notwendig, denn dies ermöglichte es der Justiz, den Verurteilten mit kontrollrelevanten Bewährungsauflagen zu versehen. Zwei Monate nach seiner Haftentlassung besuchte Kujtim F. einen AMS-Kurs zur beruflichen (Neu-)Orientierung. Zuletzt war er auf Abruf bei einem Security-Unternehmen eingetragen. Er bezog Mindestsicherung und lebte in einer Gemeindewohnung im Wiener Bezirk Donaustadt, womit er die Bewährungsauflage, einen festen Wohnsitz zu haben, erfüllte. Wie schon vor seiner Haft besuchte er zwei als radikal geltende Gebetshäuser, die Tewhid-Moschee in der Murlingengasse in Meidling und den Melit-Ibrahim-Vereinsraum in Ottakring. Seine Verbindung zu diesen beiden Moscheen ist bemerkenswert. Denn sie wurden von Predigern geleitet, die eine bedeutende Rolle bei der Radikalisierung einer Generation islamistischer Extremisten in Österreich spielten. Die Tewhid-Moschee hatte wegen einiger ihrer notorischen Besucher und ihres langjährigen Imam Mohamed Porca in den letzten zehn Jahren die Aufmerksamkeit österreichischer Medien erlangt. Er war nicht nur in Szenekreisen berüchtigt und hatte enge Verbindungen zu salafi-jihadistischen Eliten in Bosnien.

Die andere charismatische Figur war Nedzad Balkan, ehemaliger Prediger der Melit-Ibrahim-Moschee und früherer Kampfsportler. Er hatte großen spirituellen Einfluss auf die jihadistische Szene – vor allem mit Balkanbezug – in Österreich. In diesem Dunstkreis konnte Kujtim F. seine Apotheose zum jihadistischen IS-Helden vorantreiben. Auch indem er mit Gleichgesinnten im In- und Ausland (Stichwort: „Löwen vom Balkan" – mehr dazu weiter unten) verkehrte und damit seinen Wert in der Islamisten-Community steigerte. Denn für manche Hartgesotteneren in der militanten Islamistenszene galt er lange als ein Versager. Als ein notorischer Dampfplauderer, als jemand, der (bei der Ausreise) gescheitert war. Ein junger Tschetschene, der den späteren Attentäter noch aus einer Zeit, als er selbst in der jihadistischen Szene rund um den berüchtigten militant-salafistischen Prediger Ebu Tejma verkehrte, kannte Kujtim F. Dieser sei „ein richtiger Loser gewesen, ein Opfer, jemand, der keine eigene Meinung hatte und nur nach Aufmerksamkeit gierte".[130] Seinem Bekunden nach habe Kujtim F. sich Steroide gespritzt, um sich aufzupumpen, und versucht, bei radikalen Gruppen anzudocken, sei aber von allen belächelt worden. Er selbst habe ihn vom Sehen gekannt, sich aber nicht weiter für ihn interessiert. K. sei ein „Irgendwer" gewesen.[131] „Ein Irgendwer?", fragte die interviewende *Profil*-Journalistin nach. „Schwach halt, ein Mitläufer. Aber das heißt natürlich nicht, dass so jemand nicht gefährlich ist", antwortete der junge Mann. Diese Einschätzung als „unauffälliger Mitläufer" findet sich immer wieder bei einer investigativen Recherche zur Person des Wiener Attentäters. „Etwas Derartiges hätte ich mir bei ihm niemals gedacht", wird zum Mantra der meisten Antworten. Wer ihn gekannt hatte, hätte Kujtim F. eine derartige Schreckenstat nicht zugetraut.

So verhält sich das öfters mit Terroristen. Sie erscheinen meist harmloser, als sie wirklich sind. Gute Nachbarn. Hilfsbereite Mitmenschen. Enorm unauffällig. Beileibe keine Monster. Zumindest nicht im alltäglichen Umgang. Hannah Arendt hat dies im Zuge ihrer weltbekannten Beobachtung des Eichmann-Prozesses mit dem Begriff der „Banalität des Bösen" umschrieben. Erschreckend banal, geradezu langweilig ist vor allem die nach außen hin wahrnehmbare Lebensführung von späteren Mördern und Terroristen. In den Vorstellungen der meisten Menschen sind diese Personen maligne Verschwörer, die archetypisch den schillernden Bond-Bösewichten mit ihrem ausgeprägten Narzissmus nahekommen. Die schnöde Wirklichkeit zeigt in der Regel gescheiterte Lebensentwürfe. Traurige Geschichten der Nichtbeachtung und Sublimation.

Auch Kujtim F.s Lebensweg hätte anders verlaufen können, hätte er seine Ausbildung abgeschlossen, wäre er nicht an die falschen Freunde geraten, hätte er eine funktionierende Partnerschaft gehabt, mit einer jungen Frau, der er etwas bedeutet hätte und umgekehrt. Wiederum anders wäre sein Weg verlaufen, wäre er nach Syrien gelangt, um sich dem IS anzuschließen. Dies hätte er mit hoher Wahrscheinlichkeit nicht überlebt. Derartige

Überlegungen nennt man *Counterfactuals*, also kontrafaktische „Was wäre wenn"-Szenarien. Doch Kujtims Bahnen führten ihn schlussendlich in die Haft und noch tiefer in die Radikalisierung. Nach außen hin beteuerte er mehrfach, das zu bereuen. Offenbar jedoch bloß zum Anschein.

Vor allem später im Rahmen der Betreuungsgespräche bei den Treffen mit Sozialarbeitern und Religionspädagogen, die er den Vorgaben entsprechend regelmäßig wahrgenommen hatte, soll sich der 20-Jährige brav und geläutert gegeben haben. So auch im Strafprozess, als er vom Richter zur versuchten Jihad-Reise befragt wird: „Wie stehen Sie heute zu der Geschichte?" – Kujtim F.: „Ich möchte damit nichts mehr zu tun haben. Ich möchte andere Wege gehen. Ich habe falsche Freunde und die falsche Moschee besucht." Kolportiert wird zudem, dass er die Terroranschläge in Frankreich verurteilt habe. Das ist aus heutiger Sicht als ein gelungenes Täuschungsmanöver zu qualifizieren. Denn die Taktik „Tarnen und Täuschen" ist im Repertoire der Jihadisten immer wieder zu finden. So etwa soll al-Qaida-Attentäter Mohamed Meral unmittelbar bevor er am 22. März 2012 von einer Antiterroreinheit außer Gefecht gesetzt wurde, geschrien haben: „Nicht das Geld, die Verstellung ist entscheidend!" Vor allem in Frankreich wurde aufgrund dieser lautstarken Äußerung Merals danach in mehreren Feuilletons diskutiert, ob das ursprünglich schiitische Prinzip der Täuschung (*taqiya*) ebenso in einer extremistischen Auslegung des sunnitischen Islam verankert sei. Insgesamt ist der Bezug auf die „Verstellung" des Jihadisten allerdings für sich noch kein Hinweis dafür, dass taktische Vorkehrungen, nicht entdeckt zu werden, von den Attentätern selbst „islamisiert" werden. In manchen radikalen, salafistisch geprägten Moscheen und Koranschulen im deutschsprachigen Raum wurde eine zweckdienliche Verstellung gegenüber Nichtmuslimen immer wieder gepredigt und gutgeheißen. Dem späteren Wiener Attentäter ist es zumindest gelungen, sein Umfeld über sein Vorhaben im Unklaren zu lassen.

Das islamistische DACH-Netzwerk und
die „Löwen vom Balkan"

Im Rahmen der Wiener Terrorprozesse wurde Kujtim F. in zahlreichen Zeugenaussagen überwiegend als introvertierter, ruhiger Einzelgänger beschrieben, der nur wenig über sich redete,
zurückgezogen lebte und anscheinend kaum soziale Kontakte
pflegte. Er galt als selbstständig und kontrolliert und hätte andere sehr gut täuschen können. Kurz vor der Tat rief der spätere
Attentäter sogar die Polizei, um einen Einbruchsdiebstahl in sein
Kellerabteil zu melden, und wirkte auf die Beamten laut Einsatzprotokoll äußerst gelassen. Im Zuge der Ermittlungen konnte
jedoch ein umfangreiches europäisches Islamistennetzwerk in
mehreren Ländern rekonstruiert werden, mit dem F. persönlich
oder über soziale Medienkanäle in Kontakt stand. Oftmals ist es
die Gruppendynamik, Gefühle von Zugehörigkeit und Loyalität
sowie Freundschaften, die den Weg in die extremistische Gewalt
ebnen, befördern oder erleichtern. Auch im Fall des Kujtim F. gibt
es glaubhafte Hinweise und Indizien, dass sein Netzwerk eine
treibende Kraft für seine Hinwendung zur Gewalt gewesen sein
dürfte. Daher lohnt es sich, hier seine Beziehung zu anderen jungen „wütenden" Männern,[132] islamistischen Gesinnungsgenossen
und Freunden zu thematisieren.

Die Gruppe von Gleichgesinnten rund um den späteren
Attentäter Kujtim F. bestand aus Personen mit albanischem, tür-
kischem oder tschetschenischem familiären Hintergrund.[133] Die
meisten kannten sich bereits, bevor sie sich (weiter) radikalisierten. Einige von ihnen, einschließlich des Attentäters selbst, sollen in Wien gemeinsam Fußball gespielt haben oder waren Klas-
senkameraden in St. Pölten. Besonders bedeutsam ist auch das
transnationale Netzwerk des Wiener Jihadisten mit nordmazedonischen Wurzeln. Lokale Jihadistengruppen und Einzelpersonen
vernetzen sich zunehmend über Regionen hinweg. Häufig bilden
sie ausgedehnte und eng verwobene Netzwerke, die auf gemeinsamer ethnischer Zugehörigkeit, Sprache und einer interpretier-
ten Version des Jihad basieren, die diesem Milieu angepasst ist.
In Österreich gilt dies insbesondere für islamistische Extremisten in der balkanischen Diaspora, sowohl in Wien, Graz als auch

anderswo. Nach dem Terroranschlag am 2. November 2020 wurden im Rahmen der Ermittlungen die vielfältigen Verbindungen des Wiener Angreifers zu Islamisten in Europa bis ins kleinste Detail untersucht. Kujtim F. und sein Wiener Umfeld pflegten enge Beziehungen zu islamistischen Extremisten in Deutschland und der Schweiz. Bereits einen Tag nach dem Anschlag wurden Wohnungen von fünf Personen in Bremen, Pinneberg (bei Hamburg), Kassel und Osnabrück durchsucht, die Kontakt zu F. und seinen Mitstreitern gehabt haben sollen. Bei vier dieser jungen Männer traf dies zu. Einer der Kontakte von F. in Deutschland soll einer Person zugeordnet worden sein, die den jihadistischen Kreisen des IS-Predigers Abu Walaa in Hildesheim angehört haben soll. In der Schweiz spielte die beschauliche Stadt Winterthur eine Schlüsselrolle in der Jihadistenclique um Kujtim F. Am Morgen nach dem Anschlag in Wien wurden zwei seiner Komplizen, ein 18-jähriger und ein 24-jähriger Konvertit, von Beamten der Bundes- und Kantonspolizei verhaftet. Diese beiden sollen eine maßgebliche Rolle bei der weiteren Radikalisierung von Kujtim F. gespielt haben. In diesem Fall sind die erforderlichen personellen Komponenten zur Unterstützung der Radikalisierung in den gewaltsamen Extremismus eindeutig vorhanden. Es obliegt den schweizerischen und deutschen Gerichten, zu entscheiden, inwieweit die genannten Personen aus dem Umfeld des Wiener Terroristen über direktes Wissen über den Anschlag verfügten oder sogar an den logistischen und taktischen Planungen beteiligt waren.

Ein jihadistisches Netzwerk, das im Zuge einschlägiger Ermittlungen in den Fokus der Behörden geriet, firmierte unter dem Kampfnamen „Löwen vom Balkan". Das deutsche Bundeskriminalamt soll bereits in der ersten Jahreshälfte 2020 einen Gefahrenabwehrvorgang namens „Metapher" initiiert haben, um diese islamistischen Strukturen mit Balkanbezug weiter aufzuklären.[134] Kujtim F. dürfte diesem Netzwerk angehört haben genauso wie mehrere Terrorverdächtige, die laut Anklage des Generalbundesanwalts Anschläge in Deutschland geplant haben sollen. Bis heute ist nicht vollends geklärt, welchem Zweck die Vernetzung Kujtim F.s mit Islamisten aus Nordmazedonien und darüber hinaus letztendlich gedient haben kann. Unklar bleibt weiters, ob es eine zentrale Steuerung gegeben hat und welche Rolle islamistische Prediger oder gar Syrienrückkehrer vom Westbalkan dabei gespielt haben. Als gesichert gilt, dass das Netzwerk länderübergreifend aktiv war, was mehrere Treffen und mögliche direkte Verbindungen zum IS belegen. Kennzeichnend für das Löwen-Netzwerk sind vor allem aber der lokale Kontext und der ethnische Bezug seiner Mitstreiter zum Balkan. Dennoch bleiben einige Fragen weiterhin offen. Definitiv außer Frage steht jedenfalls, dass jihadistische Gesinnungsgenossen wie die „Löwen vom Balkan" mit personellen Überschneidungen mit der St. Pöltner Gruppe oder auch die nachbarschaftlichen Kontakte im deutsch-österreichisch-schweizerischen Dreiländer-DACH-Netzwerk (besonders in Osnabrück und Winterthur) als inspirierende Echokammer für extremistische Ansichten fungierten und somit letztendlich dazu beitrugen, dass ein junger Mann wie Kujtim F. zum islamistisch motivierten Terroristen werden konnte.

Der engste Kreis in seinem österreichischen Netzwerk wurde aufgrund der Ermittlungs- und Beweisergebnisse wegen Beitragshandlungen zum Wiener Terroranschlag angeklagt und rechtskräftig verurteilt. Im Anklagevortrag betonte die Staatsanwaltschaft, dass durch die bestialische Tat des Anschlags ganz Österreich ins Herz getroffen wurde, und plädierte daher auf Schuldsprüche gegen die sechs Angeklagten. Die Vorwürfe bezogen sich dabei insbesondere auf §§ 278c terroristische Straftat (Mord beziehungsweise versuchter Mord), 278b terroristische Vereinigung, 278a StGB kriminelle Organisation, § 7 KriegsmaterialG und § 50 WaffenG. Die Anklage hob hervor, dass ein Tatbeitrag durch jede physische wie psychische Unterstützung der Tat möglich sei und alle Beweise und Indizien (Chats, Bilder, Aufnahmen, Standortdaten oder DNA) ein klares Ergebnis liefern würden. Die Angeklagten bestritten einhellig, von den Anschlagsplänen gewusst oder den Attentäter aktiv unterstützt zu haben. Zwei von ihnen, Adam M. und Ishaq F., bekannten sich zwar schuldig, die Waffendeals vermittelt zu haben, hatten aber laut eigener Aussage nicht nach dem Sinn und Zweck des Erwerbs der

Tatmittel gefragt. Insgesamt relativierten alle Angeklagten ihre
Bekanntschaft zu Kujtim F. und dessen Gedankenwelt.

Zu dieser Wiener Zelle gehörten folgende Personen:
Arijanit F. (23 J.), der Kujtim F. nach Bratislava gefahren haben
soll, um Munition für eine AK-47 in einem offiziellen Waffengeschäft zu erwerben. Der Komplize verfügte über Kontakte in die
radikalislamische Szene, sammelte Propagandamaterial über den
„Islamischen Staat", al-Qaida und Boko Haram, war aber nicht
vorbestraft. Gemäß Anklage warnte der Kosovare Arijanit F. am
2. November 2020 seinen Freundeskreis über WhatsApp vor
einer bevorstehenden Razzia der Polizei, löschte danach seine
Spuren und versteckte anschließend sein Mobiltelefon. Ismail B.
(23 J.), der Zweite im Bunde und enge Jugendfreund von Kujtim
F., begleitete die Waffenübergaben in Wien. Er soll Kujtim F. beim
Tatentschluss bestärkt haben. Ismail B. kommentierte die letzten
Postings des späteren Attentäters am Anschlagstag positiv und
löschte danach die belastenden Einträge auf Instagram. Behörden und Staatsanwaltschaft sind davon überzeugt, dass der junge
Mödlinger beim Anruf im französischen Restaurant *Le Salzgries*
und bei der Aufnahme des Bekennervideos in der Wohnung anwe-
send gewesen sein muss. Burak K. (25 J.), der dritte Freund, plante mit Kujtim F. 2018 zuerst die Ausreise nach Afghanistan, danach zum „Islamischen Staat" nach Syrien. Beide wurden für die
versuchte Ausreise zu längeren Haftstrafen verurteilt. K. verfügte
über Szenekontakte zu Jihadisten und wollte über Beziehungen
zu tschetschenischen Mittelsmännern in Österreich und Italien
gefälschte Ausweisdokumente für Kujtim F. beschaffen. Burak K.
legte nicht nur den offiziellen Treueschwur auf den IS ab, sondern
kommentierte ebenfalls die letzten Postings und Ankündigungen
vor dem Terroranschlag positiv auf Instagram. Am Anschlagstag löschte er sämtliche gespeicherten Inhalte seines Mobiltelefons. In den elektronischen Spurenresten des Endgeräts fanden sich Recherchehinweise wie Adresse, Telefonnummer und
Öffnungszeiten des Restaurants *Le Salzgries* in Wien, das als das
bekannteste französische Lokal der Stadt gilt und wegen *Charlie
Hebdo* und dem Frankreichbezug im Visier von Kujtim F. stand.
Als Vierter ist Hedayatollah Z. (29 J.), ein mehrfach vorbestraf-

ter und strenggläubiger Salafist, ins Visier der Staatsanwaltschaft
geraten. Neben der Wiener Zelle pflegte Kujtim F. auch regelmäßige Kontakte zur St. Pöltner Zelle rund um den nordmazedonischen beziehungsweise albanischen HTL-Absolventen Argjend G.
(25 J.), der im Vorfeld des großen Wiener Terrorprozesses unter
anderem wegen Mitgliedschaft in einer terroristischen Vereinigung gemäß § 278b StGB angeklagt worden war. Das Verfahren
erfolgte gesondert, weil kein direkter Zusammenhang oder Tatbeitrag zum Anschlag vom 2. November 2020 in Wien nachweis-
bar war. G. wurde noch in der Terrornacht festgenommen. Dem
Angeklagten G. wurde von der Staatsanwaltschaft Wien vorgeworfen, als Drehscheibe respektive als „Alphatier" im radikal-
islamistischen Milieu und zudem als direkter Kontaktmann des
späteren Attentäters fungiert zu haben. Der Anklagevortrag umfasste unter anderem Hinweise auf die Abhaltung von wiederkehrenden (Sonntags-)Treffen in einer angemieteten Wohnung in St.
Pölten, die Verbreitung von jihadistischem Gedankengut durch
Vorträge, Telegram-Kanäle, (Freitags-)Predigten, Übersetzungen
und Vertrieb einschlägiger jihadistischer Literatur, darunter die
Schrift von Sulaiman al-Ulwan über den Märtyrertod, ein Buch
von Ali al-Khudair und *Auslöscher des Islam* von Muhammad ibn
Abd al-Wahhab. Seit August 2020 sollen sich in St. Pölten besondere Sonntagsrunden gebildet haben, die nur auf persönliche
Einladung zugänglich waren und bis zu 20 Personen aus dem radikal-islamistischen Milieu im Raum Wien und St. Pölten umfassten. Überhaupt waren die beiden islamistischen Zellen aufgrund
personeller Überschneidungen direkt miteinander verwoben.

Kujtim F. pflegte nicht nur enge Kontakte zur Gruppe
um Argjend G. in St. Pölten. Die DNA von Hedayatollah Z. fand
sich ebenfalls an nahezu allen sichergestellten Tatmitteln des
Anschlags wie den Tatwaffen, der Munition, der mitgeführten
Machete, benutzten Klebebändern, dem IS-Siegelring des Attentäters sowie an einer Wollmütze. Aus diesem Grund war das Gericht überzeugt, dass Z. aktiv in die Tatvorbereitungen involviert
gewesen sein muss und den Attentäter bei den Anschlagsplanungen bestärkt haben dürfte. Auch seine damalige Wohnsituation
spricht dafür. Als enger „Kumpel" des jungen Jihadisten wohn-

te Z. zuletzt bei Kujtim F. in der Wagramer Straße in Wien. Am 2. November 2020 schaltete Z. sein Handy ab und tauchte unter. Hedayatollah Z. entstammt einem amtsbekannten afghanischen Familienclan, dem seitens der Behörden eine radikal-islamistische Tendenz attestiert wurde. Der Studienabbrecher sammelte IS-Propaganda, ließ das Material von seiner Ehefrau aus dem Arabischen ins Deutsche übersetzen und teilte es in diversen Gruppen. Adam M. (33 J.), ein fünfter Komplize, vermittelte, beschaffte und übergab die Tatwaffen samt Munition an Kujtim F. Der mehrfach vorbestrafte gebürtige Tschetschene verfügte über Kontakte zur Organisierten Kriminalität, auch zu Waffenhändlern nach Slowenien. Die Nummer sechs der Mitwisser/Mittäter ist ein gewisser Ishaq F. (23 J.), vorbestraft wegen IS-Propaganda und Anwerbungsversuchen. Er soll als Freund von Kujtim F. im Gefängnis unter anderem den Kontakt zu M., dem Waffenlogistiker der Zelle, vermittelt haben. Der strenggläubige Sunnit ägyptischer Abstammung unterstützte ihn bei der Organisation und Übergabe der späteren Tatwaffen. Sämtliche Angeklagten waren Nutzer und Beiträger einer radikal-islamistischen WhatsApp-Gruppe, die sich regelmäßig austauschte und miteinander kommunizierte.

Zum persönlichen Umfeld von Argjend G. zählten unter anderem der deutsche Staatsbürger Drilon G. aus Kassel, Kujtim F. sowie Hedayatollah Z. und dessen Bruder Zarghun Z. Der afghanische Familienclan der Z. war beim österreichischen Verfassungsschutz seit Jahren bekannt und unter Beobachtung. Brüder und Cousins tauchten nicht nur im Verfahren gegen Argjend G. auf, sondern auch im Verfahren gegen den berüchtigten Ebu Tejma und im großen Wiener Terrorprozess. Ein Cousin dürfte als IS-Kämpfer in Syrien gefallen sein. Laut Erkenntnissen der Behörden nahm Kujtim F. an bis zu fünf Sonntagstreffen in der Wohnung in St. Pölten teil, wodurch dieser nachhaltig in seinem gewaltorientierten Gedankengut beeinflusst worden sei. Zum Kreis um G. zählten aber auch Asamev B., ein ehemaliger Schulfreund, der derzeit in der Justizanstalt Suben wegen einer Verurteilung aufgrund Terrorismusverdachts einsitzt. Ebenso Teil der verschworenen Jihadistengruppe waren den Ermittlungen der Sicherheitsbehörden zufolge Baramaj A., ein Cousin von Drilon G., sowie I. Nadaev, ebenfalls einschlägig vorbestraft. A. K., vorbestraft wegen § 278b StGB, mietete gemeinsam mit G. die Wohnung in St. Pölten an.

Arjend G. erklärte, dass seine Eltern aus dem ehemaligen Jugoslawien stammten, im Kommunismus aufgewachsen und daher nicht religiös beziehungsweise muslimisch erzogen worden wären. Nach Volks- und Hauptschule und fünf Jahren HTL mit Matura in St. Pölten sei er über die Beschäftigung mit den „Fragen des Lebens" auf den Islam gestoßen. Nachdem er im Jahr 2016 den Koran gelesen hatte, habe er ihn als Wahrheit empfunden, so Arjend G., und danach begonnen, mittels Büchern (zum Beispiel Medina-Lehrbüchern aus Saudi-Arabien) und sozialer Medien (unter anderem YouTube) Arabisch zu lernen. Ein neu gegründeter Verein (Ansar) sollte über den „wahren" Islam aufklären. Später erteilte Arjend G. selbst in einer St. Pöltner Moschee Unterricht und plante ein Studium in Saudi-Arabien. Im Zuge einer „Glaubenskrise", so Arjend G., habe er im Jahr 2017/18 Kontakt mit Drilon G. aufgenommen, der verschiedene Telegram- und Facebook-Kanäle mit salafistischen Inhalten betrieben habe. Drilon G. führte auch den Online-Decknamen Abu Mohammed (al-Albani). Arjend G. bestritt bei seiner Aussage vor Gericht nach wie vor jeglichen Zusammenhang zwischen Salafismus beziehungsweise Jihadismus und Terrorismus.

Arjend G. versuchte im Gerichtsverfahren vehement den Vorwurf zu widerlegen, dass er Gewalt, Terror oder den IS verherrlicht habe. Er sei auch kein *mudaris* (Lehrer) beziehungsweise „Wissender" gewesen, wie in der Anklage behauptet, sondern allenfalls ein „frommer Muslim", der sich für lebensweltliche islamische Themen interessiert habe. So habe er viele einschlägige Inhalte, unter anderem *khtuba* (Predigten) und *nasheeds* (Gesänge), nur kopiert oder zwecks Information weitergeleitet. In Bezug auf das Treffen im Sommer 2020 führte Arjend G. aus, es habe sich um verwandtschaftlichen Besuch gehandelt und er wäre nur bei der Abholung vom Flughafen behilflich gewesen. Vom Munitionskauf zwei Tage danach wisse er nichts. Kujtim F. habe er zuletzt ein bis zwei Tage vor dem Anschlag getroffen, weil dieser finanzielle Schwierigkeiten mit der Wohnung und dem Handy gehabt haben soll.

Wie bereits erwähnt, reichte das Islamistennetzwerk des Wiener Attentäters auch nach Deutschland und in die Schweiz. Man kann getrost von einem deutschsprachigen jihadistischen DACH-Netzwerk sprechen. Im schweizerischen Winterthur gerieten zwei junge Schweizer mit Migrationshintergrund unter Verdacht, weil sie Kujtim F. persönlich kannten und im Umfeld von radikalen Moscheen und Syrien-Kämpfern verkehrten, unter anderem mit dem deutsch-kosovarischen Thaiboxer Valdet G., der 2015 in Syrien umkam. Die Kleingruppe in Winterthur pflegte enge Kontakte zu Mirsad Omerovic nach Wien. Beide Schweizer nahmen am konspirativen Treffen in Wien im Sommer 2020 teil und übernachteten sogar in der Wohnung von Kujtim F. Verdachtsmomente auf eine Beteiligung hatten sich während der Untersuchungshaft indes nicht erhärtet. Die Namen der zwei Verdächtigen wurden seitens der Schweizer Behörden nicht bekannt gegeben.

Aus Deutschland reisten Drilon G. (26 J.) aus Kassel und Blinor S. alias Anzor W. (20 J.) aus Osnabrück im Juli 2020 nach Wien, um an einem einschlägigen Treffen teilzunehmen. Beide Personen mit kosovo-albanischem Migrationshintergrund waren den deutschen Behörden als Mitglieder der radikalen Islamistenszene bekannt. So hätten sie versucht, sich 2017 dem IS anzuschließen, und wurden in weiterer Folge dafür verurteilt. Alle beide standen über soziale Medien in regelmäßigem Kontakt zu Kujtim F. Am Abend des 2. November 2020 wurden sämtliche Kommunikationsinhalte gelöscht. Auf einem Klebeband der Sprengstoffgürtelattrappe fanden sich DNA-Spuren von Blinor S., der zwischenzeitlich auch in Wien lebte. Nach aktuellen Erkenntnissen befindet sich der deutsche Staatsbürger Drilon G. weiterhin auf freiem Fuß. Ein Ermittlungsverfahren wegen Mitwisserschaft beziehungsweise Nichtverhinderung einer Straftat ist in Deutschland anhängig. Drilon G. nimmt unterdessen weiterhin regelmäßig an Wettkämpfen in der internationalen Kampfsportszene teil.

Einzeltäter plus

Der Wiener Attentäter ist nach meiner Einschätzung typisch für einen „Einzeltäter plus". Kategorisch ist der „Einzeltäter plus" die Mischform aus einem Gelegenheitsattentäter und dem Mit-

glied einer Terrorzelle, der in konkretem Auftrag handelt.[135] Los-
gelöst und entkoppelt von terroristischen Organisationen oder
Netzwerken plant er autonom und führt die Tat allein aus, steht
aber gleichzeitig in Kontakt mit jihadistischen Gruppierungen
und Gesinnungsgenossen im In- und Ausland. Hinter dem Ausführenden steht eine verschworene Clique an Mithelfern, die ihn
einerseits auf der Motivationsebene bestärkt und ihm bei der Be-
sorgung der notwendigen Wirkmittel hilft. Zudem fungieren die
Mitglieder solcher fragilen Zellestrukturen quasi als Berater, indem sie etwa bei der Auswahl der Ziele abwägend zur Seite stehen. Der „Einzeltäter plus" erhält logistische, planerische und
taktische Unterstützung, ohne jedoch selbst jemals explizit Teil
einer hierarchischen Kommandoorganisation zu sein. Dieser At-
tentäter-Typ entspricht dem bereits eingangs erwähnten Konzept
des „führerlosen Jihad". Daher gibt es mangels klarer Hierarchien
auch kaum einen direkten Befehl zum Verüben eines Terroranschlags. Darüber hinaus wird der „Einzeltäter plus" ideologisch
indoktriniert und erhält Inspiration von Gleichgesinnten, wie gerade bei Kujtim F. in der Lehrer-Schüler-Beziehung zu Arjend G.
eindeutig zu erkennen ist.

Der strategische Vorteil dieser Einzeltätervariante liegt
aus Sicht der Terroristen in der terroristischen Auftragstaktik,
einem aus dem Militärischen abgeleiteten taktischen Prinzip,
das dem Ausführenden die größtmögliche Freiheit bei der Bestimmung des Angriffsziels und Tatzeitpunkts wie auch bei der
Wahl der Mittel gewährt.[136] Weder reiner Einzeltäter noch Zelle.
In Hinblick auf den derzeitigen Trend zu terroristischen Low-Le-
vel-Formaten ist davon auszugehen, dass der „Einzeltäter plus"
vor allem im Phänomenbereich jihadistischer Terrorismus die
bestimmende Variante des Einzeltäters bleibt. Denn diese Variante garantiert ein hohes Maß an taktischer Flexibilität eines
„Loners" (englischer Fachbegriff für einen terroristischen Einzeltäter) bei gleichzeitiger unmittelbarer Anleitung, logistischer
Unterstützung und inspirativer ideologischer Prägung durch eine
lose übergeordnete Struktur wie zum Beispiel eine jihadistische
Klein- oder Kleinstzelle, die auch länderübergreifend operieren
kann.[137]

KONSPIRATION UND PLANUNG

Für den gewählten Tatzeitpunkt gibt es auf individueller Ebene mehrere mögliche Gründe und Motive. Außerdem lassen sich plausible Indizien für eine verfrühte Umsetzung finden. Einerseits kursierten in der Wiener Islamistenszene kurz vor der Tat offenbar Gerüchte, dass eine Razzia des Verfassungsschutzes gegen exponierte Vertreter dieses Milieus (als einen solchen betrachtete sich der verhinderte Jihad-Reisende zweifellos) bevorstehen würde.[138] Tatsächlich war die breit angelegte Operation Ramses (später Operation Luxor) bereits seit 2019 von langer Hand als Schlag gegen die Islamistenszene, insbesondere gegen Vertreter der Muslimbruderschaft, geplant und stand kurz vor der Durchführung. Über 21 000 Observationsstunden seien im Vorfeld investiert worden. Die Staatsanwaltschaft verurteilte die Muslimbruderschaft als eine „weltweit agierende, radikalislamistische und massiv judenfeindliche Organisation, deren Ziel sei, einen islamischen Staat zu errichten".[139] Diese Einschätzung ist ohne Zweifel zutreffend. Trotz eines nach außen hin propagierten Gewaltverzichts als Vertreter eines „legalistischen Islamismus" unterhält die Muslimbruderschaft den Ermittlungen zufolge intensive Kontakte zur palästinensischen Terrororganisation Hamas. In dieser Hinsicht ist es nachvollziehbar, dass auch Jihadisten wie Kujtim F., die zuletzt sehr aktiv waren, befürchtet hatten, sie könnten ins Visier einer größeren Razzia geraten. Im Nachklang des Anschlags immer wieder geäußerte Spekulationen, wonach hierfür in den vorangehenden Ermittlungen Kräfte des Verfassungsschutzes aus dem Zuständigkeitsbereich islamistischer Extremismus/Jihadismus abgezogen worden seien, haben sich meinen Recherchen zufolge als gegenstandslos erwiesen. Was im Zwischenbericht der Zerbes-Kommission jedoch zu Recht kritisiert wurde, ist die zeitliche Verschiebung einer für den 21. Oktober 2020 vorgesehenen Gefährderansprache in Bezug auf Kujtim F. auf einen unbestimmten Termin nach dem 3. November aufgrund der damals längst anstehenden Großoperation Ramses und der damit „gebundenen Ressourcen".[140] Hieraus zu schließen, man hätte dadurch den späteren Terroranschlag verhindern können, ist ebenso hochgradig spekulativ. Zum einen hätte der Jihadist sich im Rahmen dieser „Ansprachen" sehr wahrscheinlich verstellt oder sich geläutert gegeben, was wiederum sehr wahrscheinlich zu keinen erweiterten Maßnahmen geführt hätte. Andererseits hätte die Staatsanwaltschaft daraus resultierend weitere Maßnahmen einleiten müssen, was aufgrund der Einstufung im verfassungsschutzeigenen Gefährderbewertungssystem RADAR-iTE im unteren Bereich der Klassifizierung nur als „hoch" womöglich nicht als dringlich angesehen worden wäre.

Ein weiterer Grund für eine übereilte Durchführung könnte darin bestanden haben, dass der spätere Attentäter aufgrund des gemeldeten Kellereinbruchs drei automatisch generierte Standard-SMS der Polizei erhalten hatte, die er panisch und daher fälschlicherweise als eine erkennungsdienstliche Erfassung seiner Person interpretierte.[141] Unmittelbar darauf, wahrscheinlich in der Meinung, etwaige Spuren verwischen zu können, wechselte er sein Mobiltelefon. Mit dem neuen Handy schickte er motivierende Nachrichten an seine beiden Weggefährten: „Bald – In schā'a'llāh – werden wir es [Anm. N. S.: das Kalifat] zurückbringen wie es ursprünglich war."[142] Ein ziemlich eindeutiger Hinweis auf eine mögliche bevorstehende Aktion, zieht man die einschlägige Rhetorik von IS-Apologeten in Betracht. Schließlich spielte der Umstand eine Rolle, dass in Österreich ein harter Lockdown mit strengen Ausgangsrestriktionen unmittelbar bevorstand. Entsprechend der Logik von Jihadisten wären dadurch die Chancen, möglichst viele Opfer bei einem Terrorszenario hervorzurufen, zumindest für die Dauer dieser Maßnahmen begrenzt gewesen.

Die österreichische Hauptstadt galt in europäischen Islamistenkreisen als günstiges Terrorziel mit vergleichsweise geringeren Sicherheitsvorkehrungen als in anderen europäischen Metropolen wie London, Paris, Brüssel oder Berlin, wo es bereits zu größeren islamistisch motivierten Terroranschlägen gekommen war.[143] In einem Interview für die *Kronen Zeitung* am Tag nach dem Terroranschlag hatte ich das so formuliert: „Wien ist ein relativ weiches Ziel mit vergleichsweise wenig Polizeipräsenz. [...] Aufgrund der freiheitlichen Lebensweise wurde bewusst darauf verzichtet, schwer bewaffnete Sicherheitskräfte durch die Straßen laufen zu lassen, wie das in anderen europäischen Städten der Fall ist."[144]

Aber Wien war nicht nur ein weiches Ziel, was die präventiven Absicherungsmaßnahmen betrifft, sondern auch „attraktiv" im Sinne einer Kosten-Nutzen-Logik[145] von Terroristen. Zumindest zum Tatzeitpunkt. Die zu erwartenden „Kosten" für Terroristen waren relativ gering. Hält man die aufgrund der abstrakten Bedrohungslage eingeschränkten Sicherheitsvorkehrungen der zu erwartenden hohen internationalen medialen Aufmerksamkeit gegenüber, erscheint die Zielauswahl der österreichischen Hauptstadt aus der Effektivitätsperspektive der planenden Jihadisten sozusagen nachvollziehbar. Es geht den Attentätern vordergründig um die größtmögliche Öffentlichkeitswirksamkeit. Publizität als „Sauerstoff" des Terrorismus „stellt [...] eine Kommunikationsstrategie dar. Gewalt wird insoweit nicht wegen ihres Zerstörungseffekts, sondern als Signal verwendet, um eine psychologische Breitenwirkung zu erzielen."[146] Diese psychologische Breitenwirkung war mit Sicherheit gewährleistet. Der US-Terrorismusforscher Brian Jenkins bringt es auf den Punkt: „Terrorists want a lot of people watching, not a lot of people dead."[147] Eine Art voyeuristische Zurschaustellung terroristischer Gewalt. Louise Richardson vergleicht Terrorismus in dieser Hinsicht sogar mit Pornografie, nach dem Motto „Wir wissen, was es ist, wenn wir es sehen."[148] Die Macht schrecklicher Bilder wirkt.

Sämtliche dieser Gesichtspunkte könnten bei der Ziel- und Terminwahl eine Rolle gespielt haben und den Wiener Attentäter zu einer sehr wahrscheinlich überstürzten Tatbegehung veranlasst haben.

Der Terroranschlag von Wien reihte sich nahtlos in eine Serie von kurzfristig nacheinander erfolgten jihadistischen Attacken in Paris, Nizza und Dresden ein. Mit der Wiederveröffentlichung der Mohammed-Karikaturen von *Charlie Hebdo* war im Herbst 2020 ein erhöhtes Aufkommen bei islamistisch motivierten Terroranschlägen verbunden. Die brutale Enthauptung des Lehrers Samuel Paty durch einen tschetschenischstämmigen Islamisten in Paris als Reaktion auf den Akt der Gotteslästerung entfaltete eine inspirative Sogwirkung.

Als mitteleuropäisches Drehkreuz, insbesondere zum Balkan, verfügt die Donaumetropole Wien seit einigen Jahren über eine vergleichsweise ausgeprägte, nach wie vor gefährliche jihadistische Szene mit „großer ideologischer Strahlkraft" (Guido Steinberg) und weitreichenden internationalen Verbindungen.[149] Das eng verflochtene, gleichermaßen nationale wie internationale extremistische Netzwerk des Wiener Jihadisten Kujtim F. ist ein starker Indikator für seine Einstufung als „Einzeltäter plus".

Österreich liegt bemessen an seiner vergleichsweise doch geringen Einwohnerzahl in Europa an vierter Stelle, was die Ausreise junger islamistischer Auslandskämpfer ins sogenannte Kalifat, also nach Syrien und in den Irak, betrifft. Überproportional russischstämmige Extremisten (die meisten aus dem Nordkaukasus und davon fast ausschließlich Tschetschenen) suchten den Weg von Österreich in den Jihad: „Von den 334 Ausreisewilligen waren etwa 130 russische Staatsbürger. Bei ihnen handelt es sich meist um ethnische Tschetschenen aus der autonomen Republik oder anderen Kaukasus-Republiken."[150] Auch der Wiener Attentäter hatte versucht, nach Syrien auszureisen, allerdings erfolglos. Diese Kategorie an „Verhinderten" gilt in der Prävention und in Verfassungsschutzkreisen als besonders anfällig für terroristische Gewalt. Eine derartige Neigung könnte bei Kujtim F. im Strafvollzug möglicherweise noch weiter verstärkt worden sein, zieht man in Betracht, dass er Mithäftlingen von konkreten Plänen zu seinem Terroranschlag erzählt haben soll.

Die Radikalisierung erfolgte bei der Mehrzahl der Islamisten mittlerweile sowohl virtuell als auch im realen Leben. Neben einer zunehmend auf potenzielle junge Auslandskämpfer zugeschnittenen IS-Propaganda im Internet war eine geschickte Rekrutierung anfälliger junger Männer in salafistischen Moscheen häufig der unmittelbare Auslöser, dass diese auszogen, um das „Kalifat" zu verteidigen. Vor allem der bereits erwähnte charismatische Prediger Ebu Tejma, der zwischen 2009 und 2014 in der (heute so nicht mehr existierenden) Altun-Alem-Moschee in Wien wirkte und Videos seiner radikalen Predigten auf sozialen Medien veröffentlichte, hatte dem Vernehmen nach einen maßgeblichen Einfluss auf seine leicht zu manipulierende Zuhörerschaft. Er erwies sich „als [...] besonders radikaler Dschihadist, so dass Dutzende seiner Anhänger ab spätestens 2013 nach Syrien zogen".[151] Der bosnischstämmige Hassprediger Nedzad B., auch bekannt unter dem Pseudonym Abu Muhammad, der im Grazer Glaubensverein Taqwa aufgetreten war, erlangte als IS-Ideologe eine grenzüberschreitende Berühmtheit. Ebenfalls in Graz soll ein tschetschenischer Prediger mindestens acht Kaukasier für den Syrien-Krieg angeworben haben. Ähnlich verlief die Rekrutierung in der als salafistisch eingestuften Wiener Melit-Ibrahim-Moschee. Auch Kujtim F. war dort „wiederholt anzutreffen".[152]

Aus den hier angesprochenen Aspekten – lokale Gegebenheiten, ein möglicherweise günstiger Tatzeitpunkt, die ausgeprägte jihadistische Szene und die generelle jihadistische Konjunktur – könnte man eine gewisse Zwangsläufigkeit ableiten. Jedoch erscheint im Wiener Fall der Kontingenzfaktor, also die Nichtnotwendigkeit des Geschehens, eine ebenso große Rolle zu spielen. Eine Verkettung von Zufällen dürfte in der gegenständlichen Konstellation ebenso ursächlich gewesen sein wie die angesprochenen begünstigenden Faktoren.

WAS WUSSTEN DIE BEHÖRDEN (NICHT)?

In der Rekonstruktion der Ereignisse und Abläufe werden einige Zusammenhänge deutlich, die in der Gesamtschau zur Erklärung beitragen, warum der Terroranschlag nicht verhindert werden konnte. Kujtim F. wurde erstmals im Februar 2018 aktenkundig, als der militärische Auslandsnachrichtendienst der Republik Österreich, das Heeresnachrichtenamt (HNaA), Informationen über einen IS-Sympathisanten erhielt und ihn als die betroffene Person identifizierte.[153] Im Mai 2018 erfolgte ein weiterer konkreter Hinweis auf den ausreisewilligen Jihadisten in Wien. In beiden Fällen gab das HNaA die Information an das formal zuständige BVT weiter. Eine Weitermeldung an das LVT Wien blieb aus ungeklärten Gründen aus. Entsprechend den zur Verfügung stehenden Hinweisen beobachtete das HNaA die Zielperson als Mitglied des „albanischen IS-Portfolios".[154]

Mehrere Monate später, am 1. September 2018, reiste Kujtim F. in die Türkei, um sich dem „Islamischen Staat" in Syrien anzuschließen. Ursprünglich soll eine Ausreise zu den Taliban geplant gewesen sein, die jedoch scheiterte. In der Türkei wurde Kujtim F. in einer Art *Safe House* (konspirative Wohnung) der Schlepper verhaftet und im Anschluss an mehrere Monate Haft nach Österreich abgeschoben. Zurück in Wien wurde er am 10. Jänner 2019 der Polizei übergeben, in U-Haft genommen und ein Verfahren nach § 278b StGB (Beteiligung an terroristischer Vereinigung als Mitglied) eingeleitet. Der Strafprozess des Landesgerichts Wien brachte eine Verurteilung Kujtim F.s zu einer unbedingten Freiheitsstrafe von 22 Monaten.[155] Während des Prozesses machte der Angeklagte familiäre Probleme für seine doch überhastete, aber dennoch geplante Ausreise geltend. Das BVT setzte in weiterer Folge seinen Namen auf die Liste der heimischen *Foreign Terrorist Fighters* (FTF), die grundsätzlich auch dem HNaA zur Verfügung steht.[156] Fakt ist, dass die beiden heimischen Inlands- und Auslandsnachrichtendienste bereits zwei Jahre vor dem Terroranschlag Kenntnis über die potenzielle Bedrohung durch Kujtim F. hatten.

Die Haftzeit verlief insgesamt unauffällig, jedoch hatte der Insasse verbotene Kontaktaufnahmen unter anderem zu Burak K. Laut Erkenntnissen aus dem Terrorprozess kommunizierten Häftlinge mit einem illegalen Handy, insbesondere Ishaq S. und Adam M. Seine Betreuer der Deradikalisierungs- und Bewährungshilfe wurden rückblickend von Kujtim F. getäuscht, da er sich als reuiger Delinquent mit konkreten Plänen für die Zukunft darstellte (Lehre, Führerschein, Wohnung). Am 5. Dezember 2019 erfolgte die bedingte Entlassung. Kurz danach fand eine Gefährderansprache durch das LVT Wien statt, bei der er sich unkooperativ und nervös zeigte. Eine adaptierte Risikobewertung wurde nicht vorgenommen. Allein in Wien bearbeitete das LVT zu diesem Zeitpunkt über 80 Fälle von islamistischen Gefährdern. Weitere Kontrollmaßnahmen im Fall Kujtim F. blieben aus. Im Februar 2020 erfolgte eine neuerliche Information des HNaA, dass Kujtim F. mit einer Person in Kontakt stehe, die einem spezifischen Gefährderkreis mit IS-Bezug zugeordnet wurde.[157] HNaA und BVT tauschten sich hinsichtlich der erweiterten Gruppe aus, danach wurde am 1. Juli 2020 die FTF-Liste aktualisiert. Sämtliche gemäß Entlassungsanordnung obligatorischen Termine mit den Organisationen Neustart und DERAD wurden zwischenzeitlich seitens Kujtim F. gewissenhaft eingehalten. Der junge Mann galt als freundlich, naiv und zurückhaltend. Persönliche Ansichten äußerte er kaum. Trotz seines rudimentären Wissens über islamische Theologie blieb er ein obsessiver Anhänger der Salafiyya.

Im Sommer 2020 wurde seine szenetypische äußerliche Veränderung (Salafistenbart, schnell auftrainierter Körperbau) von DERAD registriert, dies führte bei den Behörden aber zu keinen weiteren Schlussfolgerungen oder gar Maßnahmen.[158] Zugleich meldete das deutsche Bundeskriminalamt im Juli dem BVT, dass sich amtsbekannte deutsche Islamisten nach Wien begeben und ein Treffen abhalten würden. Durch das BVT wurde im Wege der Amtshilfe eine visuelle Observation des Treffens ab dem 16. Juli 2020 eingeleitet und durchgeführt. Etwaige ergänzende Abhörmaßnahmen waren nicht vorgesehen. Das LVT Wien identifizierte Argjend G. und Kujtim F., die die deutschen Islamisten vom Flughafen abholten. An dem Treffen nahmen auch zwei schweizerische Islamisten aus Winterthur teil sowie zwei Personen aus der Wiener und St. Pöltner Szene. Die Beobachtung der Gruppe wurde mit der Abreise des „verwandtschaftlichen Besuchs" (so Argjend G. in seiner Zeugenaussage) am 20. Juli beendet. Im anschließenden BVT-Bericht wurde Kujtim F. als Angehöriger des hiesigen islamistisch-extremistischen Spektrums rund um die Städte St. Pölten und Wien beschrieben.[159] Aus dem Verhalten und der Teilnahme eines verurteilten *Foreign Terrorist Fighter* an diesem Treffen während seiner Probezeit wurden – jedenfalls nach außen hin wahrnehmbar – keine weiteren Schlüsse gezogen. Eine überfällige Analyse und Neubewertung wurden allen Indizien zum Trotz nicht angestellt. Deutschland und die Schweiz erhielten einen kurzen, wenig aussagekräftigen Bericht über die Observation. Dem LVT Wien war bis zu diesem Zeitpunkt jedenfalls keine operative Terrorzelle im Umfeld Kujtim F.s bekannt. Das BVT setzte anschließend das LVT Niederösterreich über den Verdächtigen Argjend G. in Kenntnis, nicht jedoch das LVT Wien über Kujtim F. und den weiteren personellen beziehungsweise länderübergreifenden Kontext der umtriebigen Jihadistengruppe. Nur einen Tag nach dem Treffen, am 21. Juli 2020, fuhren Arijanit F. und Kujtim F. nach Bratislava, um auf offiziellem Weg großkalibrige Munition zu kaufen. Einschränkend ist hinzuzufügen, dass diese Vorgehensweise doch einigermaßen ungewöhnlich ist, zumal Kriminelle oder Terroristen Munition für illegal erworbene, nach dem Kriegsmaterialgesetz verbotene Waffen in der Regel nicht bei autorisierten Fachhändlern zu erwerben versuchen. Eine Woche später, am 27. Juli, unterrichteten die slowakischen Behörden das BVT über die Aktion und lieferten ergänzend zur Dokumentation des Sachverhalts Kameraaufnahmen aus dem Waffengeschäft. Mit einem Monat Verzögerung, am 24. August, leitete das BVT das Material dem LVT Wien weiter, um die Personen auf dem Videomaterial schließlich zu identifizieren. Am nächsten Tag lag eine erste Einschätzung des Sachbearbeiters vor, dass Arijanit F. und Kujtim F. auf den Bildern zu sehen seien. Der Sachbearbeiter erkannte eine „bedenkliche Verdichtung von Hinweisen" und drängte auf unmittelbare Maßnahmen nach dem Polizeilichen Staatsschutzgesetz. Aus unerfindlichen Gründen folgten weder das BVT noch das LVT Wien der Anregung.[160] Wiederum vergingen Wochen, bis das BVT den slowakischen Behörden und dem lokalen Waffenhändler in Bratislava die Identifikation rückbestätigten – dies geschah erst am 16. Oktober 2020. Inzwischen galt Kujtim F. bereits als hohes Risiko in der Bewertung. Dass die Gefährderansprache dennoch auf einen späteren Termin verschoben worden war[161] und zudem keiner der Sachverhalte und Vorgänge der Staatsanwaltschaft mitgeteilt wurde, klassifizierte man im anschließenden Sonderbericht der Volksanwaltschaft als Unterlassung und einen „folgenschwerer Verwaltungsmissstand" gemäß Art. 148a B-VG.[162]

In der nachträglichen Analyse mit dem Wissensstand von heute erscheint das Islamistentreffen in einem anderen Licht. Was die Behörden zu diesem Zeitpunkt nicht wussten: Vor dem Treffen bemühte sich Kujtim F., über seine Kontakte S. und M. illegal ein Sturmgewehr zu erwerben (März/April 2020). Unmittelbar nach dem Treffen erfolgte der Versuch, die zugehörige Munition (Kaliber 7,62 mm) in Bratislava zu kaufen. Schließlich erhielt er kurze Zeit später die Zastava M70, mehrere Hundert Schuss Munition für das Sturmgewehr sowie eine Pistole samt Pistolenmunition von Marsel O. (im Juni und September 2020). Kujtim F. wäre bereits im Sommer oder Frühherbst zur Durchführung eines Terroranschlags vom Format jenes des 2. November in der Lage gewesen. Wahrscheinlich dürfte der Zufall eine Rolle bei der Zeitverzögerung gespielt haben. Der Verdacht liegt nahe, dass die Pandemie und die damit verbundenen Restriktionen der wahre Grund für den zeitlichen Aufschub der Tatbegehung gewesen sein könnte. Im Sommer 2020 gelangte eine Information zum BVT und LVT, wonach Kujtim F. und eine zweite Person erneut nach Syrien auszureisen beabsichtigen. Dieser doch nicht unbedeutende Hinweis wurde mit dem Vermerk „Zur Kenntnis genommen" ohne weitere Veranlassung abgelegt.[163]

Die Sicherheitsbehörden waren spätestens seit August 2020 über folgende Sachverhalte beziehungsweise Hinweise im Bilde:

→ Kujtim F. war auf Aufnahmen beim versuchten Munitionskauf zu erkennen.

→ Die Marke und das Kennzeichen jenes KFZ, das für den Munitionskauf verwendet wurde (Hinweis auf Kujtim F.), waren aktenkundig.

→ Kujtim F. war ein amtsbekannter Gefährder, einschlägig verurteilt wegen §§ 278a, 278b Abs. 2 StGB und bedingt entlassen worden.

→ Laut Quelleninformation war erneut eine Ausreise nach Syrien zu terroristischen Zwecken geplant.

→ Unmittelbar vor dem versuchten Munitionskauf hatte Kujtim F. an einem behördlich observierten Treffen mit vermutlich islamistischem Hintergrund in Wien teilgenommen.[164]

Diese Fakten sind bei einer Bewertung der sicherheitsbehördlichen Performanz im Vorfeld des Terroranschlags ins Treffen zu führen. Trotz oder gerade wegen des gegenwärtigen Wissensstands. Denn es lässt sich nunmehr gut nachvollziehen, was die zuständigen österreichischen Verfassungsschutzämter gewusst, getan und unterlassen haben. Im Großen und Ganzen werfen die Verfehlungen ein schlechtes Licht auf das BVT und die involvierten Landesämter.

ZUFÄLLE UND HERAUSFORDERUNGEN

In der rückblickenden Analyse wird deutlich, dass es offenbar mehrere Gelegenheiten vor dem Anschlag gegeben hat, an denen der Attentäter hätte aufgehalten werden können. Eine Reihe von Zufällen und Missgeschicken bewahrten Kujtim F. vor der Entdeckung. Er rutschte förmlich durch das Kontrollraster der Institutionen: Weder die Justiz, die Sicherheitsbehörden, seine Bewährungshelfer oder Deradikalisierungsbetreuer noch das Arbeitsmarktservice (AMS) hatten seine Gesinnung und mörderische Absicht vollends richtig eingeschätzt oder klar deklariert. Nicht minder durchblickte sein unmittelbares soziales Umfeld außerhalb des Kreises seiner Islamistenfreunde, das anscheinend nicht eng genug mit ihm verbunden war, seine wahren Absichten. Seine eigene Mutter will zwar bedingt durch seine Hinwendung zum Salafismus eine typische Wesensveränderung bei Kujtim F. bemerkt haben (er verlangte von ihr unter anderem, dass sie ein Kopftuch tragen solle), aber ansonsten keine weiteren Auffälligkeiten. Dass ein junger Wiener aus der öden südlichen Peripherie der Stadt einen größeren islamistischen Terroranschlag verüben würde, daran dachte wirklich niemand. Die Konjunktur des IS war längst vorüber. Die Terrormiliz war weitestgehend besiegt, das sogenannte Kalifat in Syrien war vernichtet. Die Zahl der Jihad-Ausreisen in Europa ging schrittweise gegen Null. Zahlreiche Strafverfahren und Verurteilungen schienen die radikale islamistische Szene beziehungsweise deren Hotspots in den migrantischen Communities der Republik unter Kontrolle gebracht zu haben. Österreich war lange Zeit ein subsidiäres – ich nannte es „sekundäres" – Terrorziel. Die Außen- und Sicherheitspolitik des neutralen Staates beteiligte sich auch nicht an Allianzen oder gar Kampfeinsätzen in oder gegen muslimisch dominierte Staaten. Trotz vermehrter polizeilicher Einsatzübungen oder des Aufstellens von Antiterror-Pollern als bauliche Schutzreaktion auf mehrere terroristische Amokfahrtszenarien in Europa (in Nizza, Berlin, Stockholm, Barcelona und an anderen Orten) verlief das Leben in der Bundeshauptstadt in seinen gewohnten Bahnen. Ein aktives Terrorszenario inmitten des Wiener Stadtzentrums erschien der Mehrheit der politischen Amtsträger und Behörden nie wirklich realistisch genug gewesen zu sein. Das, obwohl der Terror geografisch immer näher rückte. Nach einigen terroristischen Vorfällen in Bayern (Ansbach, Würzburg, München) musste klar sein, dass auch Österreich eher früher als später ins Visier terroristischer Gewalt geraten würde. Der Wiener Anschlag kam just zu einem Zeitpunkt, als man besonders anfällig war. Hatte doch das für die Terrorismusbekämpfung zuständige BVT noch immer mit seinen eigenen Affären, internen Querelen und internationalem Reputationsverlust zu tun.[165]

Das von chronischem Ressourcen- und Planstellenmangel geplagte Verfassungsschutzamt war im Kampf gegen Extremismus, und den Islamismus im Besonderen, kaum jemals ausreichend gut gerüstet beziehungsweise aufgestellt. Doch im für die Prävention entscheidenden Jahr 2020 machten sich strukturelle Verschleißerscheinungen im BVT bemerkbar. In zahlreichen Fällen war der österreichische Verfassungsschutz zuvorderst auf Tipps ausländischer Partnerdienste angewiesen, die freundlicherweise – sporadisch und aus konkretem Anlass – Hinweise auf extremistische Verdachtsfälle und Vorgänge in Österreich gaben. Die hauseigene Expertise war in vieler Hinsicht beschränkt und dem Anschein nach nicht in einer ausreichenden Quantität und Qualität vorhanden. Schließlich führte die unrühmliche Hausdurchsuchung im BVT nachhaltig zu einem weiteren Vertrauensverlust, zu Personalrochaden und letztlich zum unvermeidlichen Totalumbau der Behörde. In der Kommunikation und Zusammenarbeit zwischen LVT Niederösterreich, LVT Wien und BVT verschlechterten mitunter persönliche Animositäten regelmäßig das kooperative Betriebsklima. Außerdem fehlte ein gemeinsames, übergreifendes Datenbanksystem.

Allesamt begünstigende Umstände, die wiederum Kujtim F. in die Hände spielten, obwohl er bereits im Fadenkreuz von mehreren Behörden, Dienststellen und Ämtern stand. Tatsächlich dürfte Kujtim F. bereits in der Haft seinen Entschluss getroffen zu haben, beim Terroranschlag zu sterben und somit zum islamistischen Märtyrer zu werden. Im unwahrscheinlichen Falle seines Überlebens wollte er sich dem IS anschließen und damit endlich seinen lang gehegten Traum verwirklichen. Vorsorglich baute er unmittelbar vor dem Anschlag Möbelbarrikaden in seiner sonst leeren Gemeindebauwohnung auf. Für den Fall eines Feuergefechts mit der Polizei, falls er sich dorthin zurückziehen hätte müssen.

Vor den Augen seines Umfelds verwandelte sich der schmächtige Schulabbrecher in einen radikalisierten Jihadisten. Kujtim F. vermochte letztlich selbst seinen persönlichen Deradikalisierungsbetreuer über seine finalen terroristischen Absichten zu täuschen. Dem ist jedoch einschränkend entgegenzusetzen, dass DERAD und Neustart aufgrund des besonders zu jener Zeit grassierenden finanziellen und personellen Ressourcenmangels nicht viel mehr als monatliche Gesprächstermine anbieten konnten. Daher war eine engmaschigere Betreuung auch nicht möglich. Wiederum ein Faktor, der Kujtim F. zugutekam. Er absolvierte seine vom Gericht angeordneten Termine und war im Übrigen auf sich gestellt. Die nach außen hin wahrnehmbaren Signale und Hinweise seiner Radikalisierung schienen niemanden weiter zu irritieren. Als die Polizei am 31. Oktober 2020 gegen 16:00 Uhr wegen eines von ihm angezeigten Einbruchsdiebstahls in sein Kellerabteil (Näheres lässt sich nicht mehr nachvollziehen) eine Erhebung vornahm, wirkte er auf die Beamten ruhig und freundlich. Waffen, Munition und Machete waren zu diesem Zeitpunkt vermutlich hinter einer nahe gelegenen Plakatwand deponiert. Die Wohnung war faktisch leer. Die immer wieder als tatbeschleunigend ins Treffen geführte Polizei-SMS, die am 2. November gegen

16:45 Uhr am Handy von Kujtim F. einlangte, spielte im Prozess gegen seine Mitstreiter allerdings keine Rolle.[166] Vermutlich wurde dieser Benachrichtigung mit Blick auf den Anschlag eine geringere Bedeutung beigemessen. Vielmehr konzentrierte man sich seitens des Gerichts auf die Rekonstruktion seines Tagesablaufs am 2. November 2020. Den Erkenntnissen dieser nachträglichen Begutachtung zufolge habe er an jenem Tag bereits nach seinem Morgengebet um 05:00 Uhr mit der Umsetzung seines Planes begonnen. Hätten die Streifenbeamten bei ihrem Einsatz wegen des von Kujtim F. angezeigten Einbruchdiebstahls ein paar Tage zuvor gewusst, wen sie vor sich hatten, hätten sie ihn vielleicht unmittelbar aufhalten können. Oder auch nicht. Auf LVT-Daten hat die Polizei jedoch keinen Zugriff. Somit unterblieben weitere Fragen an den auf die Beamten ohnehin unauffällig wirkenden Mann. Wiederum zufällig waren zur gleichen Zeit bereits großflächig Ressourcen von Staatsschutz, Nachrichtendienst, Polizei und Sondereinheiten für Großeinsätze gegen die Muslimbruderschaft und Hamas in vier Bundesländern gebunden und verplant, die am Montag, den 9. November, in den frühen Morgenstunden anlaufen würde. Die weitläufigen Vorbereitungen für die Operation Ramses/Luxor waren bereits seit Mitte 2019 im Gange und lenkten mit über 21 000 Observationsstunden die Aufmerksamkeit des Apparates in eine andere Richtung.[167] Dieser Umstand kam Kujtim F. womöglich sogar direkt zugute: Denn nachweislich führte die prioritäre Operation zu der zeitlichen Verschiebung seiner Gefährderansprache.[168]

DIE NACH AUßEN
HIN WAHRNEHMBAREN
SIGNALE UND
HINWEISE SEINER
RADIKALISIERUNG
SCHIENEN NIEMANDEN
WEITER ZU
IRRITIEREN.

DER 2. NOVEMBER 2020

REKONSTRUKTION DES TATHERGANGS

Vom Zeitpunkt her schien jener laue Novemberabend vor dem zweiten landesweiten, coronabedingten Lockdown aus Sicht des Attentäters nicht ideal gewählt. Doch die ungewöhnlich warmen, spätherbstlichen Temperaturen und die weitverbreitete Ungewissheit, mancherorts bestimmt auch eine gewisse innere Abneigung vor den kommenden Wochen in verordneter Isolation, lockten massenweise Menschen auf die Straßen Wiens. Wider Erwarten war die Personenfrequenz an jenem zweiten Novembertag überproportional hoch, und auch die zahlreichen Lokale in der Wiener Innenstadt versuchten in Anbetracht der auf sie zukommenden Sperren nochmals letzte Umsätze zu generieren. Vor allem das überaus beliebte Ausgehviertel, das sogenannte Bermudadreieck nahe dem Schwedenplatz, durchströmten Menschenmassen. Bars, Lokale und Gastgärten waren sehr gut besucht. Im heiteren Trubel feierten zahlreiche Menschen in ausgelassener Stimmung und Unbeschwertheit, um der Trübsal der nächsten Lockdown-Zeit noch etwas entgegenzusetzen.

Dann passierte das Unvorstellbare: Der aus Nordmazedonien stammende junge Österreicher Kujtim F. verübte an diesem Abend des 2. November 2020 den ersten größer dimensionierten jihadistischen Terroranschlag in Österreich. Der islamistische Attentäter tötete vier Menschen und verletzte 23 weitere, teilweise schwer.[169]

Kujtim F. dürfte von seiner Wohnung in Wien Donaustadt zu Fuß zum Anschlagsort aufgebrochen sein. Sein Fußmarsch führte ihn offiziellen Quellen zufolge über die Reichsbrücke und durch den 2. Wiener Gemeindebezirk. Um 18:06/18:07 Uhr wurde er in der Heinestraße von Überwachungskameras erfasst, im Bereich Schwedenplatz tauchte er ziemlich exakt 18 Minuten später auf. Diese Strecke ist zu Fuß zeitlich machbar, wie Ermittler feststellten, die der Fernsehsender *Puls 24* zitierte.[170] Für die gesamte, rund sieben Kilometer lange Strecke von seiner Wohnung zum späteren Tatort habe der Attentäter gut eineinhalb Stunden benötigt, was als realistische Zeitangabe eingestuft wurde. Vor allem zu Beginn der Ermittlungen, noch vor dem Studium des Bildmaterials der Überwachungskameras, galt diese Version als sehr wahrscheinlich. Ihr stehen nicht verifizierte Angaben gegenüber, Kujtim F. könnte von einem Komplizen mit einem KFZ zum Schwedenplatz gebracht worden sein. Die Annahme ist: zumindest streckenweise, da ein Teil des vermutlichen Fußwegs nicht mit aufschlussreichen Kamerabildern unterlegt ist.[171]

Mit konventionellen Mitteln wurde dann versucht, den Weg des Attentäters zum Tatort mithilfe speziell trainierter Personenspürhunde der Polizei nachzuvollziehen. Im Hinblick auf die Beweissicherung ist jedenfalls belegt, dass sich anhand der zum Auswertungszeitpunkt verfügbaren Videodokumentation diese Wegstrecke weder vollständig noch eindeutig rekonstruieren beziehungsweise dokumentieren lässt. Hierfür gibt es zahlreiche Gründe. Während einige Kameras gar nicht funktionstüchtig waren, andere bloß Attrappen, verfügten weitere Überwachungssysteme über keine Aufnahmefunktion oder hatten eine Selbstlöschung aktiviert. Hinzu kommen rechtliche Einschränkungen etwa aufgrund der Datenschutzgrundverordnung (DSGVO). Datenschutzrechtlich, entsprechend der österreichischen Rechtslage, stellt nämlich der behördliche Zugriff auf vorhandenes Bildmaterial nach einem Terroranschlag einen Eingriff in diverse Grundrechte dar. Trotz der Schwere des Gewaltverbrechens besteht keine gesetzliche Verpflichtung für Privatpersonen, eventuell vorhandenes Bewegtbild- oder Bildmaterial für potenzielle polizeiliche Zwecke zu speichern, zugänglich zu machen oder geschweige denn überhaupt für einen solchen Zweck aufzuzeichnen. Praktisch erweist es sich zudem als fast unmöglich, innerhalb der vorgesehenen Speicherfrist für Videoaufzeichnungen von 72 Stunden die erforderlichen und relevanten Videos zu erhalten und relevante Bildsequenzen auszuforschen. Paradox erscheint darüber hinaus, dass sämtliche Videoaufzeichnungen,

welche zwei bis drei Wochen nach dem Terroranschlag einge-
holt wurden, zwar alle freiwillig durch Privatpersonen übergeben
wurden, diese Daten aber grundsätzlich bereits hätten gelöscht
werden müssen. Daher war in diesen Fällen die Rechtmäßigkeit
der Verarbeitung nicht mehr gegeben, was wiederum negative
Auswirkungen auf die gerichtliche Beweisführung haben konnte.

Spannend bleibt mangels vollständiger Bilddokumentati-
on vor allem die Frage, wie der Attentäter ab 18:25 Uhr seine Zeit
verbrachte, bevor er auf Passanten in seinem Umfeld das Feuer
eröffnete. Gegen 19:30 Uhr taucht der Attentäter am Schwedenplatz auf und entsorgt zunächst sein um 19:35 Uhr auf Werkseinstellungen zurückgesetztes Mobiltelefon in einem Mülleimer. Die
Tatwaffe mit eingeklappter Schulterstütze transportiert er mit
einem weißen Stoff bedeckt in einer Tragetasche. Fast proviso-
risch kundschaftet Kujtim F. den engeren Bereich rund um den
späteren Tatort aus und trifft im Eingangsbereich eines bereits
geschlossenen Hotels die letzten Vorbereitungen. Er zieht seine
Jacke aus und lädt das Magazin des Sturmgewehrs, das er hastig
zusammenbaut. Der Regler (Feuerwahl- und Sicherungshebel) ist
auf halbautomatisch gestellt. Inoffiziell munkelt man, Kujtim F.
könnte, in sich zusammengesackt, mit seiner bevorstehenden Tat
gehadert haben. Möglicherweise ist er in sich gegangen und hat
seine fatale Entscheidung nochmals überdacht. Oder er hat sich
im Stile der Shahid, der berüchtigten islamistischen Selbstmord-
attentäter der Hamas, im Gebet bestärkt, diesen Anschlag doch
oder erst recht zu verüben. Niemand kann es wissen. Schließlich
kreist Kujtim F. um ein französisches Lokal in der Innenstadt,
das er geplant hatte zuerst unter Beschuss zu nehmen.[172] Dieses
war jedoch an jenem Abend geschlossen. Die Zielwahl des Wiener Terroristen dürfte maßgeblich in Verbindung mit der Wiederveröffentlichung der Mohammed-Karikaturen durch *Charlie
Hebdo* im September 2020 und den kurz danach im Namen des IS
durchgeführten Terrorakten in Nizza und in der Pariser Banlieue
gestanden haben.[173] Diesbezüglich deutet jedoch auch einiges auf
die Auswahl von Gebetshäusern anderer Glaubensgemeinschaf-
ten hin, wie die Versuche des Attentäters, in die Synagoge und in
die Ruprechtskirche einzudringen, vermuten lassen.

Ab ca. 19:55 Uhr bewegt sich Kujtim F. im Umfeld des Tatorts, eindeutig identifizierbar auf diversen Aufnahmen von hochauflösenden Videokameras. Kurz vor 20 Uhr betritt der schwer bewaffnete Attentäter von der Sterngasse aus den Desider-Friedmann-Platz, wo – Ironie des Schicksals – eine Gedenktafel daran erinnert, dass im Jahr 1981 an dieser Stelle Mitglieder der österreichischen jüdischen Kultusgemeinde von einem palästinensischen Terroristen getötet worden waren. Im Laufschritt bewegt sich Kujtim F. in Richtung Seitenstettengasse. Dort befindet sich der Stadttempel, die Hauptsynagoge Wiens. Aus Sicht des Jihadisten ein ideales Ziel für einen Terroranschlag. Auf dem Mittelplateau der Jerusalem-Stiege stehen fünf Personen, auf die der Terrorist um 19:59:20 Uhr unvermittelt das Feuer eröffnet. Zuerst schießt der Attentäter an der Ecke Bauernmarkt/Fleischmarkt Nedzip V., einem 21-jährigen Mann mit gleichfalls nordmazedonischen Wurzeln, mit einem tödlichen Treffer ins Herz. Unmittelbar danach, nachdem er die Treppe zum Plateau hinaufgelaufen ist, schießt er aus mehreren Metern Entfernung in Richtung der voll besetzten Schanigärten im Bereich der Judengasse/Ecke Ruprechtsplatz. Durch etliche Querschläger und Absplitterungen erleiden insgesamt acht Besucher indirekte Schussverletzungen. Die nächste Gewehrsalve umfasst drei bis vier Schuss. Mehrere Personen, unter anderem Andreas Wiesinger, der sich später hierzu auch mehrfach öffentlich äußerte, werden dabei schwer verletzt. Die 24-jährige Kunststudentin Vanessa P., die als Kellnerin im *Salzamt*, einem beliebten Lokal nebenan, jobbte, sogar tödlich.

Nach diesen Schussabgaben stürmt der Attentäter in Richtung Ruprechtskirche, die jedoch nicht mehr geöffnet ist. Daraufhin zieht er sich in der Eingangsnische eines geschlossenen Lokals zurück und munitioniert dort das Magazin seines Sturmgewehrs auf. Dann läuft er in Richtung Judengasse und feuert aus der Bewegung zweimal auf flüchtende Passanten. Diesmal etwa 15 Schuss. Wenige Sekunden danach setzt er wahllos feuernd seinen terroristischen Amoklauf in Richtung Seitenstettengasse und Rabensteig fort. Vor dem Eingangsbereich eines Burger-Lokals lädt er das Magazin seiner Zastava abermals nach. Das muss er tun, denn er hat aus unerfindlichen Gründen nur ein einziges Magazin bei sich. Anschließend schießt er auf drei Personen, die er glücklicherweise verfehlt. Unmittelbar danach zielt er bei der Bar *Kaktus* aus nächster Nähe auf Gudrun S., die er auch trifft und lebensbedrohlich verletzt. Während er in Richtung Rabensteig läuft, gibt er weitere fünf Schüsse auf den Schanigarten des Szenelokals *Krah Krah* ab, wo sich trotz einer impulsiven Fluchtbewegung noch immerhin zehn Personen befinden. Durch diese Schussabgaben verletzt der Attentäter sieben weitere Personen. Wenige Sekunden später dreht er plötzlich um, bewegt sich wieder in Richtung Judengasse, nähert sich dem zuvor angeschossen und verletzt auf dem Boden liegenden weiblichen Opfer, der 44-jährigen Gudrun S. In der Manier eines Profikillers greift Kujtim F. zur Pistole und schießt aus nächster Nähe zweimal auf die wehrlose Frau, die noch am selben Abend im Krankenhaus Ottakring ihren massiven Verletzungen erliegt.[174] Erneut lädt er sein Magazin nach. Die Munition holt er aus seiner mitgeführten Tasche. Um 20:02 Uhr gibt der Attentäter auf Höhe des Eingangsbereichs des Lokals *Kaktus* zwei Feuerstöße ab und läuft in Richtung Franz-Josefs-Kai, wo er bis zu sieben Schüsse auf den Eingangsbereich des Asia-Lokals *Bin Ramen* abgibt und den 40-jährigen Gastronomen Qiang L. tötet.

Kujtim F. läuft daraufhin auf den Abgang zur Tiefgarage am Franz-Josefs-Kai zu, wo er ein letztes Mal sein Sturmgewehr nachmunitioniert. Um 20:03 Uhr hört der Jihadist offensichtlich den ersten eintreffenden Streifenwagen, denn er bewegt sich in Richtung des Einsatzfahrzeuges. Die herbeieilende Polizei benötigt insgesamt nur etwa drei Minuten nach dem ersten Schuss, um sich dem Jihadisten anzunähern. Um 20:04 Uhr bewegen sich die Exekutivorgane, lediglich mit Faustfeuerwaffen ausgestattet, gemäß Einsatzvorgaben vorsichtig in dessen Richtung. Wie in derartigen Situationen vorgesehen, binden sie den Attentäter, indem sie ihn in einen Schusswechsel verwickeln. Einer der beiden Beamten wird dabei schwer verletzt. Eine zur Verstärkung kommende weitere Streifeneinheit übernimmt die Aufgabe, den Attentäter weiterhin lokal zu binden, und erwidert das Feuer: „In diesem Moment haben wir den Täter erblickt und er hat sich zu uns umgedreht. Ich habe die weiße Oberbekleidung, den schwar-

zen Bart und eine Langwaffe deutlich erkennen können. Mir war
klar – das ist er", erinnert sich ein erfahrener Gruppeninspek-
tor.[175] Der Terrorist beginnt aus etwa 60 Metern Entfernung auf
die drei hinzugestoßenen Beamten zu schießen. „Wir haben zu
dritt zurückgeschossen und haben ihn so zwingen können, sich
in eine Ecke zurückzuziehen. Auch wir haben uns vorsichtig zu-
rückbewegt."[176] Der Jihadist läuft dann gegen 20:05 Uhr aus der
Deckung über den Grünstreifen am Franz-Josefs-Kai in Richtung
Morzinplatz. Das Feuergefecht zieht sich über weitere zwei Minuten. Um 20:07 feuert er in Laufrichtung, eine Minute später
bewegen sich die soeben im Tatbereich eingetroffenen Einsatzkräfte der patrouillierenden Wiener Polizeispezialeinheit WEGA
(Wiener Einsatzgruppe Alarmabteilung) in Richtung Ruprechtsstiege, wo es zu einem erneuten, vehementen Schusswechsel mit
dem Attentäter kommt. Diesmal liegt der waffentechnische und
operative Vorteil jedoch eindeutig bei den beiden speziell ausge-
bildeten WEGA-Einheiten, die mit entsprechendem Equipment
und in ausreichender Mannstärke in diese Konfrontation gegangen war. Ausgerüstet mit einer Präzisionslangwaffe, einem speziell adaptierten StG 77, trifft ein WEGA-Scharfschütze den Terroristen Kujtim F. aus rund 50 Metern mit einem Schuss unterhalb
des linken Schulterblatts. Er verstirbt nur wenige Momente nach
dem letalen Treffer am selben Ort. Noch um 20:09 Uhr liegt der
tote Attentäter auf dem Bauch vor der Ruprechtsstiege.[177]

Kujtim F. hatte in knapp neun Minuten insgesamt rund
80 Schuss abgefeuert. Etliche Projektile steckten in Hausmau-
ern und in Gegenständen rund um den Tatort. Im Zuge der Ermittlungen konnten zwei Stück aus der Pistole Tokarew sowie 81
Stück aus dem Sturmgewehr Zastava abgefeuerte Patronenhülsen am Tatort sichergestellt werden. Dies schließt jedoch nicht
aus, dass noch weitere Schüsse aus den beiden Waffen abgegeben
worden sein könnten. Zum Abschluss des unmittelbaren Einsatzes am Tatort bedurfte es noch eines Entschärfungsspezialisten,
da der Attentäter offen sichtbar einen Sprengstoffgürtel trug, der
sich jedoch als eine Attrappe entpuppte.

DIE OPERATIV-GEFECHTSTAKTISCHE VORGEHENSWEISE DES ATTENTÄTERS

Neun Minuten lang hatte der islamistische Terrorist wahllos auf Passanten und Cafébesucher in den Schanigärten gefeuert. Insgesamt über 80 Schuss gab er ab, bevor er von Beamten der Sondereinheit WEGA durch einen tödlichen Treffer unschädlich gemacht wurde.

Der 20-jährige Jihadist führte eine schwarze Tasche mit sich, darin befanden sich eine Machete, eine Pistole (ein polnisches Tokarew T33-Imitat mit Kaliber 7,62 × 25 mm) und rund 250 Patronen Munition. Als Wirkmittel nutzte er vornehmlich ein Sturmgewehr des Typs „Zavodi Crvena Zastava" (kurz: Zastava) Modell 70AB2, Kaliber 7,62 × 39 mm, einen Kalaschnikow AK-47-Klon aus ehemaligen serbischen Armeebeständen. Bei der Schussabgabe aus nächster Nähe verwendete er außerdem die mitgeführte Pistole.[178] Um 18:20 Uhr wurde auf seinem Instagram-Profil ein Foto geteilt, auf dem mit Patronen das Wort *baqiya* geformt war, von Jihadisten synonym genutzt für *Al Dawla Al Islamiya baqiya*, was so viel bedeutet wie „Der Islamische Staat bleibt". In der Beitragsleiste folgte dann die unterwürfige Treuebekundung an Abu Ibrahim al-Hashimi al-Qurayshi, den neuen Anführer des IS.[179]

Das vor der Tat angefertigte Bekennervideo entsprach gänzlich dem IS-eigenen Shahid-Narrativ, dem stilisierten Mythos eines Selbstmordattentäters im Namen des Jihad: Durch seinen Märtyrertod steigt der Attentäter dabei gewissermaßen zu einem „Rächer der Umma" (der Weltgemeinschaft des Islam) auf und erlangt damit gleichsam durch die Selbstaufopferung die höchste Stufe im Paradies.[180] Diese ritualisierte Selbstinszenierung erhöhte den Druck auf Kujtim F. noch zusätzlich, die Tat wirklich umzusetzen. Denn das Stigma eines Versagers zu erdulden wäre für ihn sehr wahrscheinlich einer großen Scham gleichgekommen. Der Wiener Attentäter wollte zu einem „negativen Helden" werden, seiner eigenen traurigen Existenz, geprägt von Niederlagen und Unzulänglichkeiten, durch seine Schreckenstat Sinn verleihen.[181] Das Bekennervideo wurde bereits am 3. November auf IS-nahen

DIE ROUTE DES ATTENTÄTERS

━━━━━ Ablauf 1

Der Anschlag beginnt in der
Judengasse, nachdem sich der
Täter vom Desider-Friedmann-
Platz nähert, entweder
• über die Jerusalemstiege (vom
Fleischmarkt/Bauernmarkt
kommend) oder
• von der Judengasse (vom
Hohen Markt kommend).

➡ Judengasse – Ecke
Friedmann-Platz, Täter
erstmalig auf Video
ersichtlich

➡ Auffindungsort der Jacke

Opfer 1
(männlich, 21 Jahre,
österreichischer Staatsbürger)

aufgefunden:
Bauernmarkt / Ecke Fleischmarkt

Opfer 2
(weiblich, 24 Jahre, deutsche
Staatsbürgerin) – im Spital
verstorben

vermutlich in Judengasse
Richtung Ruprechtsplatz verletzt

Opfer 3
(weiblich, 44, österreichische
Staatsbürgerin)

aufgefunden:
Seitenstettengasse Richtung
Judengasse

Op
(m
St

au

Marc-Aurel-Straße

Sterngasse

Judengasse

Baue

Quellen: BMI, OpenStreetMap | DER STANDARD

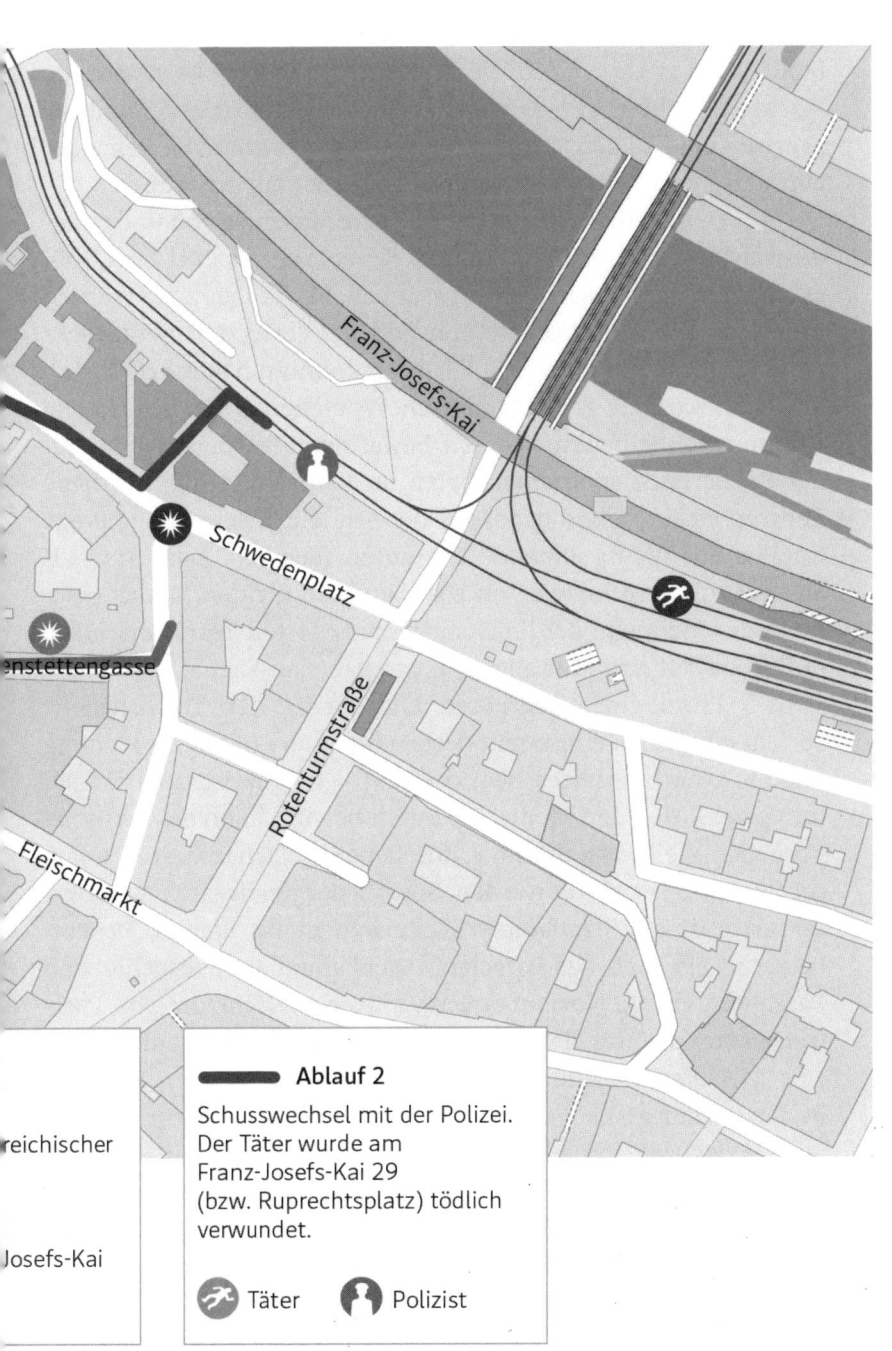

Franz-Josefs-Kai

Schwedenplatz

enstettengasse

Rotenturmstraße

Fleischmarkt

reichischer

Josefs-Kai

Ablauf 2

Schusswechsel mit der Polizei.
Der Täter wurde am
Franz-Josefs-Kai 29
(bzw. Ruprechtsplatz) tödlich
verwundet.

Täter   Polizist

Social-Media-Kanälen unter der Überschrift „Tötung und Verletzung von 30 Kreuzrittern durch einen Soldaten des Kalifats in der Stadt Wien in Österreich" veröffentlicht. Insofern lässt sich der Wiener Anschlag, gerade was das Tatbegehungsmuster und die „Verwertung" in den sozialen Medien anbelangt, in die Reihe der europäischen Terrorszenarien seit 2015 sehr gut einordnen.

Der jihadistisch motivierte Terroranschlag von Wien wurde nach dem sogenannten Mumbai-Schema verübt. Bei den Großanschlägen im indischen Mumbai am 26. November 2008 wurden insgesamt 166 Menschen getötet und 304 verletzt.[182] Kennzeichnend für diese von mehreren Hit-Teams simultan durchgeführten Attacken war eine gefechtstaktische Vorgehensweise des *Hit and run*: mit Schnellfeuergewehren bewaffnete Terroristen, die auf der Suche nach spontanen Zielen im Laufschritt durch urbane Zentren streiften und dabei aus der schnellen Bewegung heraus wahllos auf nichts ahnende Passanten feuerten. Das Mumbai-Schema gilt gefechtstaktisch als Blaupause für den Modus Operandi der Mehrzahl der jihadistisch motivierten Terroranschläge in Europa seit 2015, vor allem für das Bataclan-Szenario.[183]

Trotz einer übereilten Umsetzung des Tatvorhabens spricht einiges für eine zumindest rudimentäre operative Planung und ein zwar limitiertes, aber doch erfolgtes taktisches Abwägen im Vorfeld. Was den Modus Operandi betrifft, kann die taktische Vorgehensweise von Kujtim F. durchaus als Nachahmertat (*Copycat*-Szenario) bewertet werden. Sowohl der jihadistisch motivierte Terrorakt am Straßburger Weihnachtsmarkt vom 11. Dezember 2018 als auch der Bataclan-Anschlag auf Cafébesucher und Passanten am 13. November 2015 mitten im Zentrum von Paris weisen starke Parallelen zur Vorgehensweise in Wien auf.

Gefechts- und einsatztaktisch ist der Wiener Terrorist in Bezug auf seine Fertigkeiten im Schusswaffengebrauch als vergleichsweise wenig professionell zu qualifizieren: „Im Vergleich mit ähnlichen Schusswaffen-Szenarien (etwa ‚Bataclan', Paris 13.11.2015) ist bei Kujtim F. von einem gefechtstaktischen Dilettantismus und entsprechenden handwerklichen Defiziten im Umgang mit der Langwaffe auszugehen, was sich außerdem anhand der glücklicherweise doch eher geringen Opferzahl (innerhalb von neun Minuten!) bemessen an der Trefferquote relativ zum Munitionsverschleiß des terroristischen Amokschützen ablesen lässt."[184] Ein unumstößlicher Beleg hierfür ist, dass der Attentäter den Sicherungshebel seines Sturmgewehrs offenbar falsch eingestellt hatte, weshalb er statt Dauerfeuer zum Glück nur einzelne Schüsse abgeben konnte.[185] Auch weitere logistische Defizite wie etwa die stümperhafte waffentechnische Vorbereitung und die eigenartige Beschränkung auf nur ein einziges geladenes Magazin werfen Fragen auf. Anders lautet die Einschätzung der Sicherheitsbehörden, abgeleitet aus dem Studium der Videodokumentation: Kujtim F. sei mit dem Schussverhalten der Waffen einigermaßen vertraut und geschult gewesen, was sich besonders an seinem guten Handling mit der Langwaffe und seinen griffsicher durchgeführten Ladevorgängen zeige. Vielleicht war die Diskrepanz zwischen seinem grundsätzlichen Know-how und dem an den Tag gelegten Verhalten der Nervosität und dem Zeitdruck geschuldet.

Darüber hinaus deuten Erkenntnisse anhand der offen zugänglichen Videodokumentation des Wiener Terroranschlags darauf hin, dass die unmittelbare operative Vorgehensweise von Kujtim F. eher spontan und wenig geplant gewesen sein dürfte. Vielmehr hat es mit Blick auf das von den Sicherheitsbehörden im Nachgang erstellte Weg-Zeit-Diagramm den Anschein, als wäre der Attentäter panisch auf der Suche nach potenziellen Opfern gewesen und streckenweise ziellos umhergeirrt. So ging er etwa erratisch vor der Wiener Synagoge auf und ab, kehrte mehrfach beim Ruprechtsplatz um, wo er Zutritt zur Ruprechtskirche suchte, bewegte sich zurück in die Seitenstettengasse, pendelte anscheinend orientierungslos zwischen Judengasse, Rabensteig, Franz-Josefs-Kai und Morzinplatz.[186] Im Vergleich mit den komplexeren Anschlägen von Straßburg und Paris bezüglich Logistik und Durchführung liegt hier der Verdacht einer gewissermaßen amateurhaften Umsetzung des Anschlags nahe. Kujtim F. scheint eher situationsbedingt auf Eventualitäten reagiert, als strukturiert nach einem klaren taktischen Umsetzungsplan (Vorgaben für Zeit und Ort) agiert zu haben. Dies tut dem Umstand keinen Abbruch, dass die Tat im Vorfeld geplant wurde und Kujtim F. ganz bewusst und mit klarer Tötungsabsicht handelte.

Hinsichtlich der terroristischen Zielauswahl und des gewählten Anschlagsszenarios hat der Attentäter offenbar stark auf den bereits erwähnten Einschüchterungsfaktor gesetzt, den er mit seinem Tun erzielen wollte. Verstärkt wurde dieser Affekt durch die Beliebigkeit der Opferauswahl („Es kann jeden treffen"). Er ging, wie sich herausstellen sollte nicht zu Unrecht, von einer hohen öffentlichen, zumal internationalen Publizität eines Terroranschlags in Wien aus. Die Aufmerksamkeitsökonomie galt dabei mehreren Adressaten: Zum einen richtete sich die Gewaltbotschaft an die angegriffene Gesellschaft an sich, vor allem aber an potenzielle zukünftige Opfer, indem ein terroristischer Akt bereits die Androhung weiterer Anschläge enthält. Auf diese Weise soll nachhaltig eine verunsicherte Öffentlichkeit erzeugt werden. Eine Gesellschaft in einem permanenten Angstzustand, welche die Politik zu einem Richtungswechsel im Sinne des Anliegens der Terroristen bewegen soll. Weitere mögliche Empfänger der Gewaltbotschaft sind zudem interne Gegner wie konkurrierende Terrororganisationen, aber auch Verbündete und Sympathisanten zwecks Propaganda und Rekrutierung – also vor allem „der zu interessierende Dritte" (Herfried Münkler).[187]

Die Willkürlichkeit in der Zielauswahl (nach dem Prinzip „Ihre Politiker und Sicherheitsbehörden können Sie nicht vor uns Terroristen beschützen") sowie die Wiederholbarkeit (Serien- oder Kampagnencharakter solcher Anschläge, leicht zu kopierende Blaupausen) müssen hier als Verstärker des Einschüchterungseffekts betont werden.

DER EINSATZ

„Die Einsatzkräfte, die an der unmittelbaren Bewältigung des Attentats am 02.11.2020 beteiligt waren, haben ausgesprochen schnell, gezielt und aufeinander abgestimmt reagiert", heißt es im Zwischenbericht der Untersuchungskommission zum Terroranschlag vom 2. November 2020.[188] Diese Einschätzung ist in jeder Hinsicht zutreffend. Zuerst, was die zeitliche Komponente betrifft: Um exakt 20:00:48 Uhr ging der erste Notruf mit dem Hinweis „Schüsse in der Seitenstettengasse" in der Landesleit-zentrale (LLZ) der Landespolizeidirektion Wien ein. Bis Mitter-nacht sollte es noch an die 2000 weitere Notrufe geben, die sich auf den terroristischen Vorfall im Herzen Wiens bezogen. Die Notrufbeamten arbeiteten eigens für diese Art Ausnahmelage – im Nachgang der Pariser Bataclan-Anschläge vom 13. November 2015 – angefertigte Checklisten ab, die ein reibungsloses, zugleich koordiniertes Vorgehen bei der Zusammenstellung der eingehen-den Informationen gewährleisten sollten.

Bereits knapp dreieinhalb Minuten nach dem auslösen-den Notruf konfrontierte die erste Funkstreife den Attentäter und verwickelte ihn in einen Schusswechsel. Innerhalb von bloß neun Minuten nach Beginn des Terrorakts wurde der Täter durch einen in Stellung gebrachten WEGA-Schützen erschossen. Diese zeitliche Effizienz im kurzfristigen lokalen Bereitstellen der Ein-heiten, in der Verlagerung sowie in der Durchführung ist auch im internationalen Vergleich als eine hervorragende Leistung der Wiener Einsatzkräfte zu qualifizieren. Betrachtet man ähnliche taktische Szenarien mit Langwaffeneinsatz seitens der Terroris-ten, so liegt die Response-Zeit der Polizei vom auslösenden Not-ruf bis zur Verbringung der Kräfte zum Einsatzort in Wien defi-nitiv im Spitzenfeld.

Die Streifenpolizisten hatten sich als Erste dem Atten-täter in den Weg gestellt und damit dem Einsatzprotokoll ent-sprechend gehandelt, das für solche Ausnahmelagen vorgesehen ist: Die primäre Zielsetzung besagt, einen Amok laufenden Täter in ein Feuergefecht zu verwickeln und ihn lokal zu binden, damit er nicht auf weitere unbewaffnete Passanten schießen kann. Die Strategie dahinter: eine unmittelbare, maximale Einschränkung des Aktionsraumes und der Aktionsfähigkeit des Attentäters. Die Exekutivorgane waren Ernst Albrecht, dem Kommandanten der WEGA zufolge genau jener „Störfaktor", der den Terroristen „aus dem Konzept gebracht" habe.[189] Danach war Kujtim F. „wie ein Gejagter unterwegs" und hatte „die Übersicht verloren", wie die Analyse des Bewegungsmusters später gezeigt habe. Der eingeteilte Scharfschütze der Spezialkräfteeinheit, die in WEGA-Sektorwagen eintraf und die heiße Zone des Terroranschlags betrat, konnte deshalb auf den bereits in der Fluchtbewegung befindlichen Attentäter zielen. Das tödliche Projektil traf Kujtim F. um 20:09 Uhr. Doch damit war der Dienst der verschiedenen Einsatzorganisationen, Krankenhäuser und Magistrate der Stadt Wien noch lange nicht beendet. Die Lage blieb unübersichtlich und unklar. Gab es noch weitere Attentäter, hatte der Attentäter einen Sprengsatz platziert, wo befanden sich etwaige weitere Verletzte, war eine Evakuierung sicher? Diese und viele andere wesentliche Fragen waren weiterhin offen. Zwar war bildlich gesprochen der unmittelbare Brandherd unter Kontrolle gebracht worden, aber an ein „Brand aus" war noch lange nicht zu denken. Es sollte bis um 03:00 Uhr des Folgetages dauern, bis eine solche Gewissheit in einem für die Einsatzleitung zufriedenstellenden Ausmaß gegeben war.

Insgesamt ist der Einsatz am 2. November 2020 als eine große Sonderlage zu qualifizieren, die der jeweiligen Einsatzleitung und den Krisenstäben ein Höchstmaß an Konzentration abverlangt und ein koordiniertes Vorgehen der Einsatzkräfte vorausgesetzt hatte. Aufgrund der schnellen Einstufung als Einsatz von höchster Priorität wurde kurzfristig der polizeiliche Einsatzstab DELTA in der Wiener Landespolizeidirektion am Schottenring eingerichtet. Neben der Verständigung polizeilicher Spezial- und Sondereinheiten wie des Einsatzkommandos Cobra/Direktion für Spezialeinheiten (DSE), der Hubschrauberstaffel der Flugpolizei oder des Entschärfungsdienstes oblagen zahlreiche weitere einsatzrelevante Aufgaben der Kompetenz des Stabes. Hierunter fielen in erster Linie die Bewertung der unzähligen eingehenden Lageinformationen und Berichte zwecks Erstellung eines ersten Lagebildes. Das Räderwerk der Einsatzabwicklung musste nun reibungslos funktionieren, und das tat es auch. Ein polizeilicher Kommandant, der als Einsatzleiter fungierte, musste bestimmt werden. Man benötigte kurzfristig eine operative Kommandozentrale vor Ort, die als koordinierende Informationsdrehscheibe für sämtliche Maßnahmen des Einsatzes fungieren sollte. Hierfür ist die Stadt Wien auch im internationalen Vergleich sehr gut aufgestellt – die Zusammenarbeit der relevanten Akteure und Strukturen in Krisenlagen wurde unzählige Male in Simulationen und Planspielen geübt. Aber an einen derartigen Ernstfall inmitten der grassierenden Coronapandemie hatte wahrscheinlich doch niemand gedacht. Die Zahnräder der Einsatzorganisationen und maßgeblichen städtischen Verwaltungsstrukturen griffen trotz einiger kleiner Herausforderungen perfekt ineinander. Bei solchen Einsätzen sind neben der „Neutralisierung" des oder der Attentäter noch weitere Umstände zu berücksichtigen. So gilt es sicherzustellen, dass die „Versorgung von Verletzten, die Evakuierung von Menschen aus Gefahrenbereichen, die Regelung des Verkehrs, die Errichtung eines Verkehrssperrkreises und Blaulichtkorridors, damit Rettungswagen ohne Verkehrsbehinderungen die Spitäler anfahren können [...]" gewährleistet werden.[190] „Darüber hinaus geht das Leben in einer Großstadt auch während eines Attentats weiter", wie Oberst Peter Seidl, der Leiter der Landesleitzentrale Wien zu bedenken gibt.[191] Gemeinsam mit der Wiener Berufsrettung mussten Sanitätsstellen geschaffen werden; die Hauptsanitätsstelle wurde in einem gesicherten Bereich am Franz-Josefs-Kai eingerichtet. Gleichzeitig war es notwendig, in Kooperation mit den Wiener Verkehrsbetrieben eine reibungslose Evakuierung von flüchtenden Menschen aus der Gefahrenzone zu ermöglichen. Eine mobile Einsatzzentrale wurde kurzfristig in einem Café am Rande des Tatorts installiert.

Die Hauptherausforderung in einer unklaren Einsatzlage besteht darin, die Übersicht zu behalten, „Realität von Fiktion" zu unterscheiden und effektiv zu koordinieren, um Leerläufe oder Reibungsverluste zu vermeiden.[192] Ein Meer an Blaulichtern und Sirenen wirkt zuerst brachial. Das könnte manche womöglich dazu verleiten, sich allzu sehr darauf zu verlassen, dass eine andere Einheit anstatt der eigenen die notwendigen Maßnahmen durchführt. Daher ist eine straffe Einsatzführung unerlässlich, die größtmögliche Flexibilität der Kräfte unmittelbar vor Ort erlaubt, um sehr kurzfristig auf veränderte Erfordernisse reagieren zu können.

Nach eben diesem flexiblen Führungsprinzip, in kleinen taktischen, autarken Einheiten operieren Spezialkräfte. Das polizeiliche Einsatzkommando (EKO) Cobra war mit rund 200

Beamten im Einsatz. Die Wiener Einheiten bildeten die Vorhut und wurden laufend durch sogenannte Einsatzmodule aus Wiener Neustadt, Graz und Linz verstärkt, die kurzfristig alarmiert in die Bundeshauptstadt verlegt wurden. Zudem versetzte das Bundesheer seinen Spezialkräfteverband, das Jagdkommando, in Alarmbereitschaft, um eine strategische Reserve im Bedarfsfall vorhalten zu können. In Österreich ist dies aufgrund der Regelung des sicherheitspolizeilichen Assistenzeinsatzes möglich. So wurden in jener dramatischen Nacht ebenfalls verstärkende Bundesheer-Wachsoldatenkontingente bereitgestellt, um Botschaftsgebäude und kritische Infrastrukturen (sogenannte schutzwürdige Einrichtungen) abzusichern und damit zusätzliche polizeiliche Kräfte von Bewachungsaufgaben abzulösen. Für die Konfrontation mit einem Multiple-Hit- oder einem Mehrtäter-Szenario wird eine geballte Spezialkräftekonzentration als Ressource bereitgehalten. Der Einsatz von Jagdkommando und Wachsoldaten zeigt, dass innerhalb kürzester Zeit alles mobilisiert wurde, was zur Stabilisierung der Lage beitragen kann. Das betrifft sowohl die Quantität als auch die Qualität der zugeführten Kräfte. Gesondert zu erwähnen sind die zahlreichen Beamten aus sämtlichen Verbänden und Einheiten, die sich in Anbetracht der Terrorlage aus Urlauben oder Freizeit selbst in den Dienst gestellt haben, um bei der Abwendung dieses Terroranschlags Unterstützung zu leisten. Auch beim EKO Cobra und bei der WEGA.

In den Fokus der Betrachtung des Wiener Einsatzes gelangte insbesondere die WEGA, zumal einem Team dieser Einheit die finale Eliminierung des Attentäters zuzuschreiben ist. Was ist das Alleinstellungsmerkmal der WEGA? Ihre Ausrüstung und die Struktur betreffend ist sie mit den US-amerikanischen SWAT-Teams oder dem deutschen Spezialeinsatzkommando (SEK) vergleichbar. Jedoch im Gegensatz zu anderen konventionellen Polizeispezialkräften, die auf ihren Einsatz in Liegenschaften warten, sind WEGA-Einheiten in speziell ausgerüsteten Sektorfahrzeugen als Zwei-Mann-Teams unterwegs und führen einen überlagernden Streifendienst durch. Der große Vorteil dieser Routine besteht darin, dass ein voll ausgerüstetes Zugriffsteam innerhalb kürzester Zeit verfügbar ist. Der erfolgreiche Einsatz vom 2. November 2020 in Wien, bei dem die Spezialisten unverzüglich vor Ort waren und wenige Minuten nach der Alarmierung eingriffen, belegt den Vorteil der Sektorwagen-Taktik.

Bleiben noch die Rettungskräfte, denen man eigentlich ein eigenes Kapitel widmen müsste. Auch sie haben einen großartigen Einsatz absolviert und vor allem in Anbetracht der lange prekären Sicherheitslage sicherlich mehr getan, als zumutbar war. Denn die Erstversorgung erfolgte unter dem Risiko eines möglichen Second-Hits, also einem konsekutiven Anschlag. Nach der Attacke war in Wien ein Großaufgebot an Rettungskräften im Einsatz. Das Rote Kreuz hat den sogenannten Katastrophenzug bereitgestellt, der routinemäßig aus acht Fahrzeugen und Anhängern besteht. Neben dem leitenden Notarzt verfügt er über eine Leichtverletzteneinheit, eine Versorgungseinheit, ein Rüstfahrzeug, eine mobile Leitstelle, eine Hauptinspektion und ein Einsatzfahrzeug der Seiltechnikgruppe. Der leitende Notarzt ist für die Einsatzleitung an Ort und Stelle verantwortlich. Zu Beginn des Anschlags standen insgesamt 43 Rettungsfahrzeuge im Dienst. Stufenweise war der Bestand bis Mitternacht auf in Summe 64 erhöht worden. Zusätzlich zu den Krankenwagen der Berufsrettung standen weitere 13 angeforderte Fahrzeuge aus Niederösterreich, ein Notarzthubschrauber und ein Spezialfahrzeug des Bundesheers zur Bergung von verletzten Personen in Bereitschaft. Die Bergung der verwundeten Terroropfer erfolgte ebenso wie deren Transport in die insgesamt sechs zugeteilten Wiener Krankenhäuser reibungslos. Umgehend waren zusätzliche Kapazitäten geschaffen worden, um einem erwarteten höheren Aufkommen an Traumapatienten Herr zu werden. Die mehr als 20 Verletzten wurden in den relevanten Zentren der unfallchirurgischen Versorgung in Wien, dem Allgemeinen Krankenhaus (AKH), in den Kliniken Donaustadt, Ottakring und Floridsdorf sowie in den Unfallkrankenhäusern Lorenz Böhler und Meidling behandelt. Insgesamt funktionierte die Rettungskette sehr gut, wie die Bilanz des Rettungseinsatzes nahelegt. Trotz der durch die Coronapandemie angespannten Krankenhauskapazitäten. Das ist mit Blick auf internationale Erfahrungen mit größeren Terrorlagen keine Selbstverständlichkeit. So kam es in Berlin und Manchester bei den beiden „großen" Terroranschlägen (Breitscheidplatz und Ariana Grande-Konzert) aufgrund der besonders hohen Anzahl an Schwerstverletzten immer wieder zu kurzfristigen Kapazitätsengpässen und Notständen, was die Möglichkeiten einer akuten Erstversorgung bei einem akkumulierten Aufkommen einer größeren Verletztenanzahl betrifft (im Fachjargon: „Massenanfall von Notfallverletzten" oder MANV).

AUSNAHMEZUSTAND

Ab 20:00 Uhr war ganz Wien im Ausnahmezustand. Abseits der koordinierten Einsatzführung der zuständigen Einsatzorganisationen erlebten die Bürger der Stadt ein Ausnahmezustandsszenario, das man sonst nur aus Filmen kennt. Die komplette Innenstadt wurde hermetisch abgeriegelt. Helikopter kreisten am Himmel, Einsatzfahrzeuge waren in großer Anzahl unterwegs. Zahlreiche Menschen, die sich schleunigst vom Ort des Anschlags entfernen wollten und dies teilweise auch taten, säumten die Straßen. Chaos allerorts. Ungewissheit. Offizielle Informationen drangen indes – nicht zuletzt aus ermittlungstaktischen Gründen – nur spärlich an die Öffentlichkeit. Die sozialen Medien wurden in Windeseile zu einem Tummelplatz für Falschinformationen – und zwar in Echtzeit. Wie bei einem Live-Ticker. Persönliche Wahrnehmungen wurden überstrapaziert oder bewusst als vermeintliche Fakten gestreut. Gefühlt jede und jeder hatte irgendwo einen Schuss gehört, einen weiteren Täter laufen gesehen oder andere „zweckdienliche" Hinweise, die man natürlich nicht offiziell meldete. Über WhatsApp, Telegram oder auf Twitter wurden aufgrund einer Mischung aus Unbekümmertheit und Wichtigtuerei selbst gefilmte Videos vom Attentäter geteilt, eines davon enthält den mittlerweile legendären Aufruf eines Beobachters, offenbar aus einem nahe am Tatort befindlichen Fenster heraus: „Schleich di, du Oaschloch!" („Verschwinde, du A…!"). Eine Bildsequenz auf einem Video zeigt Kujtim F., wie er in die Seitenstettengasse zurückkehrend aus nächster Nähe auf eine Frau feuert und diese tödlich verletzt.

Die Verbreitung solcher Bildern und Videos ist kontra-produktiv, zumal diese Aufnahmen immer wieder auch zeigen, wo und wie sich die Einsatzkräfte bewegen. Denn, wie wir spätes-tens seit dem palästinensischen Terroranschlag gegen israelische Athleten im olympischen Dorf von München 1972 wissen,[193] als die Attentäter aufgrund von Fernsehbildern die über das Dach in Trainingsanzügen und Stahlhelmen herannahenden Polizeikräfte bereits im Vorfeld identifizieren konnten, ist immer davon aus-zugehen, dass Terroristen und deren Unterstützer die gleichen Informationskanäle benutzen können. So wäre der taktische Vor-teil von intervenierenden Einheiten dahin. Auch blieben einem verstörende Bilder von regungslos auf dem Boden liegenden, blu-tenden Opfern nicht erspart, die scham- und pietätlos verbreitet wurden. Als Falschnachrichten von einer vermeintlichen Geisel-nahme in einem asiatischen Schnellimbisslokal auf der Mariahilfer Straße im Netz kursierten und von diversen, auch internationalen Boulevardmedien dankbar aufgenommen wurden, gab das Anlass für erhebliche Kritik an ihrer Berichterstattung in der Terrornacht. Tausende beim österreichischen Presserat eingelangte Beschwer-den betrafen vor allem zwei Privatsender. Diese hatten unverpixel-te Handyaufnahmen vom Terroranschlag inklusive der zuvor an-gesprochenen, gleichermaßen schockierenden wie brutalen Bilder und Videos veröffentlicht und in der Tatnacht stundenlang, gefühlt in Endlosschleife ausgestrahlt. Dafür wurden die beiden privaten Medienanstalten über ein Jahr später von der Medienbehörde KommAustria wegen „Missachtung der Menschenwürde und Ver-stoßes gegen ethische Sorgfaltspflichten" verurteilt. Wien wurde innerhalb kürzester Zeit von einer Karawane an nationalen wie internationalen Medien belagert. Unzählige Filmteams und Foto-grafen waren unterwegs, um neue Informationen zu bekommen.

Ich selbst geriet unmittelbar nach dem ersten Schuss-wechsel kurzfristig selbst in den Fokus dieses Medieninteresses. Am Vorabend des Lockdowns wollte ich es mir nach einem an-strengenden Arbeitstag zu Hause gemütlich machen. Plötzlich erhielt ich unvermittelt, fast gleichzeitig mit den Geschehnissen in der Innenstadt, von einem Freund aus Sicherheitskreisen eine WhatsApp-Nachricht mit einem Video, das einen Mann im weißen Overall zeigte, der mit einer automatischen Langwaffe auf Personen (augenscheinlich Polizeibeamten) schoss. Da wusste ich, ohne weiter nachzufragen: In Wien gab es nun einen Terroranschlag. Hoffentlich kein Mehrtäter-Szenario, war mein erster Gedanke.

Bereits kurz nachdem erste Informationen zum Tatortgeschehen rund um das Bermudadreieck an die Öffentlichkeit drangen, wurde ich via Skype oder Zoom live in diverse österreichische und deutsche Fernsehstudios zugeschaltet, um diesen Terroranschlag gleichsam in Echtzeit zu kommentieren. Ich fühlte mich ein wenig wie ein Sportkommentator. Das war ungewohnt, denn normalerweise analysiere ich aufgrund von gesicherten Fakten und hüte mich davor, mich in Spekulationen zu ergehen. Es war eindeutig zu früh, um über Hintergründe oder Zusammenhänge zu reflektieren. Mein Informationsstand zu den unmittelbaren Ereignissen war anfangs ohnedies noch recht rudimentär, um nicht zu sagen dürftig. Doch die Sehnsucht der breiten Öffentlichkeit nach einer Einordnung der Geschehnisse war offenbar sehr groß. Daher musste ich kurzfristig meine inoffiziellen „Informationskanäle" bemühen. In mir kam ein seltsames Gefühl der moralischen Verpflichtung auf, die terroristischen Vorgänge im Bermudadreieck bestmöglich zu erklären. Anfänglich hatte ich naturgemäß gewisse Zweifel angesichts der bestehenden limitierten Informationslage und der enormen internationalen Öffentlichkeitswirkung. Die Aufgabe bestand in einer kritischen Einordnung dieser Schreckenstat in den Medien. Neben mir kommentierten zwar einige andere anerkannte, insbesondere internationale Experten in meinem Fach, vor allem in und aus Deutschland, die Lage. Mein „Alleinstellungsmerkmal" war gewissermaßen, dass es zum Zeitpunkt des Anschlags wahrscheinlich kaum jemanden mit ähnlich spezifischen Kenntnissen der Wiener Konstellation und meinen lokalen formellen und informellen Informationszugängen gab. Dennoch beobachtete man permanent, wie sich andere zu dem Thema medial äußerten. Darunter waren einige kluge Kommentare und gute Einschätzungen von meinen deutschen Kollegen, wie beispielsweise Peter R. Neumann. Aber natürlich ebenso manche eklatanten und peinlichen Fehlbeurteilungen der Lage. Ich musste zwischenzeitlich auch einmal schmunzeln, als ein deutscher Terrorismussachverständiger in einem Interview für einen deutschen überregionalen Privatsender voller Überzeugung von einem „WEGGA-Kommando-Soldaten" sprach, der den Attentäter eliminiert habe. Einer der typischen Fauxpas von Experten, die terroristische Vorkommnisse in fremden Städten ohne Kenntnis der konkreten Lage und Strukturen kommentieren müssen. Bei der analytischen Betrachtung des Terroranschlags vom März 2016 etwa waren spezifische lokale Gegebenheiten wie die diversen unterschiedlichen Polizeibehörden in Brüssel für einen Ortsfremden nicht sofort zu durchschauen. Beim Berliner Weihnachtsmarktanschlag durch Anis Amri kamen mir meine einigermaßen guten Ortskenntnisse zugute, da ich fast drei Jahre in Berlin gelebt hatte. Das Kommentieren aus der Ferne ist also immer voller Fallstricke. Auch vor Ort gibt es zahlreiche Ungereimtheiten, die es aufzuklären gilt. Natürlich tauscht man sich fortwährend mit Kollegen aus der internationalen Terrorismusforschung, vor allem aus dem heimischen Sicherheitsestablishment vertrauensvoll aus. Aber irgendwie muss man die anfangs spärlich und später massenhaft verfügbaren Informationen überprüfen, sortieren und einordnen.

Die Betroffenheit ist insbesondere dann groß, wenn es die eigene Stadt trifft. Das Bewusstsein, dass mit einem Schnellfeuergewehr inmitten einer beschaulichen Ausgehmeile wahllos auf Passanten geschossen wurde, in der ich während meiner Jugend oft unterwegs war, veranlasste mich zu einer großen Demut vor dem Schicksal. Doch ich musste professionell bleiben und diese eigenen Affekte zumindest temporär beiseiteschieben. Mich voll auf die Sache konzentrieren und meine Aufgabe wahrnehmen. Diese bestand darin, die Ereignisse möglichst sachbezogen und klar zu erfassen. Noch konnte ich mir keinen sinnvollen Reim auf die Sache machen. Zu bruchstückhaft waren die zur Verfügung stehenden Informationen. Zu Beginn war die Lage, wie bereits eingehend erörtert, natürlich auch für Insider vor Ort mehr als unübersichtlich. Ich selbst war anfangs aufgrund des Modus Operandi mit einem Schnellfeuergewehr als Wirkmittel von einem Mehrtäter-Szenario wie bei den Pariser Bataclan-Anschlägen überzeugt. Dass es eine islamistisch motivierte Tat sein musste, war für mich schon aufgrund des zeitlichen Zusammenhangs mit dem jihadistischen Herbststurm ziemlich wahrscheinlich. Ebenso wegen der gefechtstaktischen Vorgehensweise, der beliebigen Zielwahl (Rechtsextremisten visieren üblicherweise bestimmte Opfergruppen an), deutete einiges darauf hin. Eine offizielle Bestätigung dieser These gab es allerdings noch nicht. Aus diesem Grund musste sich meine Ersteinschätzung an den wenigen gesicherten Fakten – Tatort, Wirkmittel, gefechtstaktische Vorgehensweise, das „Targeting" im weiteren Sinn –, die bis dato bekannt waren, orientieren. Bis weit nach Mitternacht absolvierte ich einen regelrechten Interview-Marathon. Aus Gründen der Effizienz musste ich wie bei einem Amt „Zeittickets" für Pressegespräche vergeben. Anders konnte ich die überbordende mediale Nachfrage nicht mehr bewältigen. Kurzfristig hatte ich mir wie bei einem Krisenstab in meinem Wohnzimmer eine Art kleine „Infozentrale" aufgebaut mit Live-Fernsehbildern, Live-Tickern auf Tablets und einem Laptop als Kommunikationsgerät für die Medienanfragen. Sukzessive trudelten immer neue Informationen aus den verschiedensten Quellen bei mir ein. Offizielle und inoffizielle Hinweise. Nebenbei zahlreiche Nachrichten aus meinem privaten Verwandten-, Freundes- und Bekanntenkreis. Immer wieder dieselben Fragen: „Was ist da passiert? Weißt Du vielleicht mehr?" Dazwischen laufend diverse SMS und E-Mails mit mehr oder weniger „zweckdienlichen" Videos und Hinweisen aus allen erdenklichen, „anonymen" Ecken. Auch Personen, mit denen ich seit Jahren keinen Kontakt mehr hatte, schrieben mich plötzlich an. Die Flut an Nachrichten war im Laufe des Abends zwischenzeitlich nicht mehr zu bändigen. So entschloss ich mich nach Dringlichkeit, Relevanz und Qualität der Quelle zu priorisieren. Das Pingpong zwischen Recherche, Interviews und Konsumation von allen möglichen Informationen sollte die gesamte Nacht über anhalten. Doch langsam konnte ich die Mosaiksteine für mich selbst zu einem sinnvollen Ganzen zusammensetzen.

Den Höhepunkt der enormen Frequenz markierte jedoch der Folgetag, an dem es bereits früh los ging. Den ganzen Tag hindurch gab ich für alle möglichen internationalen TV-, Rundfunk- und Printmedien meine vorläufige Einschätzung der Lage und der wahrscheinlichen Hintergründe des Terroranschlags ab. Inzwischen waren Details über den Attentäter und dessen islamistischen Hintergrund durchgesickert. Auch gab es bereits eine vorläufige Bilanz hinsichtlich der Opfer und der Einsatzführung der Blaulichtorganisationen. Sukzessive kamen erste Hinweise über mögliche Verfehlungen der Behörden und ein allfälliges Präventionsversagen im Vorfeld des Anschlags (zum Beispiel der versuchte Munitionskauf in der Slowakei) ans Licht. Ich sammelte diese neuen Informationen und versuchte sie mit meinen Recherchen beziehungsweise Kenntnissen des Falls abzugleichen.

Was mir sofort bewusst wurde, war, dass es mehr als vorschnell wäre, gleich nach den Schuldigen zu suchen. Dieser Versuchung zu erliegen droht nach Terroranschlägen immer wieder und erweist sich in der Regel als einseitig und undifferenziert. Es geht weniger um Schuld als um Verantwortung. Verantwortlich für Anschläge sind zweifellos zuallererst die Terroristen. Wo beginnt die Verantwortung des Staates, der dafür zu sorgen hat, dass seine Bürger vor indiskriminativer Gewalt geschützt sind? Welche vorbeugenden Maßnahmen sind wann und vor allem wie zu treffen? Im Vorfeld von Terroranschlägen gibt es immer wieder nicht zu ignorierende Warnsignale. Es braucht dafür aber erfahrene, gut geschulte Analysten, um diese Hinweise richtig zu deuten. In Anbetracht der vielfältigen Bedrohungen, der Vielzahl an Gefährdern sind Verfassungsschutzinstitutionen bedauerlicherweise gezwungen, Prioritäten zu setzen. Man konzentriert sich auf die wahrscheinlichste und zugleich gravierendste Sicherheitsbedrohung. Die personellen Ressourcen sind begrenzt, ebenso wie die technischen Mittel. Nirgendwo in Europa sind erforderliche Kapazitäten unbegrenzt verfügbar. Zudem gibt es in manchen Fällen konkrete Hinweise, die sich als falsche Fährte entpuppen: abstrakte Tipps von befreundeten „Diensten", Warnungen von V-Leuten oder sogar aus der extremistischen Szene, etwa um abzulenken oder interne Konkurrenz auszubooten. Ein hochdynamisches Umfeld also. Selten verläuft die Entwicklung von der Planung bis zum effektiven Anschlag linear. Die Kurve ist eher volatil und ausschlagend. Es gibt Brüche, Rückschläge und

Verlaufsänderungen. Terrorismus und Terrorismusbekämpfung sind kommunizierende Gefäße. Akzente auf der einen Seite haben Auswirkungen auf die andere und umgekehrt. Zu glauben, dass ein einzelnes Vorkommnis (etwa der Erwerb einer Waffe) allein einen Terroranschlag bedingen kann, ist naiv. Die Ausnahme sind spontane Gelegenheitsattentate, aber diese kann man seitens der Terrorismusabwehr ohnedies kaum antizipativ verhindern. Die Analysen Dutzender ähnlicher terroristischer Vorkommnisse (Berlin, London, Paris, Manchester, Barcelona, Stockholm) haben gezeigt, dass es nur sehr selten eine direkte Kausalität aufgrund eines einzelnen Versäumnisses oder bedingenden Umstandes zur späteren Tatbegehung gegeben hat. Vielmehr ist regelmäßig eine Verkettung von Defiziten, Fehleinschätzungen und verzögerten oder nicht umgesetzten Handlungen als ursächlich anzusehen. Diesen Aspekt wollen aber weder die Politik, die unter Zugzwang einer Selbstrechtfertigung gerät, noch kritische Medien, die die Hintergründe der Tat schnell aufklären wollen, sehen. Hat der Staat genug unternommen, um diesen Terrorakt zu verhindern? Die seriöse Antwort hierauf bleibt immer dieselbe: Das kann er nie. Zumindest nicht dauerhaft und für jedes mögliche Szenario. Sicherheitsbehörden können vereinzelt Anschläge im Vorfeld verhindern. Aber nicht alle. Denn die terroristische Bedrohung ist stets anlassbezogen, komplex und basiert auf dem taktischen Vorteil der Attentäter, Ort, Zeit und Ziele auswählen zu können und die Terrorabwehr im Ungewissen über die Absichten zu lassen.

Zurück zum 3. November 2020, dem Tag nach dem Anschlag. Der pandemiebedingte Lockdown war in Wien nunmehr in Kraft. Die Straßen waren gähnend leer – es herrschte eine lähmende Stimmung. Über der Stadt lag der Nebel einer schockhaften Trauer. Der Ausnahmezustand hielt, wie in derartigen Fällen nicht unüblich, noch bis zum nächsten Tag an. Vonseiten der Bundesregierung wurden verstärkte Sicherheitsmaßnahmen an Flughäfen, Bahnhöfen, öffentlichen Plätzen und anderen potenziellen Zielen ergriffen. Die Wiener Bevölkerung wurde dazu aufgerufen, weiterhin wachsam zu sein und verdächtige Aktivitäten unverzögert den Behörden zu melden. Der öffentliche Verkehr blieb am Folgetag des

Terroranschlags weiterhin aufrecht, dennoch wurde dringend geraten, zu Hause zu bleiben, vor allem aber den Innenstadtbereich falls möglich zu meiden. Zudem wurde die Schulpflicht kurzfristig ausgesetzt. Wien war an diesem Tag geprägt von einer Atmosphäre der Vorsicht und Unsicherheit. Die Menschen waren sich intuitiv bewusst, dass die Bedrohung noch nicht vollständig gebannt war. Dennoch zeigten sie eine bemerkenswerte Entschlossenheit und Solidarität, indem sie sich beharrlich weigerten, dem Terror nachzugeben. Das tägliche Leben hatte weiterzugehen. Unter dem Motto #schleichdiduorschloch wurde die Trotzhaltung dieser Stadt gegenüber dem Terrorismus gut subsumiert. Kein #jesuisvienne. Sondern ein eigener Slogan mit Lokalkolorit. Etwas typisch Wienerisches. Die Ur-Wiener Sängerikone Falco, der wie kaum jemand für die wienerische Attitüde der abschätzigen Gelassenheit stand, hätte seine wahre Freude mit den Bürgern seiner Stadt gehabt. Sie haben sich nicht unterkriegen lassen und mit einem spontanen, leicht vulgären Dialektausspruch ihre Ablehnung gegenüber dem ruchlosen Terrorakt eines feigen Attentäters zum Ausdruck gebracht. Der brachiale Mittelfinger, der dem Terror galt. Eine verächtliche Geste – für Menschlichkeit, Anteilnahme und Hoffnung. Wien hatte in typischer Manier ein international wahrnehmbares Zeichen gegen den einen Gewaltakt gesetzt, der darauf angelegt war, unsere Gesellschaft zu spalten.

Natürlich war es erlaubt und trotz des Lockdowns nach wie vor möglich, seiner Arbeit nachzugehen und damit verbundene Wege zu erledigen. Eigentlich war ich bereits auf Homeoffice eingestellt und hatte mich innerlich mit dem Gedanken abgefunden, demnächst sehr viel Zeit in den eigenen vier Wänden zu verbringen. In meiner Erinnerung war es nach der körperlichen, aber auch psychischen Belastung der letzten Nacht jedoch eine gefühlte Befreiung, endlich an die frische Luft zu kommen und einige Interviews in einem nahe gelegenen Park durchzuführen. Die Liste der internationalen Printmedien, die sich bei mir mit Anfragen eingestellt haben, liest sich ein wenig wie ein „Who is Who" der Zeitungsbranche. Dasselbe gilt für die diversen TV-Sender gerade auch aus dem Ausland, die mich kurzfristig für ein Interview angefragt hatten. Ein wenig empfand ich die Nachfrage doch als so etwas wie eine Anerkennung meiner jahrelangen Arbeit zum Thema. Zumal ich auch immer wieder vor der steigenden Gefahr eines Terroranschlags in Wien gewarnt und Österreich bereits 2016 ein „sekundäres Terrorziel" genannt hatte.[194] Am Allerseelenabend war Wien zu einem primären Terrorziel geworden und in den Brennpunkt jihadistischer Gewalt gerückt. Nach den Interviews kamen mehrere Auftritte in diversen Talkformaten und Diskussionssendungen in sämtlichen relevanten österreichischen Fernsehsendern, die allesamt um eine kritische Einordnung und sachliche Aufarbeitung des Themas bemüht waren. Danach folgten mehrere Einladungen zu persönlichen Gesprächen mit verschiedenen politischen Entscheidungsträgern, die an meiner Einschätzung interessiert waren.

Dieser Prozess der systematischen Ergründung der Hintergründe, Ursachen und Implikationen des Terroranschlags zog sich über mehrere Tage hin. Mein persönlicher Ausnahmezustand sollte insgesamt eine knappe Woche anhalten. Ich war erschöpft und ausgelaugt. Der Terroranschlag hatte mich Schlaf, Nerven und viel Energie gekostet. Im Kleinen, vergleichsweise Trivialen, habe ich am eigenen Leib erfahren, wie es ist, trotz persönlicher Betroffenheit funktionieren zu müssen. Ich musste mich so bald wie möglich zum Tatort begeben und wollte mir selbst ein Bild von dem Anschlag machen. Nach wie vor war alles abgesperrt und die Ermittlungen noch nicht abgeschlossen. Wie eine klaffende Wunde offenbarte sich die teuflische Fratze des Terrors. Reste vom Blut der Opfer, Einschusslöcher, umgestoßene Stühle. Ein Bild des Grauens.

OPFER UND HELDEN

Beim Terroranschlag von Wien wurden insgesamt vier Menschen getötet und 23 Personen teilweise schwer verletzt. Hinter jeder dieser Zahlen steht ein individuelles Schicksal, eine liebende Familie, ein trauernder Freundeskreis. Jeder, der so einen schockierenden Vorfall überlebt, bleibt in irgendeiner Form traumatisiert. Bereits Kleinigkeiten können das verdrängte Geschehen erneut ins Bewusstsein rufen und die Momente des Schreckens wieder hautnah erscheinen lassen. Meist liest man Statistiken wie diese mit einem seufzenden „Immerhin haben diese Personen überlebt". Die wenigsten haben eine Idee davon, was es heißt, so etwas durchgemacht zu haben und weiterhin mit sich herumtragen zu müssen. Einen außergewöhnlich bildhaften Eindruck hinterlässt die emotionale Verarbeitung der Ereignisse in Buchform durch das Opfer Andreas Wiesinger (gemeinsam mit der *Presse*-Journalistin Bernadette Krassay), der seine Gedankenwelt offenlegt und die Leser an seinen Empfindungen teilhaben lässt.[195] Besonders einprägsam ist seine Beschreibung jenes kurzen Augenblicks der Begegnung mit dem Attentäter, der ihn dabei gleich zweimal, aber nicht lebensbedrohlich, getroffen hatte:

„In der nächsten Sekunde kam eine Gestalt ums Eck gelaufen und ich blickte völlig fassungslos in den Lauf eines Gewehrs, das in unsere Richtung zielte. Mir stockte der Atem. Überallhin sprühten Funken aus dem Gewehr, wie ein Feuerwerk. Das Geräusch klang ebenso danach – ein unglaublicher Lärm. Wie in Zeitlupe flogen mir links und rechts Kugeln um die Ohren."[196] Andreas Wiesinger konnte sich mit einem Streifschuss am Kopf und einem Treffer am Knie glücklicherweise in das Lokal *Philosoph* retten, wo er sich mit anderen Besuchern vor dem blindwütig herumschießenden Attentäter, der im breitesten Wiener Dialekt in Rage Drohungen wie „I bring di um" (Ich töte dich) oder „I find di" (Ich finde dich) brüllte, verstecken konnte.

Das erste Todesopfer des Wiener Terroranschlags war allerdings Nexhip V., geboren 1999. Er wohnte in Korneuburg, war leidenschaftlicher Fußballspieler und hatte seit 2010 beim FC Bisamberg gekickt. Der junge Maler und Anstreicher wollte, wie so viele andere auch, den letzten Abend vor dem Lockdown gemeinsam mit Freunden genießen und feiern. Soeben hatte er inmitten der Pandemie seine erste feste Arbeitsstelle nach der Lehre und dem nunmehr absolvierten Präsenzdienst beim Bundesheer bekommen. Der 21-jährige Mann mit nordmazedonischen Wurzeln traf den Attentäter. Er stand gerade vor einem Lokal an der Ecke Fleischmarkt/Bauernmarkt, als Kujtim F. schwer bewaffnet durch die engen Gassen lief und hinterlistig aus dem toten Winkel auf die Fünfergruppe rund um Nexhip V. feuerte. Dieser wird tödlich getroffen und bleibt am Tatort liegen. Für ihn kam jede Hilfe zu spät. Ironischerweise stammte Nexhip ursprünglich aus fast derselben geografischen Ecke wie Kujtim F. Gerade mal 180 Kilometer sind die nordmazedonischen Orte voneinander entfernt. Beide Männer waren albanische Muslime. Aus Sicht des Terroristen hatte er also keinen „Ungläubigen" erwischt. Die Korneuburger Vizebürgermeisterin Helene Fuchs-Moser erinnerte sich aus ihrer Zeit als Schuldirektorin des dortigen Polytechnikums an den jungen Mann: „Er war ein lustiges Kerlchen, sehr beliebt und ganz ein Lieber. Manchmal war er ein bisschen goschert [Anm. N. S.: vorlaut], aber nie ungut", sagte sie den *Niederösterreichischen Nachrichten*.[197]

Chronologisch das zweite Todesopfer, Vanessa P., eine 24-jährige deutsche Kunststudentin, arbeitete nebenbei als Kellnerin im *Salzamt* am Ruprechtsplatz. Leider auch an jenem unheilvollen Abend des 2. November 2020. Der Attentäter nahm sie als Erste ins Visier und traf sie mit einem Projektil, das möglicherweise Wiesinger galt und ihn offenbar verfehlte, am Hals. Sofort kam es zu einem rapiden Blutverlust beim Opfer, und Vanessa P. konnte erst mit einiger Zeitverzögerung aus der Schusslinie gebracht und notfallmedizinisch erstversorgt werden. Sie erlag kurz nach der Einlieferung im Krankenhaus ihren schweren Verletzungen. Ihre Mutter hatte sie aufgrund der Fernsehbilder erkannt, als sie regungslos auf dem Boden lag. Es sollte einige quälende Tage dauern, bis sie offiziell über das Ableben ihrer Tochter informiert wurde.

In der Seitenstettengasse, als Dritte gemäß der zeitlichen Ablaufreihenfolge, verstarb die 44-jährige Managerin Gudrun S. nahe ihrer Arbeitsstätte bei der Rotenturmstraße. Sie war langjährige Mitarbeiterin des Wiener Büros der Firma Tribotecc, wo Metallsulfide für Bremsbeläge vertrieben werden. In einem Nachruf im *Standard*, den die Schwester des Opfers verfasst hatte, sind folgende einfühlsame Zeilen zu lesen:

„Gudrun war eigentlich nicht zur falschen Zeit am falschen Ort, sie war in einer gut gelaunten Runde von Kollegen auf ein After-Work-Bier. Sie war entspannt und fröhlich, noch mal die

Gelegenheit nutzend, an einem lauen Herbstabend bei einem Bier nach einem Arbeitstag mit Kollegen zusammenzusitzen. Ort und Zeit waren für sie schon sehr okay. Neben all den vielen anderen Menschen war auch ein junger Mann in der Nähe, der offensichtlich für sich nur noch den Weg als einzig möglichen gesehen hat, schwer bewaffnet und um sich schießend möglichst viele Menschen zu töten, bevor er selbst getötet wird."[198]

Von den drei Schüssen, die Kujtim F. auf Gudrun S. aus nächster Nähe neben dem Innenstadtlokal *Kaktus* abgegeben hatte, trafen zwei. Zuerst lief der Attentäter weiter, doch er kehrte zurück, um sein tödliches Werk zu vollenden. Ein im Internet kursierendes Video vom Anschlag zeigt, wie der Attentäter in perfider Art und Weise aus geringer Distanz mit seiner Pistole abermals auf die liegende Frau feuert. Sie erlag ihren schweren Verletzungen kurz nach der Einlieferung in die Klinik Ottakring.

Das vierte Todesopfer war Qiang L., ein 40-jähriger Österreicher chinesischer Abstammung. Der Besitzer des Schnellimbisses *Bin Ramen* wollte geistesgegenwärtig seine Gäste und das Personal in Sicherheit bringen und wurde beim Zusperren der Tür mehrfach von Feuerstößen des vorbeilaufenden Attentäters getroffen – er verstarb noch an Ort und Stelle. Eine seiner beiden erwachsenen Töchter schildert die Szene: „Papa wollte nämlich gerade die Tür vom Restaurant absperren, als der Attentäter genau in dem Moment vorbeigelaufen ist. Er hat ihn gesehen und siebenmal auf ihn gefeuert, alle Kugeln haben ihn getroffen."[199] Das Personal blieb fast gänzlich unversehrt. Eine Mitarbeiterin wurde durch ein abgelenktes Projektil lediglich am Finger verletzt. Der Gastronom Qiang L. kann als Sinnbild einer gelungenen Integration angesehen werden. Mühsam hatte er sich das Startkapital für die Selbstständigkeit zusammengespart, größere Investitionen getätigt. Dann kamen die Mühen der Pandemie mit Lockdowns und Einschränkungen, die viele junge Restaurantbetriebe vor enorme Herausforderungen stellten. Qiang L. hatte sich diesen Herausforderungen gestellt. Dass sein Leben so enden würde, hätte niemand jemals gedacht. Nach seinem abrupten Ableben mussten die verwitwete Ehefrau und die beiden Töchter schon bald den aufgrund der enormen Schulden aus den noch zu bedienenden Investitionsdarlehen insolventen Betrieb in den Konkurs schicken. Nicht nur haben sie ihren Ehemann und Vater verloren, sondern auch jene Person, die mehrheitlich für den Lebensunterhalt der Familie aufgekommen war.

Nur rudimentär angedeutet werden kann hier das unendliche Leid der Angehörigen, die einen geliebten Menschen durch einen sinnlosen Gewaltakt verloren haben. Ich wage zu behaupten, dass niemand, der so etwas nicht erlebt hat, im Entferntesten nachvollziehen kann, was es heißt, wenn jemand aus dem engsten Familienkreis durch ein Gewaltverbrechen brüsk aus dem Leben gerissen wird. Beim Terrorismus zumal kommt die Komponente hinzu, dass es grundsätzlich jeden hätte treffen können. Für die meisten bleibt vor allem unbegreiflich, warum es ausgerechnet den eigenen Vater, die eigene Schwester, den eigenen Ehemann unter so vielen vollkommen zufällig zusammengewürfelten Menschen getroffen hat. Die Beliebigkeit eines Terroranschlags und der damit verbundenen Opferwahl ist rational auch nur schwierig nachzuvollziehen. In der Regel bedeutet dies, dass Terroropfer einfach zur falschen Zeit am falschen Ort waren. Ein Amok laufender Terrorist nimmt, was er bekommen kann. Ebenso steht die Frage nach dem Warum im Raum: Warum greift jemand zur Waffe und erschießt wahllos unschuldige Passanten und Menschen, die ihrem Beruf nachgehen? Hass und Verzweiflung sind als singuläre Motive für eine Ursachenforschung allein nicht ausreichend. Das Ressortieren in die Gewalt, um politische Ziele zu erreichen, wird nach einem konventionellen Moralverständnis zu Recht rundweg abgelehnt.

Die Moral würde es auch gebieten, die überlebenden Opfer und die Angehörigen der Todesopfer großzügig zu entschädigen. Wenngleich diese Art der materiellen Entgeltung für erlittenen physischen oder immateriellen Schaden nur ein symbolischer Akt sein kann, haben internationale Beispiele gezeigt, dass Opfer und Angehörige in solchen Krisensituationen zuallererst ehrliches Mitgefühl, insbesondere eine aufrichtige Entschuldigung vom Staat und von dessen Repräsentanten erwarten. Zugleich jedoch ebenso ein Verantwortungsbewusstsein in finanzieller Hinsicht, um unmittelbare lebensweltliche Härten wie resultierende Kosten (etwa für die Überstellung des Leichnams und das Begräbnis), aber auch solche der Lebenshaltung, wenn durch den Todesfall etwa die Existenzgrundlage der unmittelbaren Verwandten zerstört oder bedroht ist. Aber natürlich nicht nur das. Die meisten der Opferangehörigen erhielten zwar ein Kondolenzschreiben des Herrn Bundespräsidenten sowie recht zügig eine einmalige Zahlung von 2000 Euro zur Kompensation des „Schockschadens", wie das gemäß Verbrechensopfergesetz vorgesehen ist. Für die Mehrheit war dies jedoch eher ein Tropfen auf den heißen Stein. Andreas Wiesinger, selbst Betroffener und Zeuge, der sich für die Interessen sämtlicher Opfer stark machte und in diversen Interviews die Notwendigkeit einer angemessenen Entschädigung durch die Republik hervorhob, zeigt sich in seinem Buch *Neun Minuten* über diesen minimalen Ausgleich erbost.[200]

Die Angehörigen von Vanessa P. haben beispielsweise eine zusätzliche Schadenersatzzahlung von 7800 Euro erhalten.[201] Allein das Begräbnis habe insgesamt 14 000 Euro gekostet.[202] Da der Rahmen des Verbrechensopfergesetzes limitiert ist, wäre es erforderlich, Entschädigungen generell in zivilrechtlichen Kategorien festzulegen. Das wiederum würde aber nur funktionieren, wenn sich der Staat zu seiner Amtshaftung bekennt, also die indirekte Mitschuld an den tragischen Ereignissen am Allerseelenabend 2020 eingesteht. Derartiges passiert international in den seltensten Fällen und war in dieser Form auch in Österreich nicht zu erwarten, zumal die Verschuldensfrage, quasi die Voraussetzung für eine Amtshaftung, nicht eindeutig zu klären ist. Viele der Betroffenen haben daher in weiterer Folge Rechtsanwälte mandatiert, entsprechende Schadenersatzforderungen vor Gericht einzuklagen. Auch den Weg der Amtshaftungsklage haben einige in Erwägung gezogen oder sogar beschritten. Insgesamt zog sich dieser Prozess über fast zwei Jahre. Doch es gab eine überraschende Wende. Elf Hinterbliebene jener vier Personen, die beim Terroranschlag in Wien am 2. November 2020 getötet wurden, sind inzwischen aus Mitteln des bei der Opferhilfeeinrichtung Weißer Ring eingerichteten Terroropferfonds mit insgesamt 450 000 Euro entschädigt worden.[203] Der Weiße Ring betreute im

Zusammenhang mit dem Terroranschlag vom 2. November 2020 insgesamt 220 Betroffene, wobei sich die Betreuungsleistung vor allem auf Entlastungsgespräche und Beratungen nach dem Verbrechensopfergesetz und zum Terroropferfonds bezog. Als Anspruchsberechtigte wurden letztendlich 68 Männer und Frauen vom Terroropferfonds erfasst und betreut. Der Großteil dieser Personen dürfte inzwischen Entschädigungszahlungen erhalten haben. Insgesamt wurden im Rahmen des Terroropferfonds 1,6 Millionen Euro an finanzieller Hilfeleistung zugesprochen. Nichtsdestotrotz bleibt dies ein schwacher Trost für die Hinterbliebenen und Angehörigen.

In Ausnahmesituationen gibt es immer wieder Menschen, die über sich hinauswachsen. Personen, die sich unter Einsatz ihres eigenen Lebens in Gefahr begeben, um andere zu retten. Über die zahlreichen uniformierten Helden der Einsatzorganisationen und zivilen Institutionen habe ich bereits eingehend berichtet. Der Abend der Terrorattacke brachte jedoch auch weitere stille Helden hervor. Sie bewegten einen angeschossenen und schwer verletzten Polizisten aus der Gefahrenzone, unterstützten die Einsatzkräfte oder brachten andere Lokalgäste in Sicherheit. Stets unter der permanenten Gefährdung, selbst vom Kugelhagel getroffen zu werden. Ihre Namen sollen hier eine lobende Erwähnung finden: Raphael Franz Rudolf Paulhart, Zeljko Svoboda, Behrouz Tehrani, Joda Abu El Hosna Osama, Mikail Özen und Tayyip Gültekin. Allesamt Männer wie du und ich, die im entscheidenden Moment couragiert und entschlossen handelten. Einige davon, wie sich aus den Namen bereits erschließen lässt, vielleicht mit Migrationshintergrund. Eventuell sind sie auch Muslime. Ein positiver Kontrapunkt zum Attentäter und dessen ursprünglicher Herkunft. Zivilcourage und Empathie in bedrohlichen Ausnahmesituationen kennen keine Nationalitäten. Sie sind ein Kometenschweif der Menschlichkeit in einer Zeit, die zunehmend von Gleichgültigkeit geprägt ist. Jeder Mensch, der sein eigenes Leben riskiert, um einen anderen zu retten, ist ein Held. Dies trifft auf die Mutigen des 2. November uneingeschränkt zu. Ihnen gebühren unser voller Respekt und eine dankende Anerkennung. Terroranschläge bringen immer wieder Konstellationen mit sich, in denen Einzelne über sich hinauswachsen und ihre eigenen Interessen hintanstellen. Vor allem die eigene Sicherheit.

Diese Heldentaten sind das Gegenteil der feigen, hinterlistigen Attacken gegen Unschuldige. Vergessen wir das niemals!

ERMITT LUNGEN

UND AUFKLÄRUNG

REKONSTRUKTION UND AUFKLÄRUNG

Der Terroranschlag vom 2. November 2020 und die folgenden chaotischen Nachtstunden trafen nicht nur Wien und seine Einwohner, sondern auch die Verfassungsschutzbehörden allem Anschein nach völlig unvorbereitet. Die ohnehin bereits beschädigten Strukturen des Sicherheitsapparates wurden durch die unvorhergesehene Großlage auf die Probe gestellt. Der langgediente BVT-Direktor Peter Gridling war im September nach langen dienstrechtlichen Querelen in den Ruhestand gegangen.[204] Gridling hat übrigens fast gleichzeitig mit dem Erscheinen dieser Darstellung seine Erinnerungen an die bewegte Dienstzeit als BVT-Chef in einer Art Enthüllungsbuch mit dem vielsagenden Titel *Überraschungsangriff. Die Ausschaltung des Bundesamtes für Verfassungsschutz und Terrorismusbekämpfung* verdichtet.[205] Es kann als seine persönliche Abrechnung mit dem damaligen Ressortleiter Kickl und der Wirtschafts- und Korruptionsstaatsanwaltschaft (WKStA) verstanden werden. Zudem als eine Mahnung vor „politischem Missbrauch von Strafverfahren in einem Rechtsstaat" und vor einer „unreflektierten Vollziehung in einer unabhängigen Justiz".[206]

Doch zurück zum BVT und dessen Problemen beziehungsweise Unzulänglichkeiten. Seit dem Frühjahr 2020 wurde das Bundesamt lediglich interimistisch geführt, sodass man davon ausgehen muss, dass gewisse interne Abläufe in anderer Form als vorher üblich stattgefunden haben könnten. Das muss nicht notwendigerweise nachteilig sein, ist aber eine Diskontinuität, die Fehler nach sich ziehen kann. Jedoch ist das Gros der negativen Einwirkungen und Defizite bereits in der Zeit vor dem Jahr 2020 zu suchen. Denn beginnend mit der fragwürdigen Hausdurchsuchung durch die Einsatzgruppe zur Bekämpfung der Straßenkriminalität (EGS), den zahlreichen internen Turbulenzen, dem Untersuchungsausschuss und dem internationalen Reputationsverlust galt die Institution am Rennweg als Sanierungsfall.[207] Das örtlich zuständige Landesamt für Verfassungsschutz und Terrorismusbekämpfung (LVT) Wien bestand dem Vernehmen nach aufgrund von Personalmangel, Homeoffice-Regelungen und Corona-Krankenständen nur mehr aus einer Rumpfmannschaft, die in der Anschlagsnacht überdies (zumindest für einige Zeit) ohne operative Leitung dastand. Es lief in Anbetracht der Versäumnisse vor dem Anschlag beim Verfassungsschutz fast ein wenig wie in Murphys Gesetz vorausgesagt: Wenn etwas schiefgeht, dann gleich alles.

Zumindest aber die unzähligen Einsatzeinheiten konnten während des Anschlags und im Nachgang bei der Aufarbeitung hervorragende Leistungen abrufen. Unmittelbar nach der Ausschaltung des Täters mittels eines Schusses in den linken Lungenflügel durch einen Beamten der WEGA um 20:09 Uhr übernahmen Teams vom Entschärfungsdienst (ESD) des Einsatzkommandos Cobra (EK Cobra), Tatortspezialisten des Bundeskriminalamtes (BK) sowie alle verfügbaren Tatortgruppen aus dem Raum Wien den ersten Spurensicherungseinsatz.[208] Aufgrund des Verdachts, dass Sprengstoff an der Leiche des Attentäters (Sprengstoffgürtelattrappe) und der mitgeführten Tasche angebracht sein könnten, dauerten die Sicherungsaktionen am Morzinplatz etwa bis 04:00 Uhr früh. Parallel zu diesen ersten Rekonstruktionsmaßnahmen und den üblichen Abläufen der Tatortkriminalistik versuchten sämtliche verfügbaren Einsatzkräfte das Chaos in der Stadt zu bewältigen. Die Fahndung nach möglichen weiteren Tatverdächtigen lief auf Hochtouren.

Entsprechend der üblichen Vorgehensweise leiteten Vertreter des Landeskriminalamts Wien, LVT Wien und BVT gemeinsam mit der Staatsanwaltschaft Wien die ersten Ermittlungen ein. Da bereits gegen Mitternacht die Identität des Attentäters zweifelsfrei bestätigt werden konnte, erfolgte ein sofortiger Zugriff auf seine Wohnung zur Beweissicherung. Die Durchsuchung der Wohnung sowie 14 vorläufige Verhaftungen von möglichen Tatbeteiligten oder Mithelfern wurden noch während der Nachtstunden im Eiltempo vollzogen.

Der erfahrene Grazer Kriminalpolizist Oberstleutnant Michael Lohnegger wurde nach Wien abkommandiert, um kurzfristig die Ermittlungen rund um den Terroranschlag zu übernehmen.[209] Der Umstand, dass der spätere Attentäter Kujtim F. und sein österreichisches DACH-Kontaktnetzwerk de facto bereits seit zwei Jahren im Visier der Verfassungsschutzbehörden gestanden hatten, trug dazu bei, dass die ersten polizeilichen Ermittlungsmaßnahmen relativ zügig und gezielt durchgeführt werden konnten. Dem Verfassungsschutz waren aufgrund von Vorerhebungen bereits sämtliche Namen und Adressen der möglichen Mitwisser oder Beitragstäter der Terrorzelle bekannt. Innerhalb von 48 Stunden nach der Tat sichteten allein 100 Beamte 24 000 Uploads von Bildern und Videos, um die unmittelbare Einzeltäterschaft des Angreifers zu bestätigen.[210] Insgesamt erstreckten sich die intensiven Ermittlungen zur Aufklärung der Hintergründe des Wiener Terroranschlags über nahezu ein Jahr. Hierfür wurden, wie in derartigen Konstellationen üblich, aus ganz Österreich Beamte und Spezialisten aus sämtlichen relevanten Dienststellen zusammengezogen. Der Aufwand an Personalressourcen war gigantisch.

Bereits im Oktober 2021 präsentierte die Ermittlungsgruppe „2. November" eine vorläufige Zwischenbilanz, unterstützt von Zahlen, Daten und Fakten, die Aufschluss über die enorme Dimension der Ermittlungen geben: insgesamt 40 internationale Rechtshilfeersuchen, über 1000 konkrete Hinweise aus der Bevölkerung, 32 Festnahmen, 46 Hausdurchsuchungen, 150 Telefonüberwachungen, 25 optische beziehungsweise akustische Überwachungen, 340 Zeugenbefragungen, 67 Rufdatenrückerfassungen, 400 ausgewertete Videokameras sowie 90 Kontenöffnungen.[211] Neben Hunderten Patronenhülsen konnten über 600 DNA-relevante Spuren gesichert und forensisch im Fachlabor der Medizinischen Universität Wien ausgewertet werden.

Im Fokus der Ermittlungen stand ebenso eine möglichst lückenlose, minutiöse Rekonstruktion der Bewegung des Attentäters zum Tatort unmittelbar vor dem Anschlag. Hierzu wurden sämtliche verfügbare Informationen aus Videoüberwachungen, sozialen Medien, Funkzellen, Rufdaten, Augenzeugenberichten,

Vernehmungsprotokollen wie auch durch den Einsatz von Sachverständigengutachten mittels Weg-Zeit-Diagramm zu einem Bewegungsprofil verdichtet. Einige Passagen seines Weges waren nicht ausreichend durch Bildüberwachungsmaterial dokumentiert, weshalb konventionell eine Spurennachverfolgung durch Spürhunde bewerkstelligt werden musste.

Den umfangreichen kriminalistischen Recherchen zufolge verließ Kujtim F. am Montag, den 2. November 2020 gegen 17:00 Uhr seine Wohnung in der Wagramer Straße 99 im 22. Wiener Gemeindebezirk und trat unversehens den Fußmarsch Richtung Innere Stadt an. Trotz der ungewöhnlich milden Abendtemperaturen für Anfang November von über 20 Grad trug Kujtim F. eine schwarze Wollmütze, eine dunkle Daunenjacke über einem weißen T-Shirt und dunkle Hosen. In seiner Sporttasche befanden sich die beiden Schusswaffen samt einem bei islamistischen Selbstmordattentätern üblichen weißen Tarnüberzug. Recht zügig in möglichst direkter Verbindung, fast entlang der Luftlinie, muss er dann die rund sieben Kilometer lange Wegstrecke in Richtung Stadtzentrum marschiert sein. Um 18:06/18:07 Uhr wurde Kujtim F. das erste Mal von Videoüberwachungsanlagen in der Heinestraße im 2. Bezirk erfasst. Gegen 18:25 Uhr war er auf Bildaufzeichnungen am Schwedenplatz zu sehen. Nach anderen Informationen erst um 19:30 Uhr. Diese Diskrepanz ist anhand der öffentlich zugänglichen Quellen nicht aufzulösen und regt nach wie vor zu zahlreichen Spekulationen an. Hatte Kujtim F. noch jemanden getroffen? Gab es doch eine Unterstützung vor Ort? Gemäß der offiziellen Version der Behörden war dies nicht der Fall. Gesichert ist indes, dass er um 19:17 Uhr auf Instagram eine Huldigung an den „Islamischen Staat" postete, kurze Zeit später, um 19:20 Uhr, jenes weithin bekannte Bild, das ihn martialisch mit Schusswaffen und Machete zeigt. Unmittelbar darauf stellte er sein Mobiltelefon auf Werkseinstellungen zurück und warf es kurzerhand in einen Mülleimer in der Nähe. Die Überwachungskamera des an jenem Tag geschlossenen französischen Restaurants *Le Salzgries* in der Marc-Aurel-Straße filmte um 19:36 Uhr verdächtige Bewegungen vor dem Lokal. Kujtim F. drehte offenbar nervös und verunsichert zwei Runden um den Block und dürfte mehrmals am Restaurant vorbeigegangen zu sein. Am nahe gelegenen Desider-Friedmann-Platz machte sich der Attentäter schließlich bereit. Um 19:59 Uhr gab er die ersten Schüsse in Richtung Jerusalem-Stiege ab. Der Attentäter bewegte sich im Laufschritt durch die engen, verwinkelten historischen Gassen und schoss wahllos auf nichts ahnende Nachtschwärmer, auf Fassaden, Gastgärten, Lokaltüren, Mauern und Fahrzeuge. Bereits drei Minuten später trafen erste Bezirkskräfte der Exekutive ein, die den Angriff abwehren wollten. Ein Polizist wurde beim Versuch, den Amok laufenden Terroristen im Bereich Schwedenplatz zu binden oder zu stoppen, am Bein angeschossen und schwer verletzt. Die sehr schnell eintreffende WEGA-Streife drängte den um sich feuernden Schützen in Richtung Morzinplatz. Laut Bericht exakt um 20:08:48 Uhr wurde Kujtim F. aus einer Distanz von etwa 50 Metern tödlich getroffen.[212]

In besagten neun Minuten gelang es dem Attentäter, immerhin etwa 80 (Einzel-)Schüsse abzugeben und immer wieder manuell nachzuladen. Weitere 194 Patronen fanden sich offenbar in seiner mitgebrachten Tasche.[213] Laut Ermittlungsbericht wirkte der Schütze geschult und vertraut im Umgang mit den Waffen. Woher beziehungsweise wie Kujtim F. diese Fähigkeiten in der Waffenhandhabung erlangte, blieb bis dato ungeklärt. Sein geübtes Nachladen scheint die These von der fachkundigen Waffenbenutzung zu untermauern, seine unterdurchschnittliche Trefferquote im Gebrauch der Waffe hingegen lässt Zweifel daran aufkommen. Zumindest an seinem Schießverhalten und der Treffsicherheit. Dem ist entgegenzuhalten, dass mit einer AK-47 (einem Imitat) im Laufschritt auf bewegliche Ziele kaum präzise geschossen werden kann beziehungsweise es einer entsprechenden Fertigkeit bedarf, dies zu bewerkstelligen. Nach Abschluss der Ermittlungen wurde Michael Lohnegger zum Vizedirektor für Staatsschutz in der neuen Direktion Staatsschutz und Nachrichtendienst befördert.[214] Ex-BVT-Chef Peter Gridling wies eine Verantwortlichkeit des BVT für den Anschlag kategorisch zurück.[215]

TERRORPROZESSE

Fast zwei Jahre nach dem Terroranschlag in der Wiener Innenstadt erhob die Staatsanwaltschaft Wien mehrere Anklagen
gegen mutmaßliche Unterstützer des getöteten IS-Terroristen
Kujtim F. Ermittlungen gegen weitere Verdächtige in Deutschland und der Schweiz verliefen indes im Sande. Die Strafprozes-
se waren mit großer öffentlicher Spannung erwartet und unter
Hochsicherheitsmaßnahmen durchgeführt worden. Je nach dem
von der Staatsanwaltschaft angenommenen Grad der Beteiligung der Angeklagten wurde der gesamte Verfahrenskomplex
in ein Haupt- und mehrere Nebenverfahren aufgeteilt. Wer sich
durch die gerichtliche Aufarbeitung neue Erkenntnisse oder er-
hellende Hintergrundberichte über den Anschlag erhoffte, wurde weitgehend enttäuscht. Sämtliche Angeklagten bestritten die
Vorwürfe und bekannten sich nicht schuldig. Zahlreiche Zeugenaussagen aus dem befreundeten Umfeld wirkten abgesprochen,
weil ihr Wortlaut nahezu ident war. Anstatt spektakulärer Ergeb-
nisse offenbarten die Ausführungen seitens Staatsanwaltschaft,
Verfassungsschutz und Gutachtern jedoch seltene Einblicke in
die radikal-islamistische Szene in Österreich. Diese organisiert
sich weitgehend verborgen zwischen prekären migrantischen Le-
benswelten urbaner Peripherien, in Hinterhofmoscheen, Sozial-
wohnungen und abgeschotteten Social-Media-Welten. Zugleich
wurde ein gefährliches Muster in den vor Gericht vorgebrachten
Stellungnahmen deutlich, das durch junge männliche Migranten
aus unterschiedlichen Herkunftsländern, die aufgrund von Iden-
titäts-, Lebens- oder Glaubenskrisen in extremistische Zirkel ab-
rutschen und vermeintliche Orientierung in islamistischen Lehren und Ideologien suchen, hervorsticht. In Österreich sind nicht
zuletzt aufgrund der geografischen Nähe zum Balkan und einer
zahlenmäßig großen Community aus der Region auch salafistische und takfiristische (Takfirismus ist eine spezielle salafistisch-
islamistische Ideologie) Strömungen verbreitet, die von radikalen
Predigern mit ebensolchem Ursprung propagiert werden. Auffällig erscheint nicht nur das vielfältige ethnische Bild der einschlägigen Szenemitglieder (darunter beispielsweise etwa kein einziger

arabischstämmiger Angeklagter), sondern auch deren heterogener Bildungsstatus, der vom Schulabbrecher, HTL-Absolventen für Informatik, Physikstudenten bis zum Absolventen der Molekularen Biotechnologie reicht. Paradoxerweise zeigte sich anhand der Aussagen, dass viele im Milieu weder ausreichende Arabischnoch fortgeschrittene Korankenntnisse aufwiesen. Als Jugendliche teilten einige der Angeklagten eine Leidenschaft für Fußball und spielten in muslimisch dominierten Vereinen in Zuwandervierteln von Randbezirken und Kleinstädten. Rein äußerlich war zwei Jahre nach der Tat im Vergleich mit den martialisch wirkenden Fahndungsbildern von den einstigen Islamisten-Outfits und szenetypischen Bärten nichts mehr zu bemerken. Zwei Jahre Einzelhaft schienen bei manchen zumindest die äußeren Zeichen der Radikalisierung besiegt zu haben. Alle Angeklagten präsentierten sich vor dem Gericht unauffällig gekleidet. Sie wirkten zurückhaltend und wollten offenbar unschuldig aussehen. Insgesamt wurde Kujtim F. als zurückgezogener, ruhiger und introvertierter Einzelgänger beschrieben, mit dem die Angeklagten angeblich kaum Kontakt hatten. Wie so häufig in derartigen Konstellationen waren die Angeklagten den Verfassungsschutzbehörden bereits im Vorfeld des Anschlags seit Längerem bekannt. Eine wesentliche Erkenntnis des Beweisverfahrens war, dass Kujtim F. nach seiner bedingten Entlassung (Dezember 2019) zwischen März und April 2020 ein Sturmgewehr (Modell Zastava M70) über Ishaq F. und Adam M. erwerben wollte, das im Juni 2020 in Wien schließlich durch Marsel O. übergeben worden war. Der Prozessverlauf entsprach im Wesentlichen einer Chronologie von der Haftentlassung bis zur Tatausführung. Einige Aspekte und Details, wie beispielsweise die unterschiedlichen Beziehungen der Angeklagten zum späteren Attentäter erschienen sodann in einem anderen Licht. Die relevanten Ermittlungsergebnisse und Beweise fanden weitestgehend Bestätigung in den Aussagen der Angeklagten. Die Eckpunkte der Anklage manifestierten sich im zeitlichen Ablauf bis zum Terroranschlag und der Rolle der jeweiligen Personen im Kontext der Tatvorbereitung. Nach dem Terroranschlag wurden insgesamt 567 gesicherte DNA-Spuren untersucht. Die Gutachterin beleuchtete die zentralen Beweismittel des Anschlags, unter anderem Umhängetasche, Klebebänder, Wollhaube, Munition, Pistole Tokarev, Sturmgewehr Zastava M70, Magazin, Hülsen, Machete sowie die Bombenattrappe, die an der Leiche von Kujtim F. am Morzinplatz sichergestellt worden war. In den Ausführungen wurde deutlich, dass sich an nahezu allen Beweisstücken DNA-Spuren von Hedayatollah Z. fanden, sogar am IS-Siegelring. Nach mehr als zwölf Stunden Beratung fielen am 1. Februar 2023 die Urteile der Geschworenen.[216]

Die folgenden Urteile sind aufgrund eingelegter Rechtsmittel bislang (zum Zeitpunkt der Redaktion) nicht rechtskräftig:

→ Arijanit F. (23 J.): Der Kosovare fuhr den Jihadisten K. F. in die Slowakei. Dort versuchte der spätere Attentäter vergeblich, an Munition für ein Sturmgewehr zu gelangen. Als Beitragstäter sahen die Geschworenen F. aber nicht. Sie sprachen ihn von der angeklagten Mordbeihilfe frei. Übrig blieben bei ihm Terrorpropaganda und die terroristische Vereinigung. Das Gericht sprach gegen ihn eine Freiheitsstrafe von 24 Monaten aus, davon 16 Monate bedingt.

→ Ismail B. (22 J.) und Burak K. (24 J.): Die beiden besuchten ihren engen Freund, den späteren Attentäter Kujtim F., noch am Tag des Anschlags und sollen ihn in Bezug auf die Tatbegehung auf Motivebene bestärkt haben. Burak K. soll zudem versucht haben, für den späteren Attentäter gefälschte Identitätsdokumente für eine erneute Ausreise zu besorgen. Ismail B. wurde von der mutmaßlichen Beitragstäterschaft freigesprochen, allerdings nicht von der Terrorpropaganda, was einer Freiheitsstrafe von 24 Monaten, davon 16 Monate bedingt, entspricht. Burak K. wurde hingegen wegen Mordes zu einer nicht rechtskräftigen 20-jährigen Freiheitsstrafe verurteilt.

→ Hedayatollah Z. (28 J.): Der afghanischstämmige Mann gilt als enger Komplize des Attentäters. Hedayatollah Z. wohnte nicht nur unmittelbar vor dem Anschlag für einige Wochen in der Wohnung des Attentäters. Z.s DNA wurde außerdem auf sämtlichen Tatwaffen sichergestellt, was vom Gericht als schwerwiegender Indizienbeweis gewertet wurde. Er wurde wegen Beihilfe zum Mord zu einer nicht rechtskräftigen lebenslangen Freiheitsstrafe verurteilt.

→ Adam M. (32 J.): Der Tschetschene gestand, dem späteren Terroristen Waffen samt Munition vermittelt und übergeben zu haben. Handysignaldaten legen zudem die Vermutung nahe, dass sich M. am Tag vor dem Anschlag in der Wohnung des Attentäters befunden haben könnte. M. wurde wegen Mordes nicht rechtskräftig schuldig gesprochen – allerdings ohne die Terrorismusstrafrechtskomponente nach § 278 StGB. Ihm konnte keine Verbindung zum IS nachgewiesen werden. Eine noch nicht rechtskräftige lebenslange Freiheitsstrafe bekam er trotzdem.

→ Ishaq F. (23 J.): Der Kindheitsfreund des Attentäters gestand, aus der Zelle heraus für Kujtim F. den Kontakt zum Waffendealer Adam M. eingefädelt zu haben. Gleichzeitig erzählte er davon, dass Kujtim F. bereits im Gefängnis über einen Terroranschlag fantasiert habe. Der Angeklagte wurde zuvor bereits zweimal wegen Terrordelikten nach § 278 StGB verurteilt. Ishaq F. wurde von den Geschworenen als Beitragstäter zu einer 19-jährigen Freiheitsstrafe nach dem Jugendstrafrecht schuldig gesprochen.

→ Am 30. Mai 2023 wurde der 32-jährige slowenische Staatsbürger Marsel O. in Wien zu neun Monaten bedingter Haft verurteilt. Er soll laut Anklage einem Mittelsmann des Wiener Attentäters eine Pistole geliefert haben. Das Urteil ist nicht rechtskräftig. Schuldig erkannt wurde der Mann nach knapp 40-minütiger Verhandlung wegen insgesamt drei Verstößen nach dem Waffengesetz – dem unrechtmäßigen Besitz und der Weitergabe der Faustfeuerwaffe sowie der Munition. Die Zastava M70 war allerdings nicht mehr Prozessgegenstand – aufgrund eines „inakzeptablen Fehlers" der Staatsanwaltschaft Wien (Justizministerin Alma Zadić).[217] Das Verdikt der zuständigen Ministerin ist sicherlich noch zu milde, man kann getrost von einem echten Skandal sprechen. Die Anklagebehörde hatte nämlich 2021 irrtümlich vorzeitig ein Verfahren eingestellt, in das der Slowene einbezogen war. Er kann daher nicht mehr für die bereits im Juni 2020 erfolgte Zustellung

der Zastava – ein möglicher Verstoß gegen das Kriegsmaterialgesetz – zur Verantwortung gezogen werden. Ihm wird,
bezogen auf die Faustfeuerwaffe, nur mehr ein Vergehen
nach dem Waffengesetz angekreidet, was eine Reduktion des
Strafrahmens bewirkte.[218]

→   Bereits am Dienstag, den 11. Oktober 2022 wurde der Kon-
    taktmann und die Führungsfigur der St. Pöltner Szene, Arg-
    jend G., vor dem Schöffengericht Wien wegen terroristischer
    Vereinigung und krimineller Organisation schuldig gespro-
    chen und zu 19 Monaten Haft verurteilt. Aufgrund der An-
    rechnung der zweijährigen U-Haft erfolgte die unmittelbare
    Enthaftung. Ihm droht die Abschiebung. Eine unmittelbare
    Tatbeteiligung beziehungsweise materielle Unterstützung
    beim Anschlag konnte nicht nachgewiesen werden. Dennoch
    gilt er als das ideologische „Mastermind" hinter Kujtim F., als
    jene Person, die den stärksten inspirativen Einfluss auf den
    späteren Attentäter ausgeübt haben dürfte.

Die unterschiedlichen Stellungnahmen der Angeklagten im Strafprozess legen nahe, dass sie, jeder für sich, „in etwas hineinge-
schlittert" waren. Allesamt junge Männer, die sich bis zu einem gewissen Grad der Konsequenzen ihrer Handlungen wahrscheinlich
nicht ganz bewusst waren. Trotz des umfassenden Bekenntnisses
aller Angeklagten, der jihadistischen Ideologie abgeschworen zu
haben oder der Beteuerung, nie damit sympathisiert zu haben,
ist davon auszugehen, dass die extremistische Weltsicht auf der
Motivationsebene bei den meisten (vielleicht abgesehen von den
Waffenlieferanten) von ihnen eine große Rolle gespielt hat.

Arijanit F. beispielsweise schob seine Verwicklung auf
sein soziales Umfeld, vor allem darauf, dass er „früher mit allen
auf ‚Bruder und Bruder' gemacht und dabei auch viele ‚Arschlö-
cher' kennengelernt habe".[219] Überhaupt sei sein Fahrzeug, mit
dem er Kujtim F. in die Slowakei chauffierte, sein „ganzer Stolz"
gewesen, „ein Traum", den er sich mit Jobs neben der Lehre habe
erfüllen können und mit dem er überall, wohin man ihn gerufen
habe, hingefahren sei.[220] Eher „zufällig" will er den späteren Terroristen nach Bratislava gefahren haben, den er gar nicht so gut

gekannt haben will. Mit dem IS habe er niemals etwas am Hut gehabt. Das ist jedoch sehr unwahrscheinlich, bedenkt man die enge Verbindung zu Kujtim F.

Hedayatollah Z. pochte gleichermaßen auf seine Unschuld: „Aber es gibt auch Dinge im Leben, auf die man keinen Einfluss hat, man kann mit 120 Stundenkilometer ins Schleudern geraten und gegen einen Baum knallen, das passiert, aber auch, dass man überlebt."[221] Insbesondere Z. sah sich als Opfer der Geschehnisse, als jemanden, der im Laufe der Ermittlungen gegen den Baum geknallt sei. Den Terroranschlag erwähnte Z. in seiner Schlussbemerkung hingegen mit keiner einzigen Silbe. Worüber ein Mensch nicht spricht, sagt allenfalls genauso viel über ihn und seine Geisteshaltung aus.

Insgesamt erweckten sämtliche Angeklagte während des Strafprozesses den Anschein einfach gestrickter Jugendlicher. Weder besonders eloquent noch charismatisch oder furchterregend. Einige Prozessbeobachter waren ob ihres Auftritts offenbar enttäuscht. Sie hatten sich typische Bösewichte mit hoher krimineller Energie erwartet. Was sie vorfanden, waren (nach außen hin) reumütige Männer Anfang zwanzig, die es im Leben nicht weit gebracht hatten und ihr Versagen konsequent auf andere Personen oder äußere Umstände schoben. Das Abdriften in den Extremismus erklärten sie ebenfalls mit ungünstigen Umständen, Zufällen oder persönlichen Verstrickungen. Oder sie leugneten ihre islamistische Affinität komplett.

Zahlreiche Fragen über den Anschlag selbst blieben auch in und nach den Verfahren weitgehend unbeantwortet, sodass man darüber weiterhin nur spekulieren kann:

→ Was war das ursprüngliche Anschlagsziel in Wien? Dem Anschein nach aufgrund des Charlie Hebdo-Kontexts französische Einrichtungen (Restaurant *Le Salzgries*) und Gotteshäuser (israelitischer Stadttempel, Ruprechtskirche).

→ Radikalisierte sich der Täter allein oder durch sein altes Islamistennetzwerk? Es spricht viel für beides. Teilweise erfolgte die Radikalisierung allein im Internet, aber im Fall von Kujtim F. spielen die jihadistischen Szenekontakte und Netzwerke sicherlich eine größere Rolle für seine Radikalisierung, gerade auch während seiner Zeit im Strafvollzug.

→ Waren mehrere Täter für einen Anschlag vorgesehen oder handelte es sich von Anfang an um eine Ein-Mann-Mission? Aus heutiger Sicht erscheint die Variante „Einzeltäter plus" als die wahrscheinlichste. Dass irgendwann vielleicht auch ein Mehrtäter-Szenario geplant gewesen sein könnte, ist nicht auszuschließen, aber höchstwahrscheinlich nicht mehr zu rekonstruieren.

→ Warum wollte der Täter exakt am Montag, den 2. November zuschlagen? In dieser Frage erweist sich meiner Ansicht nach folgende Dreierthese als plausibel:

    1.   die polizeiliche Warn-SMS wegen Kellereinbruchs,
    2.   der unmittelbar bevorstehende Lockdown,
    3.   die Warnung vor einer im Raum stehenden Razzia gegen Islamisten.

→ Steht die Tat in Zusammenhang mit den islamistischen Anschlägen vom Herbst 2020 und dem Prozessauftakt im Fall Charlie Hebdo?[222] Zumindest indirekt. Die Dynamik des jihadistischen Herbststurms war mit Sicherheit ausschlaggebend.

→ Plante der Attentäter ein Massaker in einem französischen Restaurant als Vergeltung? Wahrscheinlich – siehe oben.

→ Oder stellte der Terrorakt eine Art Rache für seine Verurteilung und Gefängnisstrafe wegen seines gescheiterten Ausreiseversuchs zum IS nach Syrien dar? Auch das ist anzunehmen.

→ Plante der Täter seine anschließende Flucht aus Österreich oder kalkulierte er seinen Tod aufgrund seiner Sprengstoffwestenattrappe aus Cola-Dosen und Klebeband bereits ein? Nach meinem Dafürhalten spricht einiges für die Planungsvariante *Suicide by Cop*. Das bedeutet, er muss davon ausgegangen sein, dass er im Kugelhagel der Polizeikräfte sterben würde. Was die Fluchtthese allerdings stärkt, ist der Umstand, dass Kujtim F. seine Wohnung vorsorglich in Erwartung eines Feuergefechts mit der Polizei verbarrikadiert hat.

→ Welche Kontakte knüpfte Kujtim F. zum „Islamischen Staat", auf dessen damaligen Führer er die Treue schwor und danach über IS-Kanäle dessen Bekennervideo im Internet veröffentlichte? Hierzu ist zum gegenwärtigen Zeitpunkt noch einiges unklar. Vieles spricht dafür, dass seine Kontakte nach Deutschland und in die Schweiz oder die „Löwen vom Balkan" zugleich seine Brücke zur Organisation des IS gewesen sein könnten. Doch die materielle Beweislage hierzu ist meines Erachtens nach wie vor noch viel zu dürftig.

➜ Die wichtigste Frage von allen bleibt jedoch: Hätte man den Terroranschlag verhindern können? Ansatzpunkte zur Beantwortung dieser Frage finden sich im folgenden Abschnitt, der sich unter anderem mit behördlichen Verfehlungen im Vorfeld des Terroranschlags befasst.

ERKENNT NISSE

UND KONSEQUENZEN

VERSAGEN DER PRÄVENTION?

Prävention heißt Vorbeugung. Wie und durch welche Maßnahmen kann man extremistisch motivierter Gewalt vorbeugen? Antworten hierauf aus den unterschiedlichsten Perspektiven mit verschiedensten Zugängen füllen unzählige Bücher.

Zuerst ist jedoch zu klären, was mit Extremismus überhaupt gemeint ist. Für den Extremismusforscher J. M. Berger ist Extremismus von der Überzeugung getragen, dass „Erfolg" und „Überleben" der eigenen Bezugsgruppe nur in Abgrenzung und Bekämpfung von einer Außengruppe bestehen können.[223] Man klassifiziert sich durch den Feind, den man auf Basis der eigenen Ideologie bestimmt. Der Extremismus lehnt jede Form des Pluralismus ab, auch innerhalb der eigenen Linien. So grenzen sich Islamisten vom Mainstream der Moderaten durch ein Bekenntnis zu einem vermeintlichen „wahren Islam" ab, der auf einer Beschränkung und unitaristischen Religionsauslegung beruht.[224]

Im Kern konzentriert sich die „strukturelle" Extremismusprävention auf die „Entstehungs- beziehungsweise Existenzbedingungen", die „zugrunde liegenden Ursachen" und das „begünstigende Umfeld" der ideologisch motivierten Gewalt.[225] Was sind die Motive und Beweggründe, weshalb sich jemand radikalisiert und Gewalt als passende Option zur Durchsetzung ideologischer Ziele erachtet? Wie kann man diesen effizient begegnen? Das sind die Kardinalfragen, die konsequent zu stellen sind. Der weiße Elefant im Raum ist das Individuum selbst. Die Persönlichkeit eines Jugendlichen, der sich schrittweise der tödlichen Abwertungsideologie des Jihadismus verschreibt. Um sämtliche Aspekte zu berücksichtigen, empfiehlt sich eine gleichzeitige Betrachtung auf drei unterschiedlichen Ebenen: auf der (psychologischen) „Mikroebene" der Analyse der Persönlichkeitsstruktur, auf der (soziologischen) „Mesoebene" der sozialen Umwelt eines radikalen Milieus und nicht zuletzt auf der (politischen) „Makroebene" des sicherheitspolitischen Umfelds. Wendet man einen solchen differenzierenden Zugang auf den Fall Kujtim F. an, wird man sehr schnell erkennen, dass gerade die psychische und die soziale Komponente für den Verlauf seiner Radikalisierung entscheidend gewesen sein dürften. Der sicherheitspolitische Kontext seiner Radikalisierung ist demgegenüber einfach zu fassen: der sich abzeichnende Fall des sogenannten IS-Kalifats in Syrien und im Irak und eine Welle von islamistischen Terroranschlägen in Europa seit 2015. Vor diesem historischen Hintergrund ist seine kontinuierliche Hinwendung zum Jihadismus zu betrachten.

Der Wiener Attentäter war, soweit aus den spärlichen Informationen zu seiner Biografie ersichtlich, offenbar im tiefsten Inneren verunsichert und in hohem Maße orientierungslos. Extremisten sind zumeist fragile Identitäten, labile Persönlichkeiten, die von Minderwertigkeitsgefühlen angetrieben sind. Symptomatisch für diesen Typus ist eine permanente „Unsicherheit über eigene Wahrnehmungen, Einstellungen, Wertesysteme, soziale Beziehungen, die eigene Identität und gesellschaftliche Rolle".[226] Oftmals werden junge Männer wie Kujtim F. in ihrem Radikalisierungsprozess am ehesten dem „Borderline-Persönlichkeitsstil" zugerechnet, einer psychischen Verfasstheit, die durch ein radikales Schwarz-Weiß-Denken gekennzeichnet ist.[227] Diese dichotome (zwiespältige) Bestimmung von Gewissheiten in Gut und Böse erleichtert solchen für extremistische Ideen empfänglichen Jugendlichen die Suche nach Sinn, Sicherheit und Geborgenheit in einer zunehmend komplexen Welt. Sehr schnell wird dann ausnahmslos in Freund und Feind kategorisiert. Hieraus entsteht ein zugespitzter Hass gegen eine äußere, feindliche Bezugsgruppe, die „Ungläubigen", die pauschal als Gegner des Islam und einer muslimischen Lebensweise nach der Scharia verunglimpft werden. Der forensische Gerichtspsychiater Reinhard Haller bezeichnet Hass als einen „Trieb zur Grausamkeit".[228]

Die eigene extremistische Bezugsgruppe wird zum Kristallisationspunkt für die eigene Unzulänglichkeit. Junge, unsichere Menschen tauchen in diese Gruppe ein („Immersion") und gehen nach und nach in ihr auf. In weiterer Folge identifizieren sie sich komplett mit der Weltanschauung und den Regeln dieser Gemeinschaft. Oftmals wird diese zu einer Art Ersatzfamilie. Sie geben sich bedingungslos dem Kollektiv hin und lassen ihre ursprüngliche Identität hinter sich. Radikalisierte profitieren von den wahrgenommenen Vorteilen, die sich aus der Gruppenzugehörigkeit ergeben. Oft geht es darum, die permanente Langeweile im eigenen Leben zu überwinden. Die Gemeinschaft stillt den Durst nach Abenteuer und bietet radikale weltanschauliche Utopien. Zudem liefert sie Erzählungen des Andersseins. Hinzu kommt das Gefühl, innerhalb der Gruppe frei und unabhängig zu sein, und das Angebot vermeintlicher, meist simpler Antworten auf die ewige Sinnfrage. Das Gesamtpaket wird von für diese Ansprache empfänglichen Jugendlichen als hochgradig attraktiv empfunden.[229] Soziale und verwandtschaftliche Beziehungen sind fast immer entscheidend. Entweder drängen andere Menschen anfällige Heranwachsende in ein Milieu hinein oder stoßen sie von sich ab. Auch Kujtim F. war ohne Zweifel ein entwurzelter Sinnsuchender, der Halt in einer Bezugsgruppe finden wollte. Er fühlte sich sozial marginalisiert und an den Rand gedrängt. Zuerst im Kreis seiner Familie, wo das Zusammenleben von Konflikten und Friktionen geprägt war. Im schulischen Umfeld bezog er sich auf Mobbingerfahrungen wegen seiner religiösen Überzeugungen. Kujtim F. suchte seine Wurzeln. Der spätere Jihadist pendelte zwischen seinen multiplen Identitäten – einerseits Nordmazedonier, andererseits Österreicher, er identifizierte sich als junger Muslim, zugleich war er ein „normaler" mitteleuropäischer Teenager, der in Wien sozialisiert war und in einem Verein Fußball spielte.

Das Geheimnis einer erfolgreichen Prävention liegt in der Erfassung des individuellen Radikalisierungsverlaufs. Wann hat die Radikalisierung Kujtim F.s begonnen? Was hat diese ausgelöst oder beschleunigt? Eindeutige Antworten hierauf wird es wahrscheinlich nicht geben.

Man kann davon ausgehen, dass seine individuelle Radikalisierung zwischen 2015 und 2017 begonnen hat. Aufgrund seiner familiären und schulischen Krise könnte er sich, beflügelt durch seinen Jugendfreund Ismail B. und andere „Verstärker" im nahen persönlichen Umfeld, schrittweise einer radikal-salafistischen Islamauslegung zugewandt haben. Belegt sind weiters regelmäßige Besuche in einschlägigen, radikalen Moscheen, ein steigendes Interesse an islamistischem Gedankengut und Schriften. Auch im Internet konsumiert der Heranwachsende IS-Propaganda und beginnt sich in Foren und Chatrooms mit Gleichgesinnten auszutauschen. Er ist der islamistischen „Theologie der Gewalt" (Rüdiger Lohlker) nunmehr vollends verfallen.[230] Bereits im Juli 2018 soll Kujtim F. den IS offen verherrlicht haben und über seinen Telegram-Account ein etwa vierminütiges IS-Propagandavideo mit Gewehrsalven und Sprechgesängen verschickt haben.[231] An dieser Stelle, just in diesem Augenblick hätte man bereits intervenieren können, um eine weitere Radikalisierung zu verhindern. Im Teenager wurde der Wunsch größer, für den IS in Syrien zu kämpfen. Bei vielen der entwurzelten europäischen Auslandskämpfer war der Jihad eine Art Einlösung eines Männlichkeitsversprechens. Auch zur geplanten *hijra* (Ausreise) erfolgte eine tiefgehende Kommunikation. Das Unternehmen Jihad-Reise misslang komplett. Kujtim F. war zu einer 22-monatigen Haftstrafe verurteilt und vorzeitig entlassen worden. Während der Haft hatte er mit bescheidenem Erfolg an einem Deradikalisierungsprogramm teilgenommen.[232] Grund für das Misslingen seiner Deradikalisierung war vor allem der fortgeschrittene Radikalisierungsgrad des späteren Attentäters. Deradikalisierung bedeutet, einen Prozess der Hinwendung zu extremistischem Gedankengut zu unterbrechen oder umzukehren. Unterstützung bei dieser Umkehr kann zwar von außen erfolgen, der motivationale Anstoß kommt ausschließlich aus dem Inneren der Person, die diesen Wandel durchmacht. Der Loslösungsprozess von einer theologisch verbrämten Gewaltideologie ist häufig eine schwierige Distanzierungsarbeit und bedarf einer breiten Unterstützung sowie unterschiedlichster Interventionen. Bei Kujtim F. waren diese vielfältigen Bemühungen tendenziell vergeblich, wie sich herausstellen sollte. Zu tief war er in die jihadistische Gedankenwelt und in entsprechende Gesinnungsgruppen verstrickt. Während seiner Zeit im Strafvollzug dürfte der Jihadist seine Werthaltungen sogar noch intensiviert haben und radikaler geworden sein. Sein Entschluss, einen Terroranschlag in Wien zu verüben, ist dem Anschein nach hinter Gittern entstanden. Unter ausgewählten Mithäftlingen soll er mit dem perfiden Vorhaben geprahlt haben.

Kujtim F. zeigte sich als Klient alles andere als offen für eine Ansprache durch die kompetenten Betreuer von DERAD, einem Non-Profit-Verein, der sich auf die Nachbetreuung von einschlägig Verurteilten spezialisiert hat. Außer wenn es darum ging, mehr über die spezifisch salafistische Auslegung des Islam zu lernen. Der zuständige DERAD-Betreuer beschreibt seinen Eindruck von den zweiwöchentlich stattfindenden Gesprächen mit Kujtim F. „Er war zurückhaltend, nicht sehr gesprächig. Im Gegensatz zu anderen Klienten wurde er auch nie emotional oder aufbrausend. Er hielt keine Monologe, wenn ihm Aussagen von mir einmal nicht passten."[233] Kujtim F.s Religionsverständnis wurde von den gesprächsleitenden Experten als „naiv" eingeschätzt, so habe er sich gewundert, warum er nicht nach Syrien gelangt sei und in Haft sitze, obwohl er regelmäßig gebetet habe.[234] In einer anderen Hinsicht war der spätere Attentäter bauernschlau: Ganz bewusst gab er sich als geläutert und sandte positive Signale aus, indem er etwa ankündigte, seinen HTL-Abschluss nachholen zu wollen: „Er ist unauffälliger aufgetreten, kein markanter Bart, keine hochgekrempelten Hosenbeine."[235] Eine kurzfristige Rückverwandlung in den jungen Mann, der er vor seiner Haft war. Zumindest dem Anschein nach. Denn er wusste, dass ihm eine bedingte Entlassung aus dem Gefängnis in Aussicht gestellt werden würde. Nach der Haftzeit ging das durchtriebene Spiel weiter. Während der Gefährderansprache im Rahmen seines verordneten Deradikalisierungsprogramms verurteilte Kujtim F. sogar demonstrativ die Enthauptung des französischen Lehrers Samuel Paty in Frankreich aufgrund des Herzeigens der *Charlie Hebdo*-Mohammed-Karikaturen im Unterricht. Für unbeteiligte Außenstehende könnte durchaus der Eindruck entstanden sein, der spätere Terrorist habe sich erfolgreich von der Gewaltideologie des IS losgesagt. In Bezug auf seine Kontakte war jedoch klar ersichtlich, dass er keinesfalls mit seiner jihadistischen Weltanschauung abgeschlossen hatte. Bereits kurz nach seiner Enthaftung am

5. Dezember habe der damals 20-Jährige wieder an sein früheres soziales Umfeld von gleichgesinnten Islamisten angedockt. Der Umstand, dass einschlägig Radikalisierte ehebaldigst wieder mit ihren früheren Unterstützern und Mitstreitern in Kontakt treten, stellt grundsätzlich ein zentrales Problem der Deradikalisierungsbemühungen dar: „Wir sehen unsere Klienten nur alle zwei Wochen, ihre Freunde treffen sie alle paar Tage. Da entstehen Echokammern, die sich gegenseitig bestärken und beeinflussen", so ein DERAD-Betreuer.[236] Spätestens als ruchbar wurde, dass Kujtim F. weiterhin sehr intensiv mit Jihadisten aus dem In- und Ausland verkehrte, wären direkte Interventionsmaßnahmen durch den Staatsschutz dringend geboten gewesen. Ziel dieser operativen Maßnahmen hätte eine Extraktion beziehungsweise die Unterstützung beim Ausstieg aus dem extremistischen Milieu sein müssen. Prävention heißt immer auch Antizipation und strategische Vorausschau. Eine profunde Bedrohungseinschätzung erfordert einen hohen Grad an zuverlässigen Informationen und Analysekompetenz. Vor allem aber braucht es die Kooperation von wesentlichen Akteuren abseits von Bewährungshilfe und dem unmittelbaren persönlichen sozialen Umfeld einer Person, die deradikalisiert werden soll. Zum Gelingen der Extremismusprävention trägt das enge Zusammenwirken von Stakeholdern aus den unterschiedlichsten Zuständigkeits- und Einsatzbereichen bei, wie von „Polizei, Nachrichtendiensten, Justiz, Zoll, Ausländer-, Einbürgerungs-, Sozial- und anderen Behörden, Schulen sowie weiterer Institutionen wie Einrichtungen der Wirtschaft, Verbänden und Vereinen".[237] Sie arbeiten Hand in Hand und stimmen sich im Idealfall gerade in konkreten Fallkonstellationen ab. Mit Blick auf Kujtim F. hat diese übergreifende Zusammenarbeit alles andere als gut funktioniert. Vor allem deshalb, weil bei ihm die Bereitschaft, sich vom Narrativ des „Heiligen Kriegs" gegen die „Kreuzfahrer" zu distanzieren, nicht gegeben war. Er hatte eine vermeintliche Abkehr von der jihadistischen Ideologie der Gewalt lediglich vorgespielt. Andererseits zugleich auch wegen einer fatalen sicherheitsbehördlichen Fehleinschätzung der terroristischen Bedrohung, die vom jungen Islamisten und seinem gewaltbereiten Netzwerk ausging.

DIE DUBIOSE ROLLE DES VERFASSUNGSSCHUTZES

Ein paar Tage nach dem Terror von Wien habe ich für das österreichische Nachrichtenmagazin *News* eine erste Analyse hinsichtlich der Vorgehensweise des Verfassungsschutzes abgegeben: „Vor allem im Bereich der Kommunikation und Abstimmung zwischen den Behörden dürfte es, soweit bislang bekannt, zu erheblichen Fehlleistungen oder Unterlassungen gekommen sein. Eine auf Basis der offenkundigen Indizien sehr wahrscheinliche Serie von Pannen und Missständen lässt den Schluss zu, dass es sich wohl um ein graduelles Systemversagen beim Verfassungsschutz handeln könnte."[238] Begründet habe ich dies mit dem versuchten Munitionskauf in der Slowakei, diversen Treffen des späteren Attentäters mit befreundeten Jihadisten aus der Schweiz und Deutschland und einschlägigen Aktivitäten auf sozialen Medien, die in Summe eminent auf Gefahr in Verzug hindeuteten. Selbst mit meinem heutigen Kenntnisstand würde ich zu einer ähnlichen Einschätzung kommen. Auch in der Sonderausgabe des Recherchemagazins *Dossier* zum Terroranschlag von Wien gibt es eine Passage, die das graduelle „Versagen" des damaligen BVT – der Artikel spricht von „gravierenden Fehlern" – sehr prägnant umreißt: „Der spätere Attentäter radikalisierte sich vor den Augen des österreichischen Verfassungsschutzes. Entlang der gesamten Befehlskette blieb unbemerkt, wie ein Ende 2019 unter Auflagen aus der Haft entlassener junger Mann immer weiter abdriftete – und sich vorbereitete: sich den Bart wachsen ließ, seinen Körper mit Anabolika aufpumpte, ein Sturmgewehr und eine Pistole beschaffte, amtsbekannte Islamisten aus dem Ausland beherbergte und nur einen Tag danach mit der Absicht in die Slowakei fuhr, Munition zu kaufen."[239] Was den konkreten Einzelfall des Kujtim F. betrifft, ist die Optik der Performance des Verfassungsschutzes natürlich mehr als schief, darüber kann es keine Diskussion geben. Eine im Nachklang des Anschlags vielerorts vorgebrachte sachliche Kritik am Vorgehen der Sicherheitsbehörden ist zweifellos absolut berechtigt. Definitiv liegt ein behördliches Versagen vor. Zu bewerten ist jedenfalls, ob es sich um einen einzigen ursächlichen Mangel oder vielmehr um eine Verkettung mehrerer negativer Umstände handelt, die zur umgesetzten Durchführung des Terroranschlags geführt haben.

Vielleicht überraschend gibt es ein interessantes Phänomen: Die meisten Terroristen sind den Behörden bereits im Vorfeld bekannt. So auch Kujtim F., der als Gefährder klassifiziert worden war. Dennoch gilt die Aufmerksamkeit von Behörden in der Gefahrenabwehr niemals nur einem Fall. Zahlreiche Gefährder müssen gleichzeitig „gemanagt" werden. Ressourcen und Kapazitäten sind überall begrenzt. Daher muss eine Gefährdungseinstufung priorisieren. Zudem waren aufgrund der sich entfaltenden Pandemie und dem bevorstehenden Lockdown ohnehin weitere Einschränkungen im Dienstbetrieb (unter anderem Krankenstände, Homeoffice-Regelungen, möglicherweise eingeschränkte Zugänge zu Datenbanken und Akten) beim Verfassungsschutz anzunehmen.

Der junge Nordmazedonier galt als Hochrisikogefährder. Wie in solchen Fällen üblich, erfolgt eine Bedrohungseinschätzung von Gefährdern mittels des in Deutschland und Österreich zum Einsatz kommenden Analysetools RADAR-iTE (kurz für „regelbasierte Analyse potenziell destruktiver Täter zur Einschätzung des aktuellen Risikos – islamistischer Terrorismus").

Die Idee hinter RADAR-iTE: Ein standardisierter digitaler Bewertungsbogen soll das komplizierte „Gefährdermanagement" des Verfassungsschutzes erleichtern. Dabei wird die Bedrohung, die von islamistischen Gefährdern ausgeht, nach einem dreistufigen Modell beurteilt: moderates, auffälliges oder hohes Risiko. Kujtim F. wurde inoffiziellen Informationen zufolge zumindest kurzfristig vor dem Anschlag als hohes Risiko beziehungsweise als „Nummer 6" in der einschlägigen Hierarchie gehandelt. Das bedeutet: Letztlich stand der Wiener Attentäter immerhin auf der sechsten (!) Position einer konkreten Gefährdungseinschätzung des Verfassungsschutzes. Warum wurde Kujtim F. dann nicht permanent überwacht? Trotz diverser Jihadistentreffen und mehrerer Warnungen ausländischer Dienste seine Person betreffend? Obwohl Kujtim F. nachweislich versucht hatte, sich in der Slowakei legal Munition für ein automatisches Gewehr zu beschaffen? Allesamt absolut berechtigte Fragen, die sich die Behörden gefallen lassen müssen. Es gibt unzählige mögliche Erklärungen hierfür. Ich selbst bevorzuge die einfachste: Überforderung.

Das BVT war massiv angeschlagen, denn es war medial sturmreif geschossen worden. Fast zwei Jahre hindurch bestand eine wenig schmeichelhafte, mitunter niederschmetternde Berichterstattung über die Verfassungsschutzeinrichtung am Wiener Rennweg in den heimischen Medien. Das absolute negative „Highlight" in dieser Hinsicht war die ominöse, sehr wahrscheinlich parteipolitisch motivierte BVT-„Razzia" im Februar 2018. Dabei wurden fast wahllos umfangreiche Datenträger beschlagnahmt, wobei sich darunter Daten zu laufenden Verfahren und Vorgängen, aber ebenso solche, die von ausländischen Nachrichtendiensten partnerschaftlich zur Verfügung gestellt worden waren, befunden haben sollen.[240] An Peinlichkeit und Unprofessionalität kaum zu übertreffen – nicht nur was die anscheinend billige Motivation der Hausdurchsuchung, sondern auch die Daten(verwahrungs-)sicherheit beim BVT betraf. Wie sich im Nachhinein herausstellen sollte, war dieser Vorgang rechtswidrig. Als Konsequenz wurde einerseits ein parlamentarischer Untersuchungsausschuss eingerichtet. Zum anderen wurde öffentlich Schmutzwäsche gewaschen, indem jahrelange Missstände des BVT medial und politisch seziert wurden. Zudem war das Thema BVT sukzessive an den Stammtischen angekommen. Das Rückgrat brach dem BVT jedoch die „daraufhin folgende internationale Isolierung".[241]

Der renommierte Berner Club, ein informeller Zusammenschluss westlicher Nachrichtendienste, hatte dem BVT in einem niederschmetternden Bericht ein schlechtes Zeugnis ausgestellt: Die IT des österreichischen Verfassungsschutzes habe in vielen Teilen nicht den Standards für EU-Geheimdienste entsprochen.[242] Das BVT hätte aufgrund einer bei der Razzia von der Wirtschafts- und Korruptionsstaatsanwaltschaft (WKStA) beschlagnahmten Festplatte weiters als Eintrittstor in das interne Berner-Club-Kommunikationsnetzwerk „Poseidon", andernorts auch „Neptun" genannt, dienen können.[243] Schließlich habe das Amt am Rennweg über kein zertifiziertes Aktenverwaltungssystem, zu wenig Tresore, vor allem aber über zu wenig qualifiziertes

Personal verfügt.[244] Insgesamt zeichnete der Report des Berner Clubs, der in sämtlichen österreichischen Tageszeitungen und Politmagazinen genüsslich ausgeschlachtet wurde, das Bild eines dilettantischen, rückständigen und in hohem Maße anfälligen Verfassungsschutzes in Österreich.[245] Gesichtswahrend wählte man in Wien die Variante „Rückzug", um einen hochnotpeinlichen Rausschmiss zu vermeiden. Zugleich hatte man dem BVT einseitig das partnerschaftliche Vertrauen entzogen, bis diese Mängel behoben sein würden. Eine katastrophale Außenwirkung. Auf Tatsachenebene ein enormer Vertrauensverlust: „Wir überlegen uns sehr genau, was wir mit unseren österreichischen Partnern teilen, weil wir nicht sicher sein können, wo die Informationen landen", soll sich ein ranghoher europäischer Geheimdienstmitarbeiter abfällig über das BVT geäußert haben.[246] Auf der Metaebene ging es den westlichen Partnerdiensten, wie der spätere Fall Jan Maršalek zeigen sollte, jedoch vorwiegend um die Befürchtung, dass russische Dienste das BVT als Schwachstelle im System anzapfen, infiltrieren und ausnützen könnten.[247] Diese Befürchtung der russischen Einflussnahme, etwa durch den Inlandsgeheimdienst der Russischen Föderation (FSB), den zivilen Auslandsgeheimdienst (SWR) oder aber den militärischen Auslandsgeheimdienst (GRU), sollte sich zumindest als nicht gänzlich unbegründet herausstellen: Ehemalige und aktive BVT-Mitarbeiter waren tief in den Wirecard-Skandal verwickelt.[248] Den Tiefpunkt markierte ein Artikel in der *New York Times* (NYT), der insbesondere während der türkis-blauen (ÖVP-FPÖ) Koalition eine nachhaltige parteipolitische Instrumentalisierung des BVT durch die FPÖ suggerierte.[249] Die *NYT* präsentierte auf Basis eines Interviews mit der ehemaligen Leiterin des BVT-Rechtsextremismus-Referats, Sybille Geissler, einen trägen Sicherheitsapparat, der auf dem rechten Auge blind oder zumindest sehschwach gewesen sei und entlang der FPÖ-Parteilinie auf verschiedensten Ebenen stets mit Russland geliebäugelt haben soll.[250] Infiltration und Informationsabfluss. „Offen wie ein Scheunentor" nannte der gefürchtete Polit-Aufdecker Peter Pilz spöttisch den österreichischen Inlandsnachrichtendienst.[251]

Gleichermaßen nicht zu vergessen die unangenehme Causa rund um den damaligen BVT-Direktor Peter Gridling, der, wie sich nachher herausgestellt hatte, unrechtmäßig suspendiert wurde. Der damalige Innenminister Herbert Kickl hatte die Suspendierung gegen den Amtsleiter am 13. März ausgesprochen, die Disziplinarkommission des Ministeriums bestätigte daraufhin eilig die Entscheidung. Bei den Ermittlungen gegen Gridling und weitere Beamte des BVT ging es unter anderem um den konkreten Vorwurf, die Behörde hätte die gerichtlich verfügte Löschung sensibler Ermittlungsdaten unterlassen. Dieser Verdacht gegen den Direktor des Verfassungsschutzes erhärtete sich nicht. Knapp zwei Monate später wurde die Suspendierung vom für Beamte zuständigen Bundesverwaltungsgericht aufgehoben.[252] Einige Kommentatoren witterten indes eine politische Intrige. Was auch immer dahintergesteckt haben mag, die unrühmlichen Geschehnisse zwischen 2017 und 2020 waren alles andere als vorteilhaft für die Reputation und nicht zuletzt für das Funktionieren des Staatsschutzapparates. Die skizzierten Vorgänge waren nicht nur dem Ansehen des Hauses abträglich, sondern ebenfalls der internen Betriebskultur. Nicht wenige Beobachter gehen davon aus, dass die Motivation bei einigen Mitarbeitern deshalb im relevanten Zeitraum, als man den Anschlag noch hätte verhindern können (also bis Ende Oktober 2020), am Nullpunkt gewesen sein dürfte. Eine Kollektivschuldannahme ist jedoch in hohem Maße ungerecht und unzutreffend, denn das BVT verfügte zu jeder Zeit über fähige Mitarbeiter. Andererseits, wie aktuelle Gerichtsverfahren und Haftbefehle (die Causa „White Milk", der Fall Maršalek, die Affäre rund um „Nina W." und vieles mehr) eindrucksvoll belegen, gab es jedoch auch immer wieder einige schwarze Schafe im aktiven und ehemaligen Personalstand.[253]

In der Frage des „Verschuldens", was den Terroranschlag anbelangt, sind ergänzend die oben genannten pandemiebedingten Einschränkungen ins Treffen zu führen. Sie haben bestimmt den Dienstbetrieb erschwert. Last but not least ist eine Unkultur des Misstrauens für berufsmäßige Geheimniskrämer symptomatisch, auch gegenüber den eigenen Kollegen der Landesämter in den Bundesländern, was sich definitiv negativ auf die Gesamtperformance ausgewirkt haben dürfte. Jedenfalls sind vor allem in den drei Bereichen Koordination, Kommunikation und Kooperation (den berühmten 3 K) eklatante behördliche Mängel zu identifizieren.

Doch zurück zur unmittelbaren Fallkonstellation. Noch in den Abendstunden des Anschlags wurde öffentlich bekannt, dass F. im Dezember 2019 vorzeitig bedingt aus der Haft entlassen worden und in den Akten der Justiz als „nicht mehr gefährlich" eingestuft war.[254] In Wahrheit dürfte F. die zurückliegenden Monate in Freiheit genutzt haben, um seinen geplanten Terrorakt genauestens vorzubereiten. Von der radikalen Islamistenszene hatte sich Kujtim F. in Wahrheit nie wirklich distanziert. Im Gegenteil, seine Verbindungen zu salafi-jihadistischen Gesinnungsgenossen wurden spätestens seit 2018 qualitativ immer enger und zielorientierter. Der spätere Attentäter hinterließ zahlreiche Spuren und Hinweise, die man bei genauerer Betrachtung und Analyse durchaus als Gefahr in Verzug hätte bewerten müssen. Man muss vor allem den Zeitraum von der vorzeitigen Haftentlassung bis zum Abend des Terroranschlags in den Fokus setzen. Knappe zehn Monate, die durchaus Anlass geboten hätten, vorbeugend zu intervenieren, energischer aufzutreten oder den jungen Jihadisten sogar von der Straße zu holen.

Bereits zwei Tage nach dem Terrorakt von Wien wurden erste Versäumnisse der Behörden im Vorfeld der Tat laut, die von einer unabhängigen juridischen Untersuchungskommission geprüft werden sollten.[255] Die Einsetzung der Untersuchungskommission rund um die Strafrechtlerin Ingeborg Zerbes war sicherlich der richtige Schritt. Besser hätte man mit dem dringenden Gebot einer möglichst unabhängigen Aufklärung nicht umgehen können. Am 22. Dezember 2020 legte die Untersuchungskommission einen chronologischen Zwischenbericht vor, der die behördlichen Vorgänge im Zeitraum zwischen bedingter Entlassung und dem Anschlag rekonstruierte.[256] Der Report bestätigte zahlreiche Versäumnisse und Verzögerungen der Behörden sowie Schwächen im Informationsfluss. Akten waren liegen geblieben, die Kommunikation der hiesigen Behörden mit ausländischen Partnern verlief schleppend und sachdienlichen Hinweisen wurde nicht im gebührlichen Ausmaß nachgegangen. Aber vor allem im Inland war der kommunikative Austausch mehr als verbesserungswürdig. Konkrete Informationen über Auslandsbezüge (Balkan) des späteren Attentäters und des „Löwen-Netzwerks" vom Heeresnachrichtenamt, dem österreichischen militärischen Auslandsnachrichtendienst, wurden nicht mit der erforderlichen Sorgfalt verarbeitet, ebenso wie die Zusammenarbeit zwischen dem BVT mit den LVTs gelinde gesagt suboptimal gewesen sein dürfte.

Auffällig ist vor allem die Tatsache, dass sich Kujtim F. während seiner regelmäßigen Teilnahme am Deradikalisierungsprogramm innerlich wie äußerlich zu radikalisieren begann, ohne dass dies weitere Folgen für seine Bewährung nach sich gezogen hatte. Von zentraler Bedeutung sind mehrere relevante Vorgänge im Sommer 2020. Das deutsche Bundeskriminalamt ersuchte das BVT um Observation eines Islamistentreffens in Wien (Operation Metapher), in dessen Rahmen Kujtim F. identifiziert worden war. Weitere Maßnahmen gegen den nach dem „Terrorismusparagrafen" 278b StGB rechtskräftig verurteilten gescheiterten *Foreign Terrorist Fighter* (FTF) unterblieben.[257] In ähnlich gelagerten Fällen ansonsten übliche Abhörmaßnahmen wurden ebenfalls nicht angeordnet. Erstaunlicherweise erfolgte auch keine weiterführende Auswertung beziehungsweise Analyse des konspirativen Treffens. Trotz konkreter Hinweise der deutschen Behörden war dem LVT Wien keine operative Terrorzelle bekannt.[258] Weil die dienstpartnerschaftlich begründeten Observationsmaßnahmen inzwischen beendet waren, entging dem BVT und LVT Wien, dass Kujtim F. bereits am nächsten Tag (!) in Bratislava großkalibrige Munition für eine AK-47 in einem Waffengeschäft legal zu erwerben versuchte. Allein zwischen Juli und Oktober 2020 verlief eine schleppende Kommunikation zwischen den Sicherheitsbehörden in Wien und den slowakischen Behörden über die visuelle Bestätigung der Person Kujtim F. auf Kamerabildern des Waffengeschäfts. Immerhin: Im Herbst 2020 erkannte ein aufmerksamer Mitarbeiter des LVT Wien Ungereimtheiten im Fall des jungen Islamisten F. und reklamierte eine „bedenkliche Verdichtung von Hinweisen".[259] Kujtim F. wurde in einer erneuten

RADAR-iTE-Gefährdungseinschätzung schließlich als „hohes Risiko" eingestuft.[260] Aufgrund einer solchen Bewertung hätte dringender Handlungsbedarf bestanden, „etwa eine unmittelbare Verständigung der jeweiligen LVT- und BVT-Leitung oder eine zeitnahe Fallkonferenz, in der Maßnahmen festgelegt werden. ‚Hohes Risiko' bedeutet auch, dass eine Gefährderansprache stattfinden muss, also ein persönliches Treffen zwischen Verfassungsschützern und dem Gefährder, um ihn zu befragen. Nichts davon passierte."[261]

Eine gemäß der Einstufung doch einigermaßen dringliche Gefährderansprache wurde aufgrund der geplanten Großoperation Ramses und einer damit verbundenen Ressourcenbündelung für die bevorstehende Razzia gegen verdächtige Mitglieder der Muslimbruderschaft auf einen unbestimmten Termin nach dem 3. November 2020 verschoben.

UNTERSUCHUNGSBERICHTE

Im soliden Abschlussbericht der Zerbes-Kommission vom 10. Februar 2021 wurden Vorwürfe gegen die Justiz in Hinblick auf die vorzeitige Haftentlassung des späteren Attentäters widerlegt. Zudem wurden Schwachstellen und Defizite in der staatspolizeilichen Arbeit beleuchtet und Empfehlungen abgegeben. Ein essenzielles Hauptergebnis des Zerbes-Kommissionsabschlussberichts besteht darin, dass die für den Verfassungsschutz zuständigen Dienststellen (BVT und LVT Wien) sichtbare Kriterien der Radikalisierung und Vernetzung des Attentäters immer nur punktuell gesehen, aber nicht kontextualisiert haben. Sie verfügten über kein analytisches Gesamtlagebild,[262] das heißt, die Informationen und Warnsignale waren zwar insgesamt vorhanden, wurden aber nicht richtig verknüpft, verdichtet und bewertet. Terrorismusbekämpfung sei eine „Kunst", wie es der israelische Terrorismusforscher Boaz Ganor eindringlich formuliert.[263] Die Kunst besteht ihm zufolge darin, die verfügbaren Puzzlesteine (Hinweise und Signale) im Vorfeld terroristischer Aktionen zu einem sinnvollen Ganzen zusammenzubauen.[264] Eine hochkomplexe Aufgabe, was die Analyse selbst, aber zugleich eine vergleichsweise, man möge mir den wienerischen Begriff verzeihen, „deppensichere" Tätigkeit, was das strukturierte Sammeln von Informationen und Beweisen betrifft.

Unsere Staatsschutzbehörden dürften, den öffentlich verfügbaren Informationen zufolge, bereits an der handwerklichen Ebene des strukturierten Informationsbeschaffens und Einordnens gescheitert sein. Der Verfassungsschutz hatte nicht einmal alle Puzzlesteine beisammen und kategorisiert, geschweige denn sinnvoll miteinander verbunden. Sehr wahrscheinlich deshalb, weil wesentliche Informationen nicht rechtzeitig kommuniziert und koordiniert wurden. Zu lange war im BVT offenbar zugewartet, falsch priorisiert und zu wenig analysiert worden. Aus Sicht der Terrorismusbekämpfungsforschung also am ehesten ein klassischer *Intelligence Failure*, ein eindeutiges Versagen in der nachrichtendienstlichen Arbeit.[265] Kritiker könnten allenfalls einwenden, dass das BVT niemals ein richtiger Nachrichtendienst war oder sein wollte. Dies ist zwar richtig, aber die operativen Verfahren des Staatsschutzes in der Terrorismusbekämpfung bedingen unzweifelhaft eine professionelle Herangehensweise, die in Analogie zu jenen der Nachrichtendienste stehen: sammeln – kategorisieren – analysieren – bewerten. Gegebenenfalls handeln. Nachgerade der Analysebereich stellte unter Insidern lange einen zu Recht kritisierten Schwachpunkt im österreichischen Verfassungsschutz dar, der offenbar seit seiner Gründung bestand.[266]

Der Abschlussbericht betonte zudem Defizite in der Ausbildung für Analyse und Risikobewertung.[267] Das war ein wenig wie ein Faustschlag ins Gesicht. Allzulange war man von den eingefahrenen Zugängen im BVT überzeugt. Aus meiner Sicht hatte man am Rennweg seitens der Führung die Zeichen der Zeit nicht rechtzeitig erkannt. Mit den alteingesessenen Methoden einer Polizeibehörde und eindimensionalen Zugängen konnte man einer veränderten, neuartigen Bedrohung vor allem durch radikalisierte Einzeltäter nicht mehr beikommen. Zumindest nicht, wenn die ohnehin beschränkten Ressourcen nicht richtig eingesetzt und Prozesse nicht adäquat der Bedrohungslage angepasst sind. Wenn man mit einem Hammer unterwegs ist, unterliegt man der Versuchung, alles einfach als einen Nagel zu betrachten. Dabei waren und sind im Rahmen der Terrorismusbekämpfung immer mehr feine Nadelstiche notwendig und keine brachialen Maßnahmen. Sie ist zu einem Geduldspiel geworden und bedarf höchster Konzentration, was uns wieder zum bildlichen Vergleich mit dem Puzzle zurückbringt. Die Strategen der Terrorismusbekämpfung müssen wieder mehr Puzzlespieler werden und weniger wie Polizisten denken. Das ist alles andere als einfach, wenn man jahrelang in diesem rein kriminaltaktischen Denken sozialisiert ist. Eine gute Mischung aus Personen mit kriminalistischer Erfahrung und zivilen, akademisch versierten Experten kann der Schlüssel zu einer zeitgemäßen Personalstruktur im Verfassungsschutz sein. Man benötigt beide. Voraussetzung für eine gelingende Terrorismusbekämpfung ist die gedeihliche Zusammenarbeit dieser unterschiedlichen Kulturen im Sinne eines gemeinsamen Ziels. Womit wir bei der Führungsaufgabe angelangt wären. Leadership heißt, das Beste aus den zur Verfügung stehenden Ressourcen herauszuholen. Den Teamgeist heraufzubeschwören und zu motivieren. Leistung zu fordern und zu fördern. Ob dies beim BVT im Jahr 2020 der Fall war?

Das konkrete Anschlagsszenario vom 2. November 2020 in Wien hätte möglicherweise verhindert oder allenfalls durch ein kurzfristiges, sicherheitsbehördliches Einschreiten in seinen unmittelbaren Auswirkungen limitiert werden können. Das bedeutet jedoch nicht, dass aus dem nahen Umfeld des Attentäters eine andere radikalisierte Person oder Struktur zu einem alternativen Zeitpunkt vielleicht an einem anderen Ort in Wien nicht etwas Ähnliches hätte planen und durchführen können. Mitglieder von terroristischen Strukturen sind wie eine Hydra, jene mythische Schlange, deren abgeschlagene Köpfe stetig nachwachsen. Immer wieder findet sich jemand, der wie beim Staffellauf den auf den Boden gefallenen Stab aufgreift und vollendet, woran ein „Kampfgenosse" gescheitert ist.

Abschließend kommt die Zerbes-Kommission zum ernüchternden, jedoch meines Erachtens fairen Ergebnis: „Der Fall hat durchaus funktionierende Elemente, aber auch erhebliche Mängel der Bekämpfung terroristischer Straftaten aufgezeigt.

Die Mängel bestehen allerdings nicht in fehlenden gerichtlichen oder polizeilichen Befugnissen, sondern liegen im unzureichenden Informationsaustausch zwischen allen beteiligten Stellen und in Organisationsproblemen und der Behördenkultur des Sicherheitsapparats."[268] Eine Reform des Verfassungsschutzes erschien also unerlässlich und dringend geboten.

DIREKTION STAATSSCHUTZ UND NACHRICHTENDIENST (DSN)

Folgerichtig nahm, nachdem die gesetzliche Grundlage im Parlament dafür gelegt worden war, die Direktion Staatsschutz und Nachrichtendienst (kurz DSN) schlussendlich mit 1. Dezember 2021 ihren Dienst auf. Erstmals in der Geschichte der Republik Österreich gibt es nunmehr einen zivilen Nachrichtendienst mit Fokus auf die innere Sicherheit, der eine Hälfte des Behördenapparates ausmacht. Zur anderen Hälfte bleibt die DSN eine Sicherheitsbehörde mit Ermittlungskompetenz. Strukturell unterscheidet sich die neue Behörde damit letztendlich doch recht klar von ihrer Vorgängerorganisation, dem BVT, da sie aus zwei getrennten Säulen besteht: einerseits aus der ermittelnden staatspolizeilichen Säule, die für die Gefahrenabwehr samt Vernehmungen und Verhaftungen zuständig ist, andererseits aus dem für die Gefahrenerforschung inklusive Informationsgewinnung zuständigen Nachrichtendienst. Dazwischen hat man eine Art imaginäre Firewall errichtet und achtet penibel darauf, dass hier keine Zuständigkeitskompromisse gemacht werden. Aus dieser Parallelstruktur erhofft man sich Synergieeffekte. Mit dem nachrichtendienstlichen Arm wurden Analyse, Früherkennung und Prävention notwendigerweise auch zum ersten Mal wirklich institutionalisiert. Dieser Bereich war im BVT aufgrund seiner stark polizeilichen Betriebskultur weitestgehend unterentwickelt, da die polizeiliche Vorgehensweise von ihrer Anlage her prinzipiell taktisch-operativ an Ermittlungstätigkeit als Folge von kriminellen Handlungen und nicht an Antizipation oder strategischer Vorausschau orientiert ist.[269] Im „Hybrid" DSN gibt es also nunmehr

exekutive Befugnisse, vereint mit nachrichtendienstlichen Strukturen, die allerdings streng getrennt voneinander agieren. Jedem
der beiden Bereiche steht deshalb jeweils ein stellvertretender
Direktor vor. Der österreichische Nachrichtendiensthistoriker
Thomas Riegler bezeichnet in seiner umfassenden Geschichte
der österreichischen Geheimdienste die DSN als eine Einrich-
tung, die „das Beste aus der bisherigen österreichischen Regelung
und internationalen Vorbildern kombiniert".[270]

ANTITERROR-GESETZESPAKET

Unmittelbar nach dem Anschlag entbrannte in Österreich eine
intensive innenpolitische Debatte über die Ursachen, Hintergründe und Verantwortlichkeiten für den nicht verhinderten
Terrorakt inmitten der österreichischen Bundeshauptstadt. Als
Reaktion kündigte die Bundesregierung bereits am 11. November
2020 eine Reihe von Maßnahmen zur verbesserten Prävention
und Bekämpfung des Terrorismus an. Eine angepasste gesetzliche Grundlage erschien erforderlich, um der Bedrohung durch
Extremismus und Terrorismus forthin effizienter begegnen zu
können. Angedacht war unter anderem ein eigener Straftatbe-
stand für „religiös motivierten Extremismus" mit Fokus auf den
Phänomenbereich „Politischer Islam". Auf der Maßnahmenebene
sollte es eine neue Regelung den Behörden unter anderem ermöglichen, elektronische Fußfesseln für bedingt entlassene Straftäter
anzuordnen, die auf der Grundlage des strafrechtlichen Terror-
paragrafen § 278 StGB verurteilt wurden. Generell sollte zudem
die Überwachung terroristischer Straftäter während des Vollzugs
und nach Entlassung auf Bewährung verstärkt werden. Sämtliche
dieser Verbesserungen der Rechtsgrundlage für Maßnahmen zur
Terrorismusbekämpfung waren aus gutem Grund schon länger
auf der Wunschliste des BVT.

    Denn anders als einige österreichische Rechtsexperten
(die meisten davon übrigens mit erschütternd wenig Sachkom-
petenz im Themenbereich Extremismus und Terrorismus), welche eine Erweiterung des zum damaligen Zeitpunkt bestehenden

Rechtsnormengerüsts für nicht notwendig erachteten, war eine Anpassung in einzelnen Bereichen mehr als dringend geboten. Vor allem aus Sicht der Terrorismusforschung vor dem Hintergrund einer sich kontinuierlich verändernden Bedrohungslage durch terroristische Gewalt. Insbesondere die elektronische Fußfessel (kein Allheilmittel, aber mitunter eine wertvolle Unterstützung bei der Überwachung), die Möglichkeit der Überwachung von Gefährdern nach der Haftentlassung (inklusive der gerichtlichen Anordnung, sich von radikalen Milieus fernzuhalten), die Verpflichtung zur Abhaltung von Fallkonferenzen und die Etablierung einer Antiterror-Staatsanwaltschaft sind mehr als sinnvoll und waren im Rechtsbestand zum Zeitpunkt des Anschlags in dieser Form so nicht vorgesehen. Dies hatte man klugerweise von der Politik erkannt und mit Akribie und Schnelligkeit umgesetzt. Kritiker wähnten dennoch eine Anlassgesetzgebung.[271] Das mag im Grunde zwar teilweise richtig sein, jedoch wäre es ebenso nicht haltbar gewesen, nicht mit einer gesetzlichen Optimierung zu reagieren.

Fast in Rekordzeit wurde das Gesetzespaket (Terror-Bekämpfungs-Gesetz, kurz TeBG) am 7. Juli 2021, nur acht Monate nach dem islamistischen Terroranschlag von Wien, im Nationalrat beschlossen.[272] Das Antiterror-Paket umfasst umfangreiche Änderungen. Maßnahmen im Bereich der Justiz folgen dabei insbesondere den relevanten Ableitungen aus dem Untersuchungsbericht zum Wiener Terroranschlag. Das TeBG (BGBl. I Nr. 159/2021) trat am 1. September 2021 in Kraft.[273]

Die nachverfolgende beziehungsweise präventive Überwachung von Gefährdern etwa ist prinzipiell als sinnvolle, dem Spezialpräventionsgedanken verpflichtete Maßnahme zu erachten. Aus Sicht der Terrorismusprävention und in Kenntnis der faktischen Situation müsste jedoch im Gleichklang mit den artikulierten Kontroll- und Überwachungsmaßnahmen eine faktische Anpassung der realen personellen und technischen Ressourcen an die hieraus resultierenden Erfordernisse erfolgen. In Hinblick auf die weiterhin limitierten Kapazitäten etwa bei der Rundumüberwachung (24 Stunden) sind in den Bereichen Personal und Technik nach wie vor Engpässe zu beseitigen. Die nunmehr eingeräumte Möglichkeit eines Einsatzes der elektronischen Fußfessel hat sich in der Vergangenheit als international probates Mittel erwiesen, die Bewegungen (außerhalb des privaten Wohnbereichs) von zu observierenden Personen in Echtzeit nachzuvollziehen und zu kontrollieren. Dennoch darf man sich keine Illusionen über die Wirksamkeit dieser Maßnahme machen, zumal vergangene Vorfälle in Frankreich und Deutschland deutlich gezeigt haben, dass trotz einer elektronischen Fußfessel ein Terrorakt in einer Kirche und eine unerlaubte Flugreise eines Gefährders ins Ausland ohne präventive Intervention der Sicherheitsbehörden durchführbar waren.[274] Besonders praxisrelevant im Präventionsbereich ist zudem die nunmehr gegebene rechtliche Grundlage für Entlassungskonferenzen. Derartige Kontrollformate gewähren die Möglichkeit, nochmals über die zu entlassende Person zu sprechen und allenfalls weitere Schritte zu veranlassen und zu koordinieren. Nicht zuletzt ist die Schaffung von Sonderabteilungen für Verfahren wegen terroristischer Straftaten als ein Meilenstein zu begreifen. Die Etablierung einer salopp als „Antiterror-Staatsanwaltschaft" bezeichneten Sonderabteilung trägt zur Bündelung der Kompetenzen und zur Konzentration bestehender Expertise bei den Staatsanwaltschaften bei.

Das TeBG beinhaltet außerdem die Einführung des neuen Straftatbestandes gegen religiös motivierte extremistische Bewegungen (§ 247b StGB). Diese Rechtsnorm war bereits von der ersten Stunde an, genauso wie der Begriff „Politischer Islam" selbst, heftig umstritten.[275] Die Bestimmungen des § 247b wurden einerseits als „überflüssig" beschrieben, andererseits gebe es Kritikern zufolge „keinen sachlichen Grund" sowie auch „verfassungsrechtliche Bedenken", die religiös motivierte Spielart des Extremismus strenger zu bestrafen als andere Formen.[276] Darüber hinaus wurde in Kommentaren der Vorwurf artikuliert, man nehme den Islam pauschal in Geiselhaft.[277] Mancherorts wurde irritierenderweise sogar eine politische Kampagne gegen die muslimische Glaubensgemeinschaft als solche gewittert. Ähnliche Bestrebungen wurden bereits in der angeheizten medialen Diskussion rund um die Gründung der „Dokumentationsstelle Politischer Islam" 2020 und um die von ihr 2021 präsentierte „Islam-

Landkarte" gut sichtbar.[278] Darum geht es bei der Adressierung des „Politischen Islams" keinesfalls, sondern lediglich um jene extremistischen Ausprägungen, die unter missbräuchlicher Verwendung einer Religion versuchen, das legitime Gewaltmonopol des Staates zu unterminieren. Generell ist dieser diffusen Kritik entgegenzuhalten, dass der legalistische Islamismus („Politischer Islam") und seine dominanten Akteure wie die Muslimbruderschaft eine nachhaltige Bedrohung für den Rechtsstaat und die Demokratie darstellen, indem sie konsequent versuchen, diesen subversiv zu unterwandern beziehungsweise auszuhöhlen.[279] Und das auch in Österreich, wie unter anderem Lorenzo Vidino in mehreren Studien kenntnisreich belegt hat.[280] In diesem Licht erscheint es nachvollziehbar, dass hier eine entsprechende gesetzliche Regelung vorzunehmen war.

LEKTIONEN

FÜR DIE TERRORISMUSBEKÄMPFUNG

Der Kampf gegen den Terrorismus ähnelt „einer Serie von Zeitrafferaufnahmen", wie Bruce Hoffman in seinem Standardwerk schreibt.[281] Ein heute erstelltes Lagebild kann mit dem morgen aufgenommenen häufig nicht mehr in Einklang zu bringen sein oder hat überhaupt nur mehr wenig damit gemein. Alles ist sehr dynamisch, und was gestern noch adäquat war, muss morgen nicht mehr zutreffend oder effektiv sein. Terrorismusbekämpfung ist „politisch mandatiertes Handeln, das darauf zielt, terroristische Aktivitäten zu unterbinden oder zu erschweren, ihre Folgen zu begrenzen und zu bewältigen, terroristische Akteure für Straftaten zur Verantwortung zu ziehen, terroristische Organisationen und ihre Netzwerke aufzulösen sowie die Entstehung neuer terroristischer Akteure zu verhindern oder zu erschweren".[282]

Heute ist Terrorismusbekämpfung am ehesten als die Kunst der Anpassung und eine ausgeprägte Fähigkeit zur Antizipation des Zukünftigen zu begreifen. Dies liegt vor allem am Gegner. Terroristen sind mehr denn je anarchisch lernfähig. Chamäleonartig passen sie sich veränderten Sicherheitsumgebungen schnell und effektiv an. Sie haben ihr methodisches Vorgehen in den letzten Jahren diversifiziert und verfügen über ein breites taktisches Portfolio, das es ihnen erlaubt, flexibel zu agieren. Zudem beobachten extremistische Gruppierungen und Terroristen sehr genau, welche Maßnahmen seitens der abwehrenden Sicherheitsbehörden ergriffen werden. Der Modus Operandi von Terrorgruppen und kleineren Zellen und Funktionseinheiten kalkuliert die Gegenmaßnahmen bereits im Vorfeld eines Attentats bereits ein. Auch radikalisierte Einzeltäter, wie zahlreiche vergangene Fälle – etwa jener des Attentäterduos Tamerlan und Dzhokhar Tsarnaev in der Vorbereitung des Anschlags vom Bostoner Marathon – belegen, antizipieren schon bei der Anschlagsplanung die Reaktion der Polizei (beziehungsweise hier des FBI) und des Verfassungsschutzes. Anekdotisch kommt mir dabei immer die berühmte Schlüsselszene im legendären Actionfilm *Heat* aus dem Jahre 1995 in den Sinn: Bei einem fingierten Überfall in den Hafendocks von Los Angeles steht der abgebrühte Detective Vincent Hanna, famos gespielt von Al Pacino, mit seinem Team konsterniert auf einer großen Freifläche und blickt ratlos nach oben. Sein Gegenspieler, der Profibankräuber Neil McCauley, ebenso gekonnt dargestellt von Robert de Niro, beobachtet mit seinen Gefolgsleuten die Szene aus sicherer Distanz und fotografiert die dämlich wirkenden Cops. Hanna erfasst die Lage blitzschnell und versteht, dass sie von McCauley im wahrsten Sinne vorgeführt wurden. Laut lachend gesteht er seinem Kontrahenten, dessen unmittelbare Anwesenheit er erahnt, den Punktesieg zu. Terrorismusbekämpfer hinken naturgemäß immer einen Schritt hinterher, zumal die Planer und Drahtzieher von Terrorattacken immer den Zeitvorteil und aktiven Handlungsspielraum auf ihrer Seite haben, sofern sie nicht im Vorfeld daran gehindert werden können. Verfassungsschützer werden von strategisch denkenden terroristischen Akteuren wie ein Studienobjekt betrachtet, und insbesondere die operativen Vorgehensweisen von Behörden werden genauestens registriert und manchmal in den Planungen berücksichtigt. Ein wahres Dilemma.

Laut dem israelischen Terrorismusforscher Boaz Ganor liegt die Hauptaufgabe der Terrorismusbekämpfung darin, vermeintlich unzusammenhängende Hinweise zu einem sinnvollen Gesamtbild zusammenzusetzen.[283] Effektive Terrorismusbekämpfung erfordert das gleichzeitige Bekämpfen sowohl der Motivations- als auch der Fähigkeitenebene der Terroristen, zumal diese bei einem Anschlag ähnlich wie die einzelnen Bestandteile von Nitroglyzerin explosiv zusammenwirken können. Sollte es gelingen, einen dieser Faktoren zu neutralisieren, kann eine Terrorattacke mit hoher Wahrscheinlichkeit verhindert werden. Um dieses Ziel zu erreichen, ist es essenziell, in der Analyse des Szenarios einen Ansatz zu verfolgen, der nicht nur die Bedrohung, sondern auch die systemischen Verwundbarkeiten des angegriffenen Staates in den Fokus rückt. Statt sich hauptsächlich darauf zu konzentrieren, was, wann, wo und wie etwas passieren könnte, sollten die eigenen Systeme zuerst auf ihre Anfälligkeit und Widerstandsfähigkeit hin überprüft werden. Die Leitfrage lautet daher nicht mehr „Was kann passieren?", sondern „Was kann uns schaden?". Wir müssen uns und unsere zu schützenden Güter imprägnieren und resilienter werden. Das bedeutet darüber hinaus, unsere Gegner im Ungewissen über unsere Taktiken und Vorgehensweisen zu lassen. In der Praxis läuft das leider nicht immer so. Im Gegenteil, Informationen über entsprechende Vorgänge sickern gelegentlich durch und werden publik.

Woher bekommen Terroristen solche aus ihrer Sicht wertvolle Einblicke in die Arbeit der Terrorismusbekämpfung, wo diese doch einer sehr strengen Geheimhaltung unterliegt? Zum Ersten gibt es immer wieder einen regen Austausch in einschlägigen extremistischen Onlineforen über Lektionen aus vereitelten oder misslungenen Terrorplots. Dies ist kaum zu unterbinden, solange man die Plattformen nicht aushebelt und löscht. Das Geheimwissen um die behördliche, operative Vorgehensweise wird beispielsweise zudem aus geleakten oder weitergegebenen Prozessakten gegen einschlägig Angeklagte und ähnlichem, mehr oder weniger frei verfügbarem Material generiert. Denn im Zuge der Gerichtsverfahren sind die Behörden bedauerlicherweise aufgrund der Beweisführung dazu genötigt, konkrete Einblicke in ihre ansonsten der strengen Geheimhaltung unterliegenden Methoden der Terrorismusbekämpfung zu geben. Dies wäre aus Gründen der nationalen Sicherheit unbedingt und gründlich zu überdenken. In den meisten europäischen Ländern gibt es hierzu bereits bewährte Ansätze oder implementierte Regelungen. Offensichtlich ist dies eine Frage der nationalen Sicherheitskultur und eines entsprechenden Bewusstseins. Bedauerlicherweise sind weder Ersteres noch Letzteres zumindest in Österreich (in Deutschland offenbar nicht wesentlich anders) mit Blick auf den Terrorismus im internationalen Vergleich (etwa zu Großbritannien, den Niederlanden, zu Israel) bislang im erforderlichen Ausmaß ausreichend ausgeprägt. Zu sehr überwiegt das Misstrauen, der Staat (hier der Verfassungsschutz) könnte sich einer justiziellen Kontrolle entziehen, was natürlich als blanker Unsinn zu qualifizieren ist. Hier braucht es ein fundamentales Umdenken, denn die Sicherheit ist ebenfalls ein Grundrecht und damit ein höchstes herzustellendes beziehungsweise zu bewahrendes Gut. Sicherheit ist stets gegenüber der Freiheit abzuwägen. Philosophisch formuliert, ermöglicht Sicherheit Freiheit und Freiheit bedingt wiederum Sicherheit. Sie stehen in einem reziproken Verhältnis zueinander und sind in einer Debatte um die Befugnisse der Terrorismusbekämpfung – bei aller Notwendigkeit einer Kontrolle durch das Parlament, aber auch durch die verfassungsmäßig garantierten Mechanismen der Gewaltentrennung – nicht isoliert voneinander zu denken. Sicherlich sind allfällig grundrechtsbeschränkende Maßnahmen unter dem Gesichtspunkt der Verhältnismäßigkeit und rechtlichen Zulässigkeit derselben abzuwägen. Wie eben auch im Zusammenhang mit den aus meiner Sicht jedenfalls zu erweiternden Befugnissen, um Chat-Kommunikation von Extremisten im Bedarfsfall mitverfolgen zu können.

Was sind nun konkrete Lektionen oder „Take-aways" vom Wiener Anschlag für die Terrorismusbekämpfung? Was können wir und vor allem die zuständigen Behörden daraus lernen? Zuallererst kommt sicherlich die wenig überraschende Einsicht, dass es eines intakten Sicherheits- beziehungsweise Verfassungsschutzapparates bedarf, um eine drohende Gefahr frühzeitig zu erkennen und abzuwenden. Die Notwendigkeit einer funktionierenden, behördenübergreifenden Kooperation, Koordination und Kommunikation habe ich ebenfalls ausführlich erläutert. Nicht minder ist zu gewährleisten, dass relevante Vorgänge wie etwa Gefährderbewertung und Gefährdermanagement weiter professionalisiert werden – sowohl in technischer als auch personeller Hinsicht – und da vor allem im analytischen Kompetenzbereich. Hier macht es Sinn, Anleihen bei anerkannten, internationalen Best-Practice-Beispielen wie etwa den Niederlanden zu nehmen. Dort gelingt es nämlich seit vielen Jahren, ein hocheffizientes Terrorismusbekämpfungssystem zu bewirtschaften, das in Europa als State of the Art gilt. Sämtliche der geäußerten Kritikpunkte und Vorschläge betreffen vordergründig die operative, also harte Terrorismusbekämpfung. Demgegenüber versucht die strukturelle Terrorismusbekämpfung die weichen Faktoren wie Radikalisierung, Prävention und Deradikalisierung zu adressieren. Wesentlich erscheint vor allem eine nachhaltige Stärkung der weichen Präventionskomponente in der praktischen Arbeit der Sicherheitsbehörden. Prävention leistet keine Wunderdinge, jedoch ist sie eine Erfolg versprechende Möglichkeit, dem Aufkommen und der Verbreitung extremistischer Ideen oder Botschaften sowie der Radikalisierung insgesamt etwas Taugliches entgegenzusetzen.

Mit Blick auf den Wiener Terroranschlag und die relevanten Zeitabschnitte in der Biografie Kujtim F.s zeigt sich, dass es potenziell mehrere Einwirkungsmöglichkeiten in verschiedenen Stadien gegeben hätte. Spätestens als seine Radikalisierung ruchbar wurde, hätte man ihn wahrscheinlich noch erreichen können und auch müssen. Etwa in der Zeit, als er sein Verhalten im familiären Umfeld und sich darüber hinaus auch äußerlich veränderte, dann, als er aus der HTL ausschied, als er sukzessive seine fundamentalistische religiöse Gesinnung in den Vordergrund stellte oder als er vermehrt mit falschen Freunden zusammentraf. Anknüpfungspunkte hätten sich höchstwahrscheinlich mehrfach identifizieren lassen. Jedoch muss jemand da sein, der dies erkennt, in die Wege leitet und Maßnahmen umsetzt beziehungsweise begleitet. Eine Ansprache durch geschultes Personal, Sozialarbeiter oder anderwärtige Betreuer hätte in dieser Phase erfolgen müssen. Für die Distanzierung und Deradikalisierung während der Haft war es beim künftigen Attentäter eindeutig schon zu spät.

DIE VIEL FÄLTIGE

EXTREMISTISCHE BEDROHUNG IN EUROPA

Der Extremismus hat in Europa wieder Hochkonjunktur. Wie kaum zuvor ist die Polarisierung durch vielfältige extremistische Ideologien und die Bedrohung durch jeweils zuzurechnende Akteure derart ausgeprägt gewesen. Das breite Angebot an einschlägigen Narrativen und Propaganda ebenso wie deren einfache Verfügbarkeit waren nie so umfassend wie gegenwärtig.

Wie beim sprichwörtlichen Bauchladen kann sich jeder nach Belieben ein passendes extremistisches Narrativ aussuchen.

ISLAMISMUS/JIHADISMUS

Im Gesamtüberblick bleibt der Islamismus in seinen zahlreichen Facetten, insbesondere in der salafi-jihadistischen Ausprägung auf Sicht die wesentliche extremistische Bedrohung für die europäische Sicherheit. Diese Sichtweise vertritt übrigens aktuell die Mehrzahl der europäischen Innenministerien beziehungsweise Verfassungsschutz- und Sicherheitsbehörden, bestätigt durch die in absoluten Zahlen anteilsmäßig größte Anhänger- und Täterschaft.[284] Der aktuelle Europol TE-SAT-Bericht, der die gegenwärtige terroristische Gefährdungslage für Europa analysiert hat, kommt zu einer ähnlichen Schlussfolgerung, die auf den Statistiken des Jahres 2022 und einem nüchternen Ausblick basierend auf einer hauseigenen Einschätzung beruht.[285] Aktuell sieht der Präsident des deutschen Bundesamtes für Verfassungsschutz, Thomas Haldenwang, ebenfalls die „[...] Bedrohungslage durch den Islamismus unverändert hoch. Wir müssen jeden Tag auch in Deutschland mit einem islamistischen Anschlag rechnen. Die Sicherheitsbehörden in Deutschland sind daher wachsam und werfen einen sehr scharfen Blick auf die uns bekannten Gefährder."[286]

Die jihadistische Bewegung in der Europäischen Union ist weitgehend fragmentiert. Von Skandinavien bis Südeuropa, von der iberischen Halbinsel bis zur Türkei operieren verschiedene Gruppen und Einzelpersonen unterschiedlicher Ausprägungen, die unabhängig oder in Zellen terroristische Aktivitäten planen und umsetzen können. Diese entkoppelten Strukturen sind nach dem Muster von Franchise-Filialen einerseits mit nationalen und andererseits auch vermehrt mit transnationalen jihadistischen Netzwerken lose verbunden. Verbindungen und Austausch existieren sowohl im virtuellen Raum als auch offline. Insbesondere über Instant-Messaging-Kanäle wird Kontakt zu anderen Gleichgesinnten aufgenommen, um terroristische Anschlagsszenarien zu erörtern und zu koordinieren. Bei etwaigen Anschlagsplanungen wird häufig eine Kombination aus Vorbereitungsaktivitäten und intensiver Nutzung von jihadistischen Onlineplattformen eingesetzt. Auch hier zählt die Propaganda der Tat oder vielmehr jene der Ankündigung: Erstaunlicherweise bekunden Jihadisten auf sozialen Netzwerken und einschlägigen Kanälen immer wieder öffentlich ihre Zugehörigkeit zu terroristischen Organisationen, und manche kündigen sogar ihre deklarierte Absicht an, Terroranschläge zu verüben. Dieser offene Umgang ermöglicht es den Sicherheitsbehörden gelegentlich, unmittelbar einzuschreiten. Die Zugehörigkeit (im Sinne von Mitgliedschaft) zu den relevanten islamistischen Terrorgruppen wie dem „Islamischen Staat" (IS) und al-Qaida verliert unter europäischen Islamisten zusehends an Bedeutung. Nicht jedoch die Ideologie, entgegen der Annahme mancher Experten. Durch das aus Sicht der Extremisten wahrnehmbare Wiedererstarken des IS nach einer längeren Durststrecke, vor allem jedoch befördert durch den Aktionismus und die „Erfolge" des lokalen Ablegers IS-K in Afghanistan, weht seit geraumer Zeit ein frischer Wind durch die europäische Jihadistenszene. Die ideologische Strahlkraft des Jihadismus hat zuletzt zugenommen und einschlägige Narrative wie die in diesen Kreisen populäre Kalifatsutopie haben bei Jugendlichen IS-Anhängern in ganz Europa wieder an Attraktivität gewonnen. Ebenso ist eine beschleunigte Dynamik im Bereich Propaganda und Rekrutierung zu beobachten. Sogenannte Influencer-Preacher verbreiten eine dichotome, islamistische Interpretation des Koran in einer jugendgerechten Form (Jugendsprache, Mode) und

Darstellung. Das geschieht derzeit vorwiegend auf TikTok oder YouTube in der jeweiligen Landessprache, ohne dass sie theologisches Vorwissen oder eine entsprechende Vorbildung voraussetzen.

Die terroristische Bedrohungslage im islamistischen Phänomenbereich bleibt für Europa auf Sicht daher weiterhin angespannt. Hierfür gibt es mehrere Gründe. Einerseits erlangt der Islamismus etwa durch eine fortschreitende Polarisierung in etlichen westlichen Demokratien, häufig als Folgeerscheinung der Pandemie, wieder ideologischen Auftrieb. Islamisten nutzen diese gesellschaftliche Spaltung für ihre ideologischen Zwecke und interpretieren sie als bewusste Ausgrenzung und Marginalisierung von Muslimen um. Das verleiht ihrem Ansinnen Legitimität und unterstützt die jihadistische Erzählung von Selbstermächtigung und Rache.

Die prekäre Sicherheitslage in Afghanistan (aber auch in Pakistan), verbunden mit dem Erstarken des regionalen Satelliten IS-K, ist ebenfalls ein Motor dieser den europäischen Islamismus begünstigenden Entwicklung. Im Blick zu behalten ist jedenfalls die fluchtbedingte Zuwanderung aus dieser Region, zumal auch IS-Kämpfer versuchen könnten, sich unter die anhaltenden Flüchtlingsströme zu mischen.[287]

Ebenso geht nach wie vor eine Bedrohung von mittlerweile innerhalb des EU-Raumes, am Balkan oder noch in der Türkei beziehungsweise im syrischen Grenzgebiet in Lagern befindlichen Kriegsheimkehrern aus Syrien aus. Die offenen Schengen-Grenzen sind jedenfalls in dieser Hinsicht kein zuverlässiger Schutzschild. Ein rezenter UNO-Sicherheitsratsbericht vom Februar 2023 hält hierzu fest, dass rückkehrende Auslandskämpfer ein wiederkehrendes Sicherheitsproblem darstellen und unter anderem über die sogenannte Balkanroute wieder im EU-Gebiet einsickern: „Die Mitgliedstaaten wiesen auf die Gefahr hin, dass zurückkehrende ausländische terroristische Kämpfer sich als Anwerber neu erfinden, um auf europäischem Boden einheimische Zellen zu bilden. Bei den meisten handelt es sich um Personen, die in der Radikalisierung geschult sind und direkte Verbindungen zu zentralen Kommandos in Konfliktgebieten haben.“[288] Weiters heißt es dort: „Mehrere Mitgliedstaaten äußerten sich besorgt darüber, dass der Balkan eine Route für Terroristen darstellt, über die sie unerkannt auf europäisches Gebiet gelangen können."[289]

Im österreichischen Verfassungsschutzbericht von 2022 wird die Kategorie der *Foreign Terrorist Fighter* ebenfalls als Bedrohung erwähnt: „Von diesen Personen kann aufgrund ihrer militärischen Ausbildung, ideologischen Indoktrinierung, möglicher Frustration, Traumatisierung und/oder Verrohung durch Gewalterfahrungen ein Gefährdungspotenzial ausgehen."[290]

Hinzu kommt die weiterhin instabile sicherheitspolitische Lage in der MENA-Region (Middle East and North Africa) und im subsaharischen Afrika, die sich kurz- bis mittelfristig negativ auf das terroristische Geschehen im jihadistischen Spektrum in Europa auswirken kann. Fragile Staatlichkeit in Krisenregionen in der islamischen Welt hat auf mehreren Ebenen nachteilige Auswirkungen auf die Sicherheitslage in Europa und kann den Islamismus beflügeln. Für Österreich sind solche Hotspots zudem ebenso der Balkan (vor allem Bosnien, Nordmazedonien, Kosovo) und der Nordkaukasus, die aufgrund der angestammten Diaspora-Communitys im Land unmittelbare sicherheitsrelevante Auswirkungen haben können.[291]

Europaweit werden darüber hinaus kurzfristig Hunderte islamistische Gefährder demnächst (in den kommenden ein bis drei Jahren und darüber hinaus) aus der Haft entlassen, die mehrheitlich weiterhin unter sicherheitsbehördlicher Beobachtung bleiben müssen. Bleibt noch der unübersichtliche Anteil an *Homegrowns*, also derjenigen, die sich still und leise daheim radikalisieren. In Anbetracht nachteiliger gesamtgesellschaftlicher Entwicklungen in Richtung Polarisierung, einer unablässigen Krisendynamik und einer ungebrochenen Attraktivität islamistischer Parolen bei Empfänglichen ist hier zweifelsohne von einem stetigen Anwachsen auszugehen.

Insgesamt geht die Bedrohung durch das islamistisch-extremistische Spektrum in Europa seit geraumer Zeit primär von radikalisierten Einzeltätern aus, welche interpersonelle, transnationale Vernetzungen zu radikalisierten Szenen auch ins Ausland pflegen und für ihre Zwecke ausbeuten. Zusammenfassend lässt sich festhalten, dass sowohl die Motivation als auch die Fähigkeiten bei islamistisch motivierten Extremisten ausgeprägt sind, Terroranschläge in Europa zu verüben.

RECHTSEXTREMISMUS

Der Rechtsextremismus ist die derzeit am schnellsten wachsende verfassungsfeindliche Bedrohung in Europa. Ein wesentlicher Grund hierfür ist die starke ideologische Unterfütterung durch rassistisch-fremdenfeindliche Erzählungen, die als Defensivreaktion auf eine zunehmende Zuwanderung aus kulturfremden Regionen umgedeutet werden. Rechtsextreme Ideologien basieren auf exklusivem Nationalismus, völkischem Rassismus, Antisemitismus, Islamophobie, Fremdenfeindlichkeit und Intoleranz. Diese Weltanschauungen ziehen ihre Unterstützung aus verschiedenen hasserfüllten Subkulturen, die gegen Vielfalt und Gleichberechtigung von Minderheiten sind. Frauenfeindlichkeit, Homophobie und insbesondere eine tief sitzende Feindschaft gegenüber Einwanderern aus anderen, „fremden" Kulturkreisen sind weit verbreitet. Ein zentrales Konzept des Rechtsextremismus ist der rassisch motivierte Suprematismus, der behauptet, dass eine bestimmte Gruppe anderen überlegen sei und hiervon das Recht ableitet, diese zu dominieren.

Eine ideologische Vorreiterrolle nimmt dabei die sogenannte Neue Rechte ein, „ein informelles Netzwerk von Gruppierungen, Einzelpersonen und Organisationen, in dem rechtsextremistische bis rechtspopulistische Kräfte zusammenwirken, um anhand unterschiedlicher Strategien teilweise antiliberale und antidemokratische Positionen in Gesellschaft und Politik durchzusetzen".[292] Dabei versucht sie konsequent, traditionelle faschistische Weltanschauungen im neuen Gewand zu verkaufen und damit salonfähig zu machen. Mit griffigen Schlagwörtern wie Bevölkerungsaustausch (auch *Great Replacement*), *Reconquista* (Rückeroberung), Remigration (Rückführung, Abschiebung) oder der Verschwörungserzählung vom *Great Reset* (der große Umbruch) wird eine xenophobe Angstkampagne vorangetrieben, die

Widerstand als patriotische Pflicht verkauft. Untermauert wird die Forderung, sich gegen eine „Umvolkung" zu wehren, indem delinquente Tathandlungen von (meist muslimischen) Migranten und Asylwerbern in den jeweiligen Staaten überproportional häufig wiedergegeben, detailliert ausgeschlachtet und im Kontext überbetont werden. Die Zuwanderung wird somit insgesamt als eine direkte Gefahr für alle Bürger und ein Systemwechsel zugunsten rechtsextremer Kräfte als dringend notwendig dargestellt. Vor allem mit der antimuslimisch grundierten Rhetorik einer Gefahr der „Islamisierung" westlicher Gesellschaften wird zunehmend Angst geschürt und gespalten. Rechtsextremisten versuchen konsequent, Überfremdungsängste und Vorurteile gegenüber dem Islam beziehungsweise den Muslimen zu erzeugen oder entsprechende Vorbehalte hervorzuheben, um so die öffentliche Meinung in ihrem weltanschaulichen Sinn zu beeinflussen. Im Kern bedient sich die Neue Rechte als ideologische Speerspitze asyl-, islam- und fremdenfeindlicher Erklärungsmuster, die sie beliebig instrumentalisiert.

Die Identitäre Bewegung (IB) ist die bedeutendste Organisation der Neuen Rechten. Sie verfügt mittlerweile offiziell in Irland, Großbritannien, Dänemark, Deutschland, Frankreich, Österreich, Tschechien, Ungarn, Slowenien sowie in Italien über feste Organisationsstrukturen. Anhänger und Sympathisanten der Identitären gibt es in ganz Europa. In den Kadern der IB haben „etliche der prominenten Akteure [...] eine Vergangenheit in der Neonaziszene, auffällig viele im völkischen Milieu".[293]

Das erklärte strategische Ziel der Identitären ist (in Analogie zur Muslimbruderschaft bei den Islamisten) die Anschlussfähigkeit an breitere gesellschaftliche Kreise in Europa, um eine größere Anhängerschaft zu generieren. Dafür geben sie sich nach außen hin als demokratisch und deklariert gewaltfrei. Sie wollen hineinwirken in die „Mitte der Bevölkerung" und salonfähig werden. Dergestalt verstehen sich die Identitären als Verbindung zwischen rechtspopulistischen Parteien und den Basisstrukturen rechtsextremistischer Gruppierungen. Die Strategie der Identitären ist ein „moderner", „intellektuell" grundierter Rechtsextremismus, um sich von kruden Neonazis, prügelnden Skinheads oder Hooligans und anderen abzugrenzen.[294]

Die zweite Hauptströmung des Rechtsextremismus umfasst den „tradierten" Neonazismus, der sich stärker an einer authentischen Symbolik und Rhetorik des Nationalsozialismus orientiert. Der letzte aktuell verfügbare österreichische Verfassungsschutzbericht klassifiziert die Akteure dieser Szene wie folgt: „Die Vertreterinnen und Vertreter der Gruppierungen unterstützen nationalsozialistisch geprägte Ideologien, einschließlich antisemitischer und ausländerfeindlicher Narrative, und sind weltanschaulich gegen die Prinzipien eines demokratischen Rechtsstaates eingestellt. Militanz und Gewaltbereitschaft zeigen sich bei den einzelnen Verbindungen in unterschiedlichen Ausformungen – verbal und/oder physisch, versteckt und/oder offen."[295] Rechtsextreme Hooligan-Gruppen, Rechtsrock-Bands und kriminell organisierte Motorrad-Rocker-Gangs sind mittlerweile relevante Akteure der einschlägigen extremistischen Szene. Neuerdings nimmt auch der Kampfsport eine zunehmend bedeutende Rolle bei der internationalen Vernetzung ein. Das dortige Umfeld ist neben dem virtuellen Raum ein bevorzugter Ort der Rekrutierung von Sympathisanten.

Gewaltbereite rechtsextreme Einzelpersonen und Gruppen setzen Hassrhetorik und Gewalt ein, um ihre politischen oder ideologischen Ziele zu erreichen. Sie streben nach einem autoritären System und lehnen die Demokratie, die Verfassung, ihre garantierten Grundrechte und Werte fundamental ab. Wiederkehrende rechtsextremistische Terroranschläge in Deutschland (München 2016, Kassel 2019, Halle 2019 oder Hanau 2020) zeigen, dass radikalisierte Einzeltäter vermehrt zu Gewalt im Stil von Amokläufen oder Mordanschlägen übergehen. Rechtsextremistischer Einzeltäter-Terrorismus ist verbunden mit der neonazistischen Taktik eines „führerlosen Widerstandes" (*leaderless resistance*), basierend auf den operativen Grundsätzen des amerikanischen Ku-Klux-Klan.[296]

Symptomatisch sind auch für den Rechtsterrorismus eine transnationale Vernetzung, eine zunehmende Radikalisierung im virtuellen Raum und ähnliche taktische Präferenzen wie beim jihadistisch motivierten Terrorismus. So werden niederschwellige Szenarien mit geringer Vorbereitung und taktischer Planung immer mehr zur Regel. Viel stärker als bei seinem islamistischen Pendant richtet sich die Gewalt rechtsextremistischer Attentate und Anschläge gegen spezifische Ziele und Angehörige bestimmter Gruppen. Diese Zielwahl korrespondiert mit der entsprechenden Feindbildkonstruktion. Daher geraten einzelne Menschen oder Gruppen aus „rassistischen, antisemitischen, antiziganistischen, sozialdarwinistischen, aus homo- und transfeindlichen sowie aus politischen Motiven" ins Visier rechter Hasskriminalität und Gewalttaten.[297] Das „Siege"-Narrativ und der daraus abgeleitete „Akzelerationismus" sind die derzeit vorherrschenden Ideologien, die in internationalen Online-Communities weit verbreitet waren. Basierend auf einem in der Szene wirkungsmächtigen Buch des Rechtsextremisten James Mason aus den 1980er-Jahren mit dem englischsprachigen Titel *Siege* (deutsch: Belagerung) wird terroristische Gewalt gegen ethnische Minderheiten als einzig legitimes Mittel gesehen, um einen großen Aufstand der weißen Mehrheitsbevölkerung gegen liberale, multikulturelle und *woke* (mehr dazu weiter unten) Gesellschaften anzuzetteln. Die Zielsetzung besteht darin, den Zusammenbruch des vorherrschenden, als schwach und dekadent wahrgenommenen Systems zu beschleunigen (daher der Begriff Akzelerationismus). Diese apokalyptische „Siege"-Ideologie wird von einigen, teilweise europaweit agierenden rechtsextremistischen Gruppen (unter anderem „Atomwaffen Division", „Feuerkrieg Division" oder „Sonderkommando 1418") als Rechtfertigung für einen größeren „Aufstand" gesehen. Die großflächige Bewaffnung der rechten Szene – regelmäßig werden in Deutschland und Österreich, aber auch anderswo in Europa, Lager mit Kriegswaffen ausgehoben – kann als schlagkräftiges Indiz für diese These betrachtet werden.

Seit Beginn der Pandemie hat sich darüber hinaus im Zusammenhang mit dem Protestgeschehen gegen die staatlich verordneten Coronaschutzmaßnahmen eine breite verfassungs- und demokratiefeindliche Bewegung herauskristallisiert. Nunmehr ist diese radikale Protestbewegung teilweise in bestehende rechtsextremistische Strukturen eingesickert beziehungsweise von dieser absorbiert worden.[298]

Terroristische Gefahr durch Rechtsextremisten geht in Europa derzeit insbesondere, aber nicht nur, von Gruppen aus der *Siege*-Szene und von radikalisierten Einzeltätern aus. Der Handlungsdruck hat bei Neonazis und anderen Akteuren zugenommen, und es ist von einem Anstieg rechtsextremistisch motivierter Gewalt in Deutschland sowie graduell ebenso in Österreich auszugehen. Die Wahrscheinlichkeit für rechten Terror in unseren Breitengraden ist seit Beginn der Pandemie kontinuierlich gestiegen und nach meiner Beurteilung im deutschsprachigen Raum so hoch wie kaum zuvor.

STAATSLEUGNER (REICHSBÜRGER, SELBSTVERWALTER)

Im Verfassungsschutzjargon heißen sie lapidar „demokratiefeindliche Verbindungen". Strukturell am ehesten wahrscheinlich dem Rechtsextremismus nahestehend, jedoch sicherlich ein Sonderfall. Wer kennt sie nicht? Die ominösen „Reichsbürger" und „Selbstverwalter". Immer wieder liest man von Personen und Kleingruppen, die die staatliche Autorität, etwa in der Hoheitsverwaltung bei Zwangsvollstreckungen, nicht anerkennen wollen, Amtspersonen bedrohen und die Republik, die sie als Unternehmen betrachten, verklagen. Lange wurden die meisten dieser Figuren und kleineren Strukturen eher als eine eigenartige Zeiterscheinung abgetan, als schräge Vögel belächelt und in ihrem extremistischen Potenzial nicht allzu ernst genommen. Weder in Deutschland noch in Österreich. Etwa seit den 2010er-Jahren hat diese Szene jedoch massiv Fahrt aufgenommen. Dennoch sind die Behörden etwa bis zum Beginn der Pandemie von einem überschaubaren Problem ausgegangen. Spätestens seit dem 7. Dezember 2022 hat sich diese Lagebeurteilung schlagartig geändert. An jenem Tag führten circa 3000 Polizeibeamte in elf deutschen Bundesländern gleichzeitig an die 150 Razzien gegen eine extremistische Gruppe von Reichsbürgern durch. Simultan erfolgten in Österreich und Italien ebenfalls Hausdurchsuchungen im Milieu der staatsfeindlichen Szene. Im Zuge der deutschen Razzien wurde eine Gruppe von 25 Personen festgenommen. Laut dem Generalbundesanwalt hatten diese Personen eine terroristische Vereinigung gebildet mit dem Ziel, die verfassungsmäßige Ordnung der Bundesrepublik Deutschland zu stürzen und einen Staat nach dem Vorbild des Deutschen Reichs von 1871 zu errichten.[299] Eine zentrale Figur dieser Organisation und ihrer Umsturzpläne soll Heinrich XIII. Prinz Reuß sein, der 2019 als Redner öffentlich erklärt hatte, die Bundesrepublik Deutschland sei kein souveräner Staat, sondern nach wie vor von den Alliierten kontrolliert. Die BRD und ihre Justiz seien „Firmen" oder „GmbHs" und als solche zu behandeln.[300] Mittlerweile stufen Verfassungsschutzbehörden die Szene der Reichsbürger und Selbstverwalter sowohl in Deutschland als auch in Österreich insgesamt als staatsfeindlich ein. Aktuell sind der Szene deutschlandweit etwa 23 000 Personen zuzurechnen, bei rund 1000 davon handelt es sich zugleich um Rechtsextremisten. Von diesen 23 000 Akteuren der demokratieablehnenden Szene werden circa 2100 als gewaltorientiert bewertet. In Österreich geht man derzeit von 4000 bis 5000 Staatsverweigerern aus, Ende Dezember 2020 waren davon 3693 namentlich bekannt.[301] Hinsichtlich der Gewaltbereitschaft kann man in der Alpenrepublik gut und gern einen zehnprozentigen Ansatz beim harten Kern annehmen – also circa 200 bis 400 Personen. Im Fokus der angestrebten Gewalt, die von diesen Strukturen ausgehen könnte, stehen Vertreter des Staates, insbesondere des öffentlichen Dienstes. Vor allem Politiker und Richter, Beamte und uniformierte Vertreter der Sicherheitsbehörden, aber auch Journalisten und Ärzte beiderlei Geschlechts. Immer wieder kursieren Aufrufe zur Selbstjustiz. Außerdem sind radikalisierte Personen innerhalb der demokratieablehnenden Szene besonders ansprechbar für „stochastische" Gewalt. Stochastisch heißt zufallsabhängig. Dahinter steht die perfide Strategie von Extremisten, über soziale Netzwerke regelmäßig weltverschwörerische Brandbotschaften in enthemmter Sprache zu verbreiten, die sich jedoch nicht an einen konkreten Täterkreis (aus der eigenen Gruppe) richten und dadurch spontane und beliebige Gewalt gegen gewisse Feindbilder provozieren wollen. Die Forscher Hamm und Spaaj, die das Phänomen des stochastischen Terrorismus in ihrem spannenden Buch *The Age of Lone Wolf Terrorism* beschreiben, verwenden zur Erklärung die Analogie eines Bogenschützen, der hundert Pfeile auf ein Ziel schießt und dabei einmal trifft. Das reicht. „In dieser Analogie ist der stochastische Terrorist der Bogenschütze, der Brandbotschaften an Tausende, wenn nicht Millionen von Menschen schickt, die Botschaften konsumieren. Der Volltreffer ist der eine Konsument, der die Botschaften nutzt, um gewalttätiges Handeln zu rechtfertigen."[302] Es werden also so lange giftige Pfeile verschossen, bis einer trifft. Nur ist dies nicht der Pfeil des Amor, sondern des Furor. Diese Taktik spricht typischerweise Gelegenheitsattentäter und Trittbrettfahrer an, die sonst wahrscheinlich keine derartige Ambition gehegt hätten.

Demokratiefeindliche Verbindungen haben zum Ziel, „[...] staatsähnliche Parallelstrukturen zu errichten und diese Strukturen durch eine steigende Anhängerschaft wachsen zu lassen. Dazu wird versucht, ein eigenes Gewaltmonopol aufzubauen, um ebenjene eigenen Verwaltungs-, Rechts- und Hoheitskonstrukte durchsetzungsfähig zu machen. Schlussendlich wird der Zusammenbruch des derzeit bestehenden Systems herbeigesehnt [...]."[303]

Während der Pandemie wurden vermehrt Tendenzen zur Vernetzung und Vermischung mit Akteuren des Rechtsextremismus festgestellt. Diese Synergien haben zu einer weiteren Zunahme der Anzahl von Anhängern und Unterstützern der Reichsbürger und Selbstverwalter geführt. Gemeinsame Merkmale beider Szenen sind ein rigoroser Glaube an Verschwörungstheorien und eine ausgeprägte Ablehnung des Staates und der Demokratie. Vernetzungen entstehen beispielsweise im Zusammenhang mit Protestaktionen oder über gemeinsame Telegram-Gruppen. Die Ideenwelt der demokratiefeindlichen Szene ist hochgradig antisemitisch und konspirativ zugleich. Reichsbürger und Selbstverwalter beschuldigen „die Juden" sogar dafür, arbeitslos zu sein. Andere Verschwörungstheorien wie die nationalsozialistische Dolchstoßlegende („die Juden" seien schuld am Ersten Weltkrieg), die offen antisemitisch sind, werden überdies propagiert.

Darüber hinaus gibt es bei einigen dieser Gruppen starke Indizien für die Leugnung des Holocaust. Hinzu kommen krude judenfeindliche Verschwörungsmythen wie beispielsweise die „Germanische Neue Medizin", die davon ausgeht, dass die Mehrheit der deutschen Onkologen Juden seien, die über die Chemotherapie gezielt Menschen töten wollten; die Existenz von Aids leugnen sie.[304] Die gesamte Staatsverweigererszene arbeitet geschickt mit intern bekannten Codes und Chiffren, um so eine strafrechtliche Belangung zu umgehen.

Um ihre ideologischen Elemente und Argumentationsmuster zu verbreiten, machen Reichsbürger und Selbstverwalter hauptsächlich Gebrauch vom Internet und von sozialen Netzwerken, insbesondere Telegram-Kanälen. Nachdem das Thema Pandemie, staatliche Restriktionsmaßnahmen und Impfpflicht inzwischen nicht mehr derart polarisieren, wurden in der demokratieablehnenden Szene neue polemische Aufregerthemen gesucht und gefunden, allen voran der Ukraine-Krieg. In den Kreisen der Staatsleugner ist eine vorwiegend prorussische Meinungshaltung, verbunden mit einer Billigung der kriegerischen Invasion durch Russland, erkennbar. Daher genießen der russische Präsident Wladimir Putin beziehungsweise der Kreml und dessen autoritäre Politik, die als rigoros und kompromisslos wahrgenommen wird, eine Art Kultstatus bei den Reichsbürgern und Co. Es ist also nicht weiter überraschend, dass Aktivisten mehrheitlich die internationalen Sanktionen gegen Russland und die Unterstützung der Ukraine durch den Westen ablehnen und in ihrer Argumentation einen wesentlichen Schwerpunkt auf die Probleme der Teuerung und der Energiekrise legen.[305]

Derzeit geht in Deutschland weiterhin eine konkrete Gefahr von dieser heterogenen Szene aus, währenddessen man sie in Österreich eher als (noch) abstrakte Bedrohung zu sehen scheint. Zwar gibt es Hinweise, dass sich Teile der Staatsleugnerszene nachhaltig radikalisieren, jedoch haben Aktionen wie die länderübergreifende Razzia im Dezember 2022, aber auch kleinere, regelmäßige Schwerpunktaktionen einige der relevanten Stakeholder massiv geschwächt. Zudem sind manche Gruppierungen nicht zuletzt aufgrund einer intensiven medialen Berichterstattung noch stärker in den Fokus der staatspolizeilichen Beobachtung gerückt.

Im Gegensatz zu anderen extremistischen Gruppierungen, die sich eher abkapseln, gibt es bei den Staatsverweigerern im Alltagsleben regelmäßig Überschneidungen und Friktionen mit potenziellen oder deklarierten „Feinden". Die alltägliche Konfrontation mit den Behörden als dem verlängerten Arm des Staates, dessen Legitimität als Gewaltmonopol sie kategorisch ablehnen, kann wie beim obigen Bogenschützenbeispiel jederzeit zu stochastischer Gewalt führen. Angehörige der Staatsleugnerszene behindern Behörden systematisch in ihrer Arbeit, auch indem sie eine Art Papierterrorismus praktizieren, etwa durch Eingaben und juristische Einsprüche um deren selbst willen, und bedrohen Mitarbeiter in Ämtern mit physischer Gewalt. Nahezu „jeder staatliche Eingriff – gerade auch ein Entzug waffenrechtlicher Erlaubnisse – kann erhebliche Aggressionen und Gefahrensituationen auslösen".[306] Die demokratieablehnende Szene ist nach wie vor eine Blackbox.

Die Verfassungsschutzinstitutionen, aber ebenso wir Extremismusforscher, werden gerade diesen neueren Phänomenbereich mit den zugehörigen Formen extremistischer Gewalt noch genauer beobachten müssen, um präzisere Rückschlüsse auf dessen Modi Operandi, die mögliche Entwicklung von Organisationen und, davon abgeleitet, potenzielle und bestehende gewaltsame Bestrebungen der Staatsverweigerer in der Zukunft zu generieren.

VERSCHWÖRUNGSMYTHIKER

Eine Verschwörung hat nie zur Freiheit geführt, soll der deutsche Literaturkritiker Ludwig Börne angemerkt haben. Auch nicht zur Erkenntnis, könnte man ergänzen. Menschen, die Verschwörungserzählungen Glauben schenken, sind eine eigene, seltsame Kategorie. Ihre Wahrnehmung ist hochgradig selektiv und sie unterliegen einem *self-confirmation bias*, das heißt, dass sie nur mehr Argumente und sogenannte Fakten akzeptieren, die ihr bevorzugtes Narrativ unterstützen. Meist geht es um die „Alternative" zum Mainstream. Die anderen, das sind die Lemminge, die dummen Lämmer, denen man permanent Lügen auftischt, die sie unreflektiert schlucken, so die Denkweise der Verschwörungsmythiker. Mythiker? Ja, ganz bestimmt, denn sie sitzen unverhohlen Mythen auf. Was sie der „naiven" Mehrheit vorwerfen, trifft in Wahrheit auf sie selbst zu. Unkritisch übernehmen sie konspirative Argumente und verarbeiten diese eher emotional als rational. Darum geht es auch: „Verschwörungserzählungen sollen Emotionen schüren, Vermutungen bestärken und bestimmte Entwicklungen normativ aufladen. Meinungen werden als Fakten dargestellt, Informationen selektiv verwandt und nur zur Bestätigung der eigenen Weltsicht eingesetzt."[307]

Wenn die Pandemie zu einer großen Lüge der Pharmaindustrie verkommt, Bill Gates, George Soros und die Clintons als Profiteure ausgemacht werden oder der Ukraine-Krieg zu einer Intrige der NATO infolge der schrittweisen „Einkreisung" wird, wonach Russland gar nicht mehr anders konnte, als die Ukraine anzugreifen, dann befinden wir uns inmitten eines schrägen Konstrukts alternativer Wahrheiten. Eifrig versuchen Anhänger dieser Erzählungen dann unterstützende Hinweise und Belege zu finden, die ihren Thesen noch mehr Glaubwürdigkeit verleihen sollen. Besonders drastisch wird es, sobald anfänglich kleine Konspirationen zu einer riesigen Weltverschwörung werden, die plötzlich augenöffnend alles zu erklären scheinen. Versatzstücke von Narrativen werden beliebig zu einem für die Suchenden sinnvollen Ganzen zusammengebaut, das als Gesamtidee für sie überzeugend wirkt. Wie indoktrinierte Mitglieder einer Sekte sehen sich Verfechter von Verschwörungserzählungen als vermeintliche Gralshüter einer „Wahrheit", die nur wenigen zugänglich ist. Teil dieser beharrlichen Überzeugung ist die Anschauung, dass es ein System von abgehobenen Strippenziehern innerhalb der Eliten gibt, die gemeine Menschen zu Marionetten verkommen lassen. Irgendwann setzt der Drang ein, andere missionarisch von diesen Einsichten zu überzeugen. Kritik an den Thesen wird nicht akzeptiert. Die Welt wird immer stärker dualistisch gesehen. Gesellt sich zu den fragmentarischen Erzählungen der Verschwörung dann das Element einer persönlichen Radikalisierung hinzu, ist der Weg in den Extremismus nicht mehr weit. Besonders deutlich war dies während einiger der Coronamaßnahmen-Proteste in Deutschland und Österreich zu beobachten. Zuerst fanden Radikalisierungsprozesse in den sozialen Netzwerken statt, in Form von enthemmter Sprache, stereotypisierten Feindbildern. Dann verlegte sich das Geschehen auf die Straße. Bei den Anti-Coronamaßnahmen-Demos zeigte sich ein buntes Protestfeld: friedlich demonstrierende Impfgegner, die den Großteil der Demonstrierenden ausmachten, daneben Naturheilkundler, fundamentalistische Coronaleugner, Verfechter von kruden Verschwörungstheorien wie QAnon, Radikale, aber auch in kleiner Zahl immer wieder Reichsbürger, Rechtsextremisten und Gewaltbereite. Hervorzuheben ist hier die zahlenmäßig überschaubare Gruppe der Verfechter der Verschwörungserzählungen von QAnon. QAnon-Anhänger haben sich einer obskuren Weltverschwörungsideologie verschrieben, die von den USA aus propagiert wird.[308] Dabei werden „[...] abstruse, konspirative Narrative um einen vermeintlichen Kinderhändler-/Kinderpornoring in einer Pizzeria in Washington D.C. (‚Pizzagate‘), Ritualmordlegenden (Adrenochrom aus Kinderblut), Heldenmythen rund um Donald Trump und andererseits diffamierende Horrorgeschichten rund um Hillary Clinton, Barack Obama oder den Finanzinvestor George Soros als Schurken kreiert“.[309] Bekannt wurde QAnon in unseren Breitengraden durch diverse öffentliche Statements des Sängers Xavier Naidoo, der zumindest zwischenzeitlich einigen dieser konspirativen Mythen aufgesessen sein dürfte. In einem Video behauptete Naidoo sogar, dass „in diesen Momenten in verschiedenen Ländern der Erde Kinder aus den Händen pädophiler Netzwerke befreit“ würden.[310] Zudem forderte er seine Fans dazu auf, nach dem Begriff „Adrenochrom“ zu suchen. Dies kann als eine direkte Anspielung auf die QAnon-Verschwörungsmythen verstanden werden. Mittlerweile hat sich Naidoo wieder von seinen konspirativen Auswüchsen distanziert.[311]

Für Rechtsextremisten, Querdenker und Reichsbürger ist die QAnon-Bewegung nicht zuletzt aufgrund ihres ausgeprägten Antisemitismus anschlussfähig, da sie konsequent von der Behauptung ausgeht, die handelnden Eliten des „tiefen Staates" seien „Linke, jüdischen Glaubens oder von Juden gesteuert". Stefan Goertz versucht nachzuvollziehen, wie die Verschwörungsthese vom „tiefen Staat" Eingang über die Ideologie von QAnon in die rechtsextremistische Szene gefunden hat.[312] Er bezieht sich dabei auf ein YouTube-Video, in dem Jürgen Elsässer, der Chefredakteur von *Compact*, einer Zeitschrift, die vom deutschen Bundesamt für Verfassungsschutz als Verdachtsfall Rechtsextremismus eingestuft wurde, erklärt, was es mit dem „tiefen Staat" auf sich habe: „Darunter versteht man ein Geflecht aus Geheimdiensten, Wirtschaftsbossen, Börsengurus, linken Medien."[313] Etwa seit 2017 findet das Narrativ vom *Deep State* (vom tiefen Staat) Verwendung in rechtsextremistischen Kreisen. Getragen wird es von der absurden Behauptung, eine verborgene Kooperation von Bürokraten, Geheimdiensten und dem Militär forme einen „tiefen Staat", einen „Staat hinter dem Staat", der demokratisch gewählten Volksvertretern systematisch den Willen dieser verschwörerischen Gruppe aufzwinge. Dies entspricht demselben Muster wie bei der bekannten Globalverschwörung rund um die Bilderberger, denen nachgesagt wird, sie hätten die Mächtigen der Welt am Gängelband. In Deutschland und in Österreich findet die neuerdings ebenfalls (wieder) in Mode gekommene Verschwörungserzählung der „Neuen Weltordnung" (NWO) zusehends Verbreitung, die wie die meisten ihrer Art eine antisemitische Prägung aufweist und behauptet, dass globale Eliten à la George Soros eine autoritäre, supranationale Weltregierung anstreben würden. Derlei Verschwörungserzählungen gibt es noch unzählige mehr.[314]

Gerade im Sog der Pandemie haben Verschwörungstheorien massiv an Bedeutung gewonnen und Zulauf erhalten. Die Anhängerschaft dieser konspirativen Mythen ist so bunt wie die wahnwitzigen Geschichten dahinter. Einerseits sind es Rechtsextremisten und Staatsleugner, dann Coronaleugner und Naturheilkundler, andererseits ebenso Radikale ohne spezifische Agenda, Stammtischredner und Politikverdrossene. Schließlich auch Personen, die zu stochastischer Gewalt neigen könnten. Meistens handelt es sich um Mischformen. Jemand kann sowohl Rechtsextremist als auch Anhänger von Verschwörungsmythen sein. Außerdem, wie im Fall von QAnon, ist die Verschwörungserzählung zugleich der Antrieb für die gleichnamige Bewegung. Auffällig ist das Zusammentreffen von Rechtsextremismus, Staatsleugnertum, Antisemitismus und einer Affinität für Verschwörungstheorien. Gerade bei Akteuren, bei denen dieser giftige Cocktail gleichzeitig anzutreffen ist, ist die Gewaltneigung besonders ausgeprägt. Einige Verfassungsschützer scheinen die Szene und noch mehr die Erzählungen, die dort propagiert werden, zu belächeln. Das ist zwar in mancher Hinsicht nachzuvollziehen, doch möchte ich eindringlich davor warnen, das Eskalations- und Gewaltpotenzial dieser Szene zu unterschätzen. Überhaupt findet sich die Kategorie der Verschwörungsmythen und ihrer Anhänger als eine eigene Rubrik bislang so nicht in den einschlägigen Verfassungsschutzberichten. Wenn, dann werden Verschwörungserzählungen den passenden, meist rechtsextremistischen Ideologiebereichen zugeordnet. Dies ist zwar legitim und darstellbar, jedoch wäre aufgrund der rasanten Zunahme an konspirativen Theorien und der wachsenden Anhängerschaft mittlerweile zu empfehlen, diesem Bereich eine eigene, strukturierte Betrachtung zu widmen. Meiner Beurteilung nach wird dieser Phänomenbereich die extremistische Landschaft auf Sicht prägen und in Anbetracht der Virtualisierung beziehungsweise der Emergenz von Fake News, Trollen und künstlicher Intelligenz in nächster Zeit wahrscheinlich boomen. Zudem sind die meisten der Verschwörungsnarrative eine solide Basis für eine gewissermaßen unkomplizierte Radikalisierung.

LINKSEXTREMISMUS

Der Linksextremismus ist ein im deutschen Sprachraum in der medialen Wahrnehmung mittlerweile recht stiefmütterlich behandeltes Phänomen. Dies mag verwundern, ist doch die radikale Linke in Europa wieder sehr stark im Kommen, was aktuelle sozioökonomische Entwicklungen (Rezession, Inflation, Finanzkrise) erwarten lassen und dem kontinuierlichen Erstarken der radikalen Rechten geschuldet sein könnte.[315] Auch in der akademischen Gemeinschaft beschäftigen sich, abgesehen von wenigen Ausnahmen wie etwa der „Dresdner Schule", kaum mehr Fachleute kritisch mit aktuellen Ausprägungen im linksextremistischen Phänomenbereich.

Ideengeschichtlich sind auf der extremen Linken drei Strömungen auszumachen. Zwei bewegen sich innerhalb der klassischen sozialrevolutionären Linken: die revolutionär-marxistische Strömung, die den Aspekt der sozialen (Un-)Gleichheit und das „legitime" Ankämpfen gegen ungerechte Verteilung in den Vordergrund stellt, und die anarchistische Strömung, die eine maximale Beseitigung von Regeln und Hierarchien als Voraussetzung für eine „Ordnung ohne Herrschaft" zum Ziel hat.[316] Beide Strömungen schließen Gewalt in ihren Kampf bewusst mit ein. Die dritte, relativ neue Strömung ist jene, die häufig etwas sperrig als postmodernistische oder poststrukturalistische „Identitätslinke" bezeichnet wird. Die Ideologie einer von ihr geforderten Identitätspolitik setzt sich im Kern dafür ein, dass selbst kleinste Minderheiten, die sich als Opfer von gesellschaftlichen Mehrheiten betrachten, systematisch bevorzugt werden. In einem falschen Gerechtigkeitsverständnis lehnt diese intolerante Geisteshaltung demokratische Grundprinzipien der Mehrheitsentscheidung ab und betrachtet sie als strukturell oder systemisch rassistisch und kolonialistisch.[317] Die hieraus resultierende Ideologie basiert nach Rudolf van Hüllen auf der völlig antiaufklärerischen und antirationalistischen „Wissenschaftstheorie des Konstruktivismus und Dekonstruktivismus".[318]

EXKURS:
Der Wokismus als Zündstoff für Linksextremismus?

Besonders radikal ist der „Wokismus" (auch Wokeness oder Wokeismus), eine aus den USA stammende, revisionistische Weltanschauung, die identitätspolitische Grundsätze mit puritanischem Eifer durchzusetzen verfolgt. Der Begriff „woke" hat seinen Ursprung im Amerika der 1930er-Jahre bei schwarzen Aktivisten.

Damals stand dies für Achtsamkeit und Sensibilität gegenüber rassistischer Diskriminierung. Heutzutage verwenden einige den Woke-Begriff, um ihre besondere Aufmerksamkeit gegenüber jeglicher Form von Diskriminierung auszudrücken. Nach außen hin streben Verfechter dieses Denkansatzes Toleranz und Empathie an, zeigen sich bereit, von Minderheiten kulturell und soziopolitisch zu lernen und aktiv etwas gegen deren Unterdrückung zu unternehmen. So weit klingt das erst mal vernünftig und redlich. Doch das eigentliche Programm hinter diesem Antidiskriminierungsfeldzug ist in hohem Maße hypermoralisch, intolerant und demokratiefeindlich. Die Feministin und Menschenrechtsaktivistin Ayaan Hirsi Ali schreibt in einem Kommentar für die *Neue Zürcher Zeitung* bezugnehmend auf die Ideologie des Wokismus sogar von einem „zerstörerischen Utopismus" und erkennt darin überdies eine „Bedrohung".[319] Menschen, die diese fundamentalistische Ideologie der Political Correctness nicht teilen und sich womöglich kritisch darüber äußern, werden regelmäßig als rechte Unterdrücker, Boomer oder Erfüllungsgehilfen der Diskriminierenden abgestempelt. Die überzeugten Wokisten haben häufig ein elitäres Selbstverständnis und ausgeprägtes Sendungsbewusstsein. Sie versuchen konsequent, ihre strengen Überzeugungen von Richtig und Falsch der Gesellschaft aufzudrängen. Weiters bestehen sie darauf, dass andere sich an ihre vordefinierten Verhaltens- und Sprachregeln wie etwa ein konsequentes Gendern halten und fordern regelrecht eine Bekehrung von Menschen mit abweichenden Meinungen. Sie engagieren sich aktiv im „Kampf" gegen von ihnen als unangemessen erachtete Verhaltensweisen. Wokisten verstehen sich als eine Art Moralpolizei und versuchen vor allem sprachliche Unbotmäßigkeiten, die sie nicht tolerieren wollen, zu enthüllen, wo immer sie diese feststellen. Es hat etwas Oberlehrerhaftes und aufgrund des missionarischen Zugangs zugleich etwas Befremdliches an sich, wenn woke Menschen andere bevormunden wollen. In jedem Fall entspricht dies einer bedenklichen Empörungsmentalität, gepaart mit einem Konvertierungsanspruch. Fast ist man geneigt, darin eine klassische Meinungsdiktatur zu erkennen. Besonders hart hat den dahinterstehenden Anspruch der Revisionsbewegung Ben Shapiro kritisiert: „Der moralische Absolutismus [Anm. N. S.: der Woken] [...] zeichnet sich außerdem durch das Bedürfnis nach sozialer und ideologischer Homogenität im eigenen Umfeld aus sowie durch das intolerante Verlangen, anderen linke Überzeugungen und Werte aufzuzwingen."[320]

Steven Pinker, ein anerkannter Psychologe und Linguist, argumentiert, dass der Wokismus „[...] zu einer regelrechten Religion mit einem sehr starken Moralismus" geworden sei.[321] Pinker zufolge handelt es sich um eine Bewegung, „die weder auf Fakten noch auf der Wissenschaft basiert". Dementsprechend werden Wissenschaftler, die vielleicht sogar alternative Denkansätze vertreten, oder solche, die mit den eng gefassten Anschauungen der Woke-Bewegung nicht in Einklang stehen, einfach ausgeladen oder „gecancelt". Diese aktuell grassierende Unart, die unter dem Begriff Cancel Culture[322] zu einem Mantra der Gegenwart geworden ist, wird in universitären Zirkeln gerade hitzig debattiert.[323] Ebenso interessant ist die Debatte um das Thema „kulturelle Aneignung", das mittlerweile ein bevorzugtes Spielfeld des Wokismus geworden ist. So wurden Winnetou-Bücher des Ravensburger Verlags in einem Akt der Selbstzensur eingestampft, weil sie ein nicht mehr zeitgemäßes, romantisierendes Bild der Indianer vermitteln würden und den Verdacht von kultureller Aneignung erregt hätten. Auch der Disney-Konzern hat einige seiner originalen Zeichentrickfilme aus den ersten drei Nachkriegsjahrzehnten nach identitätspolitischen Kriterien streamlinen lassen, um keine heutzutage nicht mehr tragbaren Stereotypen zu bespielen. Zudem achtet man bei Disney unter dem Stichwort „Inklusion" nunmehr penibel darauf, schwarzen Figuren, Transgender-Figuren und ähnlichen „Minderheiten" in ausreichender Zahl und bei entsprechender Gewichtung eine Bühne zu bieten, auch wenn dies in der Originalgeschichte gar nicht vorgesehen war. Es geht dabei, so scheint es, primär um Kompensation, Reparationen und zum Teil auch um eine (bereinigte) Neuschreibung von Geschichte. All das hat freilich zwar wenig bis gar nichts mit Extremismus zu tun, jedoch haben derartige Umtriebe zu einer Polarisierung zwischen Links und Rechts geführt. Eine ausgleichende Mitte scheint es nicht mehr zu geben.

Was hiervon übrig bleibt, ist eine Idee von der Rigorosität dieser „linksautoritären" Zeiterscheinung (Shapiro).[324] Ein geschätzter Kollege, der namentlich nicht erwähnt werden möchte, hat in Bezug auf den Wokismus den passenden Begriff „Illiberale westliche Ideologie" geprägt. Ich würde sogar noch weiter gehen. Der identitätspolitische Wokismus bringt bereits einige wesentliche Kennzeichen mit, die ein extremistisches Potenzial vermuten lassen: eine rigorose, autoritäre Weltsicht, ein klares Feindbild. Einen übertrieben selbstbewussten Hang zur Eigenlegitimation. Ein ausgeprägtes Elitedenken und Demokratiefeindlichkeit. Sowie nicht zuletzt eine fast verbissene Bereitschaft, die moralisch begründeten Anschauungen der Bewegung auch gegen Widerstand durchzusetzen.

Warum habe ich Identitätspolitik und Wokismus nun einen derart breiten Raum innerhalb der Rubrik Linksextremismus eingeräumt? Aus zwei Gründen: Erstens, weil ich davon überzeugt bin, dass dieses Mindset die sich ohnehin bereits abzeichnende gesellschaftliche Spaltung massiv vorantreiben und Extremismus sowohl am linken als auch am rechten Rand befördern wird. Konsequent wird unter dem Deckmantel der Diversität eine intolerante Ideologie propagiert, die unsere Welt in simple Gegensätze aufgrund von Gruppenzugehörigkeit einteilt – Männer versus Frauen, Schwarze versus Weiße, Alte gegen Junge und so weiter. Am Ende steht das unvermeidliche Duell Gut gegen Böse. Der identitätspolitische Verlierer ist, wie der Soziologe Norbert Bolz in seinem gleichnamigen Buch beschreibt, der wahre Sündenbock: der alte, weiße Mann.[325] Er muss für sämtliche Sünden der westlichen Vergangenheit – von Kolonialismus bis Kapitalismus, von Rassismus bis zur Unterdrückung der Frauen herhalten und büßen. Die Hohepriester des Moralismus und der Political Correctness haben inzwischen die – vor allem mediale – Deutungshoheit darüber eingenommen, was opportun ist und was nicht. Auf Twitter (nunmehr „X") kann man regelmäßig den moralinsauren Bocksgesang mancher Woken in Echtzeit mitverfolgen, wenn sie sich über jemanden aufregen, der es wagte, sich ihren Überzeugungen und Forderungen zu widersetzen. Dort entsteht eine Blase der vom Gestus der vermeintlichen moralischen

Überlegenheit getragenen, gefühlten Unantastbarkeit, die sich im konsequenten Abschmettern von (Gegen-)Argumenten zeigt, ohne auf diese näher einzugehen. Man diskutiert einfach nicht mehr, man regt sich auf und ist moralisch erhaben. Denn jegliche Kritik an woker Identitätspolitik wird zugleich als Ignoranz tatsächlich bestehender Probleme wie Rassismus, Kulturalismus und Homophobie gedeutet, für deren Bewältigung sich die Bewegung ja nachweislich einsetzt. Allerdings regelmäßig in Manier einer Blockwartmentalität. Zudem habe die „Moral der Bewegung" inzwischen „rechtsfeindliche" und „antiformale Züge" angenommen, weil „Recht und Organisation die Konfliktfähigkeit" der Gegenseite eher „stützen" würden als die eigene.[326] Die Geisteshaltung des Wokismus ist von einer strukturellen Intoleranz gegenüber Andersdenkenden getragen und damit demokratiefeindlich. Hier setzt für mich das zweite Argument an, welches mich veranlasst, die Verbindung des Wokismus zum Linksextremismus hervorzuheben. Auf der Legitimationsebene erweitern identitätspolitische, woke Ansätze den Deutungsrahmen des Linksextremismus und sind zumindest anschlussfähig bei linksextremistischen Strukturen. Der französische Antisemitismus- und Rechtsextremismusforscher Pierre-André Taguieff erkennt beim aktivistischen Flügel der Woke-Bewegung bereits konkrete Hinweise auf offenen Rassismus (gegen Weiße) und eine ausgeprägte Gewaltbereitschaft.[327]

Was Verschwörungsnarrative für Rechtsextremisten sind, könnte der identitätspolitische Wokismus mittelfristig für Linksextremisten werden. Die moralische Legitimation für einen Systemwechsel im Sinne ihrer antifaschistischen, antikapitalistischen Weltanschauung, die nunmehr um den Aspekt der Revision und Wiedergutmachung vergangener Ungerechtigkeiten erweitert werden könnte. Nicht zuletzt befeuert eine linke Identitätspolitik aber gleichzeitig auch vehement den Rechtsextremismus, der eine reaktionäre Gegenposition dazu einnimmt und diese Ansätze mit umgekehrten Vorzeichen quasi rechts kopiert – indem er etwa eine „Unterdrückung der Weißen" als Vorwand nehmen könnte, um Gewalt gegen Andersdenkende oder „Anders-Seiende" zu rechtfertigen.[328] Francis Fukuyama meint in seinem Bestseller Identität zu Recht, dass die „politische Korrektheit" der „linken Identitätspolitik", wie sie besonders im Wokismus kultiviert wird, eine „Mobilisierungsquelle für die Rechte" geworden sei.[329] Nicht nur in den USA, wo das Trump-Lager ganz bewusst gegen die Ausprägungen der Identitätspolitik ankämpft und den Affekt der Benachteiligung konservativer, weißer Mittelschichtmenschen aus den ländlichen Gebieten in den Vordergrund seiner rechtspopulistischen Rhetorik gerückt hat.[330] Mit Blick auf eine falsche identitätspolitische Korrektheit der Medien erwähnt Fukuyama als Beispiel die „massenhaften sexuellen Übergriffe durch hauptsächlich muslimische Männer" während der Kölner Silvesternacht 2016, als ihm zufolge die Medien tagelang nicht über alle Details der Vorkommnisse berichtet hätten, „um die Islamophobie nicht anzuheizen".[331] Das Ergebnis war, dass sie die Deutungshoheit über die Vorkommnisse damit rechten und rechtsextremen Agitatoren überließen, die eine linke Verschwörung wähnten, wonach das „Scheitern der deutschen Flüchtlings- und Integrationspolitik" vertuscht werden sollte.

Nach meinem Dafürhalten ist dieser identitätspolitischen Entwicklung des Wokismus von Seiten der Verfassungsschutzinstitutionen in der nahen Zukunft eine gesonderte Beachtung zu schenken. Nicht minder, was eine allfällige Erweiterung des ideologischen Deutungsrahmens und potenzielle Vermischung der Diskurse und Ideologiefragmente mit jenen der radikalen Klimaschutzbewegung betrifft.

Lagebild Linksextremismus

Das Lagebild im Phänomenbereich des Linksextremismus ist mit Blick auf das Gewaltpotenzial lapidar als „im Ansteigen begriffen" zu beschreiben. Gerade in diesem ideologischen Segment sind die Szenen in Deutschland und Österreich miteinander eng verwoben, wobei jene in Österreich tendenziell eine Art Juniorpartner-Rolle einzunehmen scheint. Einschlägige Aktivitäten und Trends haben oft grenzüberschreitende Auswirkungen und manifestieren sich in der Alpenrepublik häufig erst mit etwas mit Verzögerung. Zudem sind personelle Interaktionen und ein reger Austausch zwischen maßgeblichen Akteuren und Strukturen hier

keine Seltenheit. Daher hat es Sinn, die beiden jeweils letztver-
fügbaren Verfassungsschutzberichte dahingehend zu vergleichen,
um eine profunde Einschätzung zur gegenwärtigen Lage und den
damit verbundenen Dynamiken zu erlangen.

Der aktuelle deutsche Verfassungsschutzbericht schätzt
das linksextremistische Personenpotenzial auf insgesamt 36 500
Personen ein, wovon jeder Vierte als gewaltorientiert gilt.[332] Dies
bedeutet einen Zuwachs im Vergleich zum Vorjahreszeitraum
um 5,2 Prozent. Was die strafrechtlich relevante Manifestation
betrifft, ist die Zahl linksextremistisch motivierter Straftaten in
Deutschland im Jahr 2022 zwar um 37,4 Prozent auf 3847 Delikte zurückgegangen (2021: 6142).[333] Ebenso gingen linksextremistischen Gewalttaten um 39,0 Prozent auf 602 Delikte zurück
(2021: 987).[334] Demgegenüber bleibt trotz des quantitativen Rück-
gangs an Delikten das Gefährdungspotenzial qualitativ hoch.[335]
Während Gewalt in diesem Ideologiesegment eher gegen Ge-
genstände gerichtet ist und Sachbeschädigung beziehungsweise
Brandstiftung die Mehrheit der Delikte ausmacht, hat die Gewalt
gegen Rechtsextremisten im Jahr 2022 leicht zugenommen. So
waren im Untersuchungszeitraum ein versuchtes Tötungsdelikt
(2021: 1) und 164 Körperverletzungen (2021: 150) zu verzeichnen,
mehrheitlich begangen durch Täter, die der militanten Antifa-Be-
wegung zuzurechnen sind. Im Fokus linksextremistischer Gewalt
steht traditionell ebenfalls die Exekutive, der Untätigkeit oder
mitunter sogar Parteinahme bei der Bekämpfung von Rechtsextremen vorgeworfen wird. „Im Kampf gegen den bei Linksextremisten verhassten Staat ist die Polizei das zentrale Feindbild gewaltorientierter Linksextremisten", heißt es im Bericht. „Gegen
ihre Einsatzkräfte, Fahrzeuge und Einrichtungen richten sich die
meisten linksextremistischen Gewalttaten."[336]

In Österreich sind es weiterhin autonom-anarchistische
Gruppierungen mit einem „gewaltbefürwortenden Kern", welche
die linksextremistische Szene dominieren.[337] Auch hierzulande
sind Vertreterinnen und Vertreter staatlicher Institutionen und
Sicherheitsbehörden ein Feindbild und daher im Brennpunkt der
Gewaltorientierung dieser Gruppen. Gleichermaßen sind Akteure der Neuen Rechten wie die Identitären sowie insbesondere

deutschnationale, schlagende Burschenschaften ein erklärtes Ziel linksextremistischer, gewaltbereiter Aktionen, was sich zuletzt immer wieder in schweren Sachbeschädigungen, Raufhandel und anderen Gewalttaten manifestiert hat. In diesem Zusammenhang ist festzuhalten, dass diese Gewaltausbrüche auf Gegenseitigkeit beruhen und nicht immer trennscharf auszumachen ist, wer die Urheber solcher Konfrontationen waren. Das Spektrum linksextremistisch motivierter Gewalt in Österreich ist, was die Tathandlungen betrifft, recht breit – von Buttersäureattacken, Brandanschlägen bis zu körperlichen Übergriffen gegen Rechte oder Exekutivorgane im Rahmen von Demonstrationen.

Insgesamt ist „nach dem pandemiebedingten Abflauen der einschlägigen Aktivitäten der linksextremen Szene" nun wieder ein Ansteigen bei den strafrechtlich relevanten tätlichen Auseinandersetzungen zu beobachten.[338] Vor allem im Jahr 2022 kam es gemäß dem Bericht der DSN wieder zu „teils aufsehenerregenden, dem linksextremen Spektrum zuordenbaren Tathandlungen".[339] Das Personenpotenzial der linksextremistischen Szene betreffend gibt es für Österreich keine öffentlich verfügbare offizielle Schätzung. Als gewaltbereit gelten nach einer groben – wohlgemerkt inoffiziellen – Einschätzung derzeit bis zu 1000 Akteure im Phänomenbereich.

Ein wenig irritierend in Hinblick auf das terroristische Lagebild in der EU ist die bereits weiter oben erwähnte Statistik des aktuellen Europol TE-SAT Reports 2023, wonach die überwiegende Mehrzahl der 2022 verübten Terrorattacken (13 von 16) dem linksextremistischen Spektrum zuzurechnen seien, was mit einer neuen und unterschiedlichen Kategorisierung der Berichtsländer argumentiert wird.[340] Nicht dass die angegebenen terroristischen Handlungen Linksextremisten weniger als den Proponenten anderer extremistischer Strömungen zuzutrauen wären, doch die Diskrepanz zu den relevanten Zahlen der vergangenen Jahre lassen eine gewisse Skepsis an den aktuellen Daten angebracht erscheinen. Möglicherweise werden die Berichte der kommenden beiden Jahre hierzu mehr Aufschluss geben können. Linksextremistische Militanz bleibt jedenfalls relevant – in Deutschland wie in Österreich.

Zu erwarten ist im Phänomenbereich des Linksextremismus eine mögliche Erweiterung des ideologischen Deutungsrahmens. Dies ist insbesondere vor dem Hintergrund multipler gesellschaftlicher Krisenphänomene, die ich in der Einleitung erörtert habe, zu beobachten. In der aktuellen Situation werden vor allem die steigenden Lebenshaltungskosten aufgrund von Inflation sowie der russische Angriffskrieg gegen die Ukraine verstärkt in einschlägiger linksextremistischer Propaganda thematisiert. Zusätzlich zur Thematik Asyl und Zuwanderung gewinnt neben einigen der ausführlich behandelten, identitätspolitischen Aspekte vor allem die Klimaschutzfrage immer mehr an Bedeutung für die Agitation linksextremer Gruppierungen.

RADIKALE KLIMASCHUTZBEWEGUNG

Die Klimaschutz-(Protest-)Bewegung (KSB) versucht seit 2020/2021 vermehrt mit konzertierten Aktionen auf den von ihr behaupteten Klimanotstand aufmerksam zu machen und die Politik zu einem Umdenken zu bewegen. Ihr erklärtes Ziel besteht darin, dass die Politik den Klimawandel als drängendes Problem anerkennt, was sie bereits jetzt schon über weite Strecken tut. Noch viel mehr allerdings will sie erreichen, dass Regierungen daraus angemessene Maßnahmen sowohl ableiten als auch tatsächlich ergreifen, um den Klimawandel nachhaltig zu bekämpfen und somit eine prosperierende Zukunft für nachfolgende Generationen zu ermöglichen. Die Inszenierung der Proteste erfolgt dabei gezielt durch kurzfristige, provokative und medial begleitete Störaktionen. Klimaaktivisten, die sich in der Tradition des „zivilen Ungehorsams" sehen, kleben sich in performativen Akten öffentlichkeitswirksam im Stoßverkehr auf Straßen oder beschütten Gemälde und andere Kulturgüter mit Tomatensuppe. Die österreichische Direktion Staatsschutz und Nachrichtendienst fasst dies so zusammen: „Im Jahr 2022 kam es vor allem in Wien zu mehreren Straßenblockaden durch die Aktivistinnenund Aktivistengruppe ‚Letzte Generation', die durch Blockaden an wichtigen neuralgischen Punkten des Wiener Straßenverkehrs niedrigere Tempolimits als Sofortmaßnahmen gegen die Klimakrise fordert. Durch Festkleben der Aktivistinnen und Aktivisten an den Straßen wurde eine rasche Räumung der Blockade verhindert und es kam zu zeitweiligen Behinderungen im Straßenverkehr."[341]

Dabei orientieren sich die Gruppen am Primat der Gewaltfreiheit. Dennoch, Aktivisten der Gruppe „Letzte Generation" hatten sich am 24. November 2022 gewaltsam und illegal Zugang zum Gelände des Hauptstadtflughafens BER verschafft und den Flugverkehr zeitweise lahmgelegt. Die Gruppe „Block Gas" blockierte Gütergleise, die zu Raffinerien führen, Aktivisten von „Tyre Extinguishers" ließen Luft aus den Reifen klimaschädlicher SUVs in Wien sowie in Zürich und nahmen damit Personenschäden in Kauf. Der negative Höhepunkt bislang waren die Zusammenstöße rund um die Räumung des ehemaligen Weilers Lützerath, die in strafrechtlich relevante Vorgänge wie das Werfen von Pflastersteinen und Molotowcocktails auf Exekutivkräfte eskalierten. Polarisierende Proteste gegen die bestehende, aus Sicht der Klimaschützer zu wenig nachhaltige Klimapolitik stehen gerade in Deutschland und Österreich regelmäßig auf der Tagesordnung. Die Bandbreite der Protestaktionen und -formen bleibt groß.

Aktuell stellt sich strukturell die Frage, wohin sich diese Proteste und die Bewegung insgesamt entwickeln, deren Beantwortung eine aktuelle, von mir herausgegebene, international breit rezipierte Studie gewidmet ist.[342] Darin untersuchen sieben renommierte Extremismusforscher Deutschlands und ein anerkannter Kollege aus dem Vereinigten Königreich, ob der Klimaschutzbewegung gegebenenfalls ein Radikalisierungs- beziehungsweise Extremismuspotenzial zu attestieren sei und falls ja, in welcher Form und Intensität. Die Perspektiven sind dabei sehr unterschiedlich und spiegeln auch das wenig einheitliche zivilgesellschaftliche Meinungsbild wider. Einigkeit bestand bei den Autoren und der Autorin in der Einschätzung, dass eine seriöse wissenschaftliche Beurteilung vielfältigen Perspektiven Rechnung tragen muss. Die Klimaschutzbewegung ist, was ihre Akteure, Zielsetzungen und Protestformen betrifft, in hohem

Maße verschiedenartig, fragmentiert und im kontinuierlichen Wandel begriffen. Aus diesem Grund ist die KSB kein in sich geschlossenes Konstrukt. Es gibt Abspaltungen und verschiedene Zugänge. Manche Gruppen sind offensiver, andere bevorzugen einen „weicheren" Zugang zum Protest, und ein ganz kleiner Teil zeigt auch die potenzielle Bereitschaft, gewaltsamere Maßnahmen zu ergreifen, wenn die Anliegen bei der Politik kein Gehör finden.[343] Immer wieder ist auf sozialen Medien die Rede von den sogenannten Klimaterroristen. Für Rudolf van Hüllen, der diese Kategorisierung ablehnt, nimmt die „Letzte Generation [...] willkürlich Teile der Gesamtbevölkerung in Geiselhaft, um politische Entscheidungsträger zu erpressen. Aber sie setzt nicht auf offene Massenmilitanz und auch nicht auf heimtückische Anschläge mit hohem Sachschaden. Ihre Aktionen erfolgen – auch wenn es Straftaten sind – mit offenem Visier. Das hat nichts mit Terrorismus zu tun – in keiner der wissenschaftlich verfügbaren Definitionen dieses Phänomens."[344] Im nächsten Satz attestiert er dem „ideologischen Substrat" der Letzten Generation aber dennoch „Terrorismusfähigkeit", indem er auf einen möglichen Radikalisierungsprozess hinweist.

Hiervon unbenommen ist klar, die Handlungsweisen einer überwiegenden Mehrheit derer, die für die Anliegen des Klimaschutzes protestieren, haben zumindest gegenwärtig mit extremistischen Ausbrüchen und terroristischen Handlungsweisen denkbar wenig gemein. Ebenso ist das prinzipielle Anliegen der Bewegung in der Sache als legitim und in Grundzügen auch rational nachvollziehbar. Kritisch zu hinterfragen sind derzeit vor allem die bevorzugten Mittel und Formen des Protests, aber auch die eskalative, konfliktorientierte Rhetorik. Was macht die KSB mehrheitlich im Kern aus? Wesentliche antreibende Faktoren für die Bewegung sind eine grassierende Unzufriedenheit mit der Klimapolitik, ein apokalyptisches Endzeitdenken („Bald ist es zu spät") und die permanente und alarmistische Suggestion eines Handlungsdrucks („Wenn wir jetzt nicht handeln, schlittern wir in die Klimakatastrophe"). Aber auch ein innewohnendes Elitedenken („Wir kennen die Wahrheit") sowie eine strukturelle Demokratiefeindlichkeit („Demokratische Prozesse führen nicht zu schnellen Veränderungen"). Zudem scheint es eine nicht zu leugnende Affinität einiger Gruppen zur radikalen antikapitalistischen Systemwechselrhetorik („Change the system, not the climate") gewisser linksextremistischer Akteure zu geben. In diesem Kontext ist zweifellos von einem ausgeprägten Radikalisierungspotenzial der KSB auszugehen, das sich vor allem im Falle der Stagnation oder einem Abflauen der Bewegung weiter entfalten könnte. Was das extremistische Potenzial der KSB betrifft, ist derzeit von grundsätzlich mehreren Entwicklungsmöglichkeiten auszugehen, die absehbar sind. Bislang gibt es bloß vereinzelte Hinweise, dass sich eine großflächige Abkehr der Bewegung vom friedlichen Protest hin zu einem gewalttätigen Extremismus vollziehen könnte. Doch dies geschieht in der Regel stufenweise. Den Anfang macht ein passiver Extremismus, der duldet, dass andere extremistische Handlungen durchführen, und auch Gegenhandlungen unterlässt. Dann geht dies in den aktivistischen Extremismus über, wo extremistische Aktivitäten bewusst gefördert werden – entweder durch eine hetzerische Rhetorik oder unterstützende Handlungen. Am Ende dieser meist linearen Entwicklung steht der gewalttätige Extremismus. Davon ist die Klimaschutzbewegung insgesamt aber noch sehr weit entfernt. Doch es ist vorstellbar, dass eskalationsbereite Anhänger aufgrund einer Radikalisierung schrittweise zu Extremisten werden.

Sofern die Möglichkeit extremistischer Dynamiken für die Zukunft nicht auszuschließen ist, sind diese eher im Zusammenhang mit einer fortschreitenden Radikalisierung von Splittergruppen oder im Falle eines Zusammenschlusses mit linksextremistischen Gruppierungen zu identifizieren.[345] Der aktuelle deutsche Verfassungsschutzbericht erkennt diese Bedrohung als eine substanzielle an: „Mit ihrem vorgeblichen Engagement für den Klimaschutz versuchen Linksextremisten, demokratische Diskurse zu verschieben, sie um ihre eigenen ideologischen Positionen zu ergänzen, gesellschaftlichen Protest zu radikalisieren und den Staat und seine Institutionen zu delegitimieren. Gewaltorientierte Linksextremisten wollen mithilfe von Aktionsbündnissen Einfluss auf die Proteste nehmen. Die Klimaproteste stellen vor dem Hintergrund der aus Sicht der Klimaaktivistinnen und -aktivisten unverändert dringlichen Situation ein nutzbares Eskalationspotenzial dar. Aufgrund des vielfach jugendlichen Alters der Protestierenden und der hohen öffentlichen Wahrnehmung ihrer Proteste ist die Klimaprotestbewegung insgesamt ein attraktives Ziel für Linksextremisten aus verschiedenen Spektren.“[346] Ein steuernder Einfluss von Linksextremisten auf die Klimabewegung sei entsprechend der Einschätzung allerdings aktuell nicht erkennbar. Wahrscheinlich noch nicht. Die postautonome „Interventionistische Linke" versucht bereits seit Längerem über den Hebel der von ihr beeinflussten Bewegung „Ende Gelände" den friedfertigen Protest vermehrt in Richtung Sabotageakte zu wenden.

Diesem Umstand zum Trotz bleibt das Primat der Gewaltlosigkeit bislang eine vorherrschende Konstante bei der Mehrheit der einschlägigen Gruppen und Strukturen. Demgegenüber zeigen Vorkommnisse wie die Räumung von Lützerath, dass auch situationsbedingt gewaltsame Eskalationen denkbar sind.[347] Wobei auch hier die radikale Gruppe „Ende Gelände" federführend war, die sich mit anderen Gruppierungen, Organisationen und Initiativen zum Bündnis „Lützerath unräumbar" zusammengeschlossen hatte. Neben „Ende Gelände" waren auch „Fridays for Future", „Alle Dörfer bleiben" und die „Letzte Generation" Teile dieser anlassbedingten, kurzfristigen Interessensgemeinschaft.

Ebenso deutet eine kontinuierliche Verschärfung der Rhetorik von einigen maßgeblichen Vertretern der KSB auf eine möglicherweise steigende Gewaltbereitschaft hin. Zur Veranschaulichung zwei Zitate des radikalen Klimaaktivisten Tadzio Müller, der zu medialer Bekanntheit gelangt ist:

„Wir werden Aktionen sehen, die es weniger zum Ziel haben zu überzeugen, dass Klimaschutz wichtig ist. Sondern solche, die die Kosten der klimazerstörenden Normalität erhöhen. Es wird Aktionen geben, die über das bestehende Repertoire hinausgehen. Ich kann noch nicht sagen, wie sie aussehen werden, weil sie wegen Gesetzesübertritten immer auch verdeckt geplant werden müssen." [348]

„Es wird in #Lützerath zu Militanz kommen. Auf welcher Seite werdet Ihr stehen? Bei #RWE & Pfefferspray? Dann regt Euch gerne über 1 paar Steine auf. Oder bei Lützerath & #Klimagerechtigkeit? Dann steht Ihr auch bei denen, die manchmal Steine schmeißen."[349]

Impulse, die eine großflächige Strategie- oder Verhaltensänderung innerhalb der KSB in Richtung Radikalisierung zum gewaltsamen Extremismus bewirken könnten, sind sowohl von innen heraus als auch von außen kommend denkbar. Auslöser könnte bereits ein unmittelbar negatives, prägendes Ereignis bei einer der unterschiedlichen Protestaktionen sein. Die vorstellbaren hypothetischen Szenarien der Eskalation sind vielfältig. Wenn zum Beispiel einer der Klimakleber von einem zornigen Autofahrer überfahren würde, oder wenn jemand aufgrund einer gewalttätigen Ausschreitung im Rahmen der Protestaktionen inhaftiert und im Gefängnis in einen Hungerstreik treten würde. Ebenso hätte ein drastischer Richtungswechsel innerhalb der Strukturen der KSB Auswirkungen auf das Protestgeschehen. Sobald etwa in der Organisation eine Gruppe das Ruder übernehmen würde, die den anderen glaubhaft versichert, dass sie mit ihren friedlichen Methoden nicht mehr ans Ziel kämen und nunmehr zu drastischeren Maßnahmen greifen müssten, besteht ein beachtliches Potenzial einer Hinwendung zum Extremismus. Eine andere Möglichkeit der Beschleunigung oder des Auslösens konzertierter Gewaltbereitschaft wäre ein wie auch immer gearteter äußerer Impuls. Sollten sich etwa die Rahmenbedingungen der Politik komplett ändern und beispielsweise eine rechtspopulistisch orientierte Regierung an die Macht kommen – was derzeit großflächig in Europa nicht auszuschließen oder bereits der Fall ist –, die dann Klimaschutzthemen stiefmütterlich oder gar nicht behandelt, könnte dies die Klimaschutzbewegung vielleicht veranlassen, noch radikaler vorzugehen und Gewalt als probates Mittel anzusehen. Überdies sind die Klimaschutzproteste und deren Proponenten bereits jetzt ein erklärtes Feindbild rechter Parteien (aber auch einschlägiger extremistischer Strukturen) in Deutschland und Österreich, was sich an einer Verschärfung des öffentlichen Diskurses ablesen lässt.

Letzten Endes schwingt das Pendel der Klimaschutzbewegung zwischen zivilem Ungehorsam und Militanz hin und her, wie auch der Titel der von mir herausgegebenen Sammelstudie suggeriert. Derzeit sicherlich noch überwiegend in Richtung der harmlosen Variante, die Gewalt ablehnt. Wie wir aber aus anderen Zusammenhängen in Hinblick auf das Entstehen von Extremismus und daraus abgeleiteter Gewalt wissen, kann das besagte Pendel recht flott ausschlagen. Je nach dem Grad der Radikalisierung kann sich dies jederzeit kurzfristig einstellen und massive Auswirkungen haben. Alles was es braucht, ist ein geeigneter Durchlauferhitzer, der die bestehende Rhetorik tendenziell radikaler Fraktionen innerhalb der KSB weiter beflügelt und deren Gewaltaffinität eine breitere Legitimation verleiht. Vor diesem Hintergrund sind Verfassungsschutzinstitutionen gut beraten, die weitläufige Szene und die Dynamiken innerhalb der KSB insgesamt kritisch zu beobachten und alert zu sein. Vor allem hinsichtlich der skizzierten Konstellationen, die eine Radikalisierung befördern könnten.

Das Schreckgespenst einer „Klima-RAF" oder einer „Grünen Armee Fraktion" geistert immer wieder durch die medialen Debatten. Derzeit ist diese Ausprägung jedenfalls nicht absehbar. Aber sie ist für die Zukunft nicht kategorisch auszuschließen. Denn in den Überzeugungsmustern sowohl der Klimaaktivisten als auch der Linksterroristen gibt es Wolfgang Kraushaar zufolge bereits jetzt strukturelle Ähnlichkeiten und Überschneidungen bei der „Letzten Generation" und der RAF: zum Ersten ihre „rigorose Moral", bezugnehmend auf ein unantastbares Wertesystem und ein berechtigtes Anliegen, zweitens ihr „existenzialistischer Grundtenor" hinsichtlich eines existenziellen Kampfes um Leben und Tod (Klimakatastrophe), drittens eine „ausgeprägte Finalisierungslogik", zumal beide sich als letzte Instanz in der Abwehr der Klimakatastrophe beziehungsweise in der Verhinderung eines neuen Faschismus verstehen, und schließlich, viertens, ihr „ausgeprägter politischer Fundamentalismus", einerseits Klimaschutz über alles, andererseits die konsequente Bekämpfung von Imperialismus, Kapitalismus und Faschismus.[350]

ALLES WAS ES BRAUCHT,
IST EIN GEEIGNETER
DURCHLAUFERHITZER,
DER DIE BESTEHENDE
RHETORIK TENDENZIELL
RADIKALER FRAKTIONEN
INNERHALB DER KLIMA-
SCHUTZPROTESTBEWEGUNG
WEITER BEFLÜGELT UND
DEREN GEWALTAFFINITÄT
EINE BREITERE
LEGITIMATION
VERLEIHT.

SYSTE MISCHE

TRENDS DES (ISLAMISTISCHEN) TERRORISMUS

LOW-LEVEL-SZENARIEN
DURCH EINZELTÄTER

Der Low-Level-Terrorismus beruht auf taktischer Einfachheit in Planung, Logistik und bei der operativen Durchführung. Diese niederschwellige Ebene terroristischer Gewalt bezieht sich auf eine spezifische Art von terroristischen Aktivitäten, bei denen es sich um kleiner dimensionierte Anschlagsszenarien oder terroristische Gewaltakte handelt. In der Regel werden sie von Einzeltätern oder kleinen Gruppen mit begrenzten Ressourcen, minimaler oder keiner organisatorischen Unterstützung und limitierten strategischen Zielen ausgeführt. Gerade was die Logistik betrifft, liegt der Schwerpunkt auf dem möglichst geringen Aufwand. Seinen Ursprung findet der Low-Level-Terrorismus in dezentralen Strukturen mit losen Hierarchien. Vom Prinzip her ist er vorwiegend taktisch orientiert und passt sich an veränderte Sicherheitsumgebungen schnell wie flexibel an. Die Attentäter verwenden Wirkmittel, die kurzfristig verfügbar sind, und streben grundsätzlich die einfachste, direkt umzusetzende Anschlagsvariante an. Hinsichtlich der Zielwahl konzentrieren sich Low-Level-Attentäter tendenziell eher auf symbolische oder ideologisch verwertbare als auf strategische Ziele.

Bezeichnend für solche Anschläge sind beispielsweise der LKW-Anschlag auf der Promenade des Anglais, der bekannten Fußgängermeile in Nizza im Jahr 2016, oder die terroristische Attacke auf der London Bridge im Jahr 2017.

Die offizielle Statistik von Europol belegt, dass in der EU der Terrorismus eine relevante Bedrohung bleibt, wenngleich die Zahlen in manchen Bereichen leicht rückläufig sind. Allein in Europa wurden zwischen 2014 und 2021 insgesamt rund 120 islamistisch motivierte Terroranschläge verübt oder von den Sicherheitsbehörden verhindert.[351] Infolge der tatsächlich umgesetzten islamistischen Anschläge gab es mehr als 800 Tote und 3800 Verletzte, einige davon schwer. Im Laufe des Jahres 2021 kam es in den EU-Mitgliedstaaten zu 15 terroristischen Vorfällen, davon zumindest zu drei vereitelten.[352] Sämtliche der vollendeten jihadistischen Terroranschläge im Jahr 2021 wurden von Einzelpersonen verübt, die allein handelten.[353] In der EU wurden 2022 nach offiziellen Informationen 28 durchgeführte, gescheiterte oder vereitelte Anschläge verzeichnet.[354] Insgesamt 16 Anschläge davon konnten durch die Behörden erfolgreich unterbunden werden, von denen 13 dem Spektrum des Links- und Anarcho-Terrorismus, zwei jenem des jihadistisch motivierten Terrorismus und einer jenem des Rechtsterrorismus zuzurechnen waren.[355] Im Jahr 2022 waren in Summe vier Todesopfer zu beklagen, von denen zwei auf jihadistische Terroranschläge und zwei auf einen rechtsextremen Terroranschlag zurückzuführen waren.[356] Die Gesamtzahl der Anschläge stieg im Vergleich zu 2021 (18), blieb aber niedriger als 2020 (56), was „möglicherweise auf die unterschiedliche Einstufung linksterroristischer Anschläge durch die Meldeländer in den letzten Jahren zurückzuführen" ist, heißt es im TE-SAT Report von Europol einschränkend.[357]

Im Einklang mit diesen Statistiken wurden in Europa in den letzten Jahren Terroranschläge aus dem islamistischen Spektrum mehrheitlich von Einzeltätern verübt. Petter Nesser zufolge waren die meisten (west-)europäischen jihadistischen Terrorszenarien der letzten Jahre „Low-Tech-Anschläge, die von Einzeltätern mit Nahkampfwaffen oder Fahrzeugen ausgeführt werden. Komplexe Anschläge mit vielen Opfern wie in Paris im November 2015, an denen eine Gruppe von Angreifern beteiligt war, die verschiedene Waffen und Taktiken wie Selbstmordattentate und Massenerschießungen einsetzten, haben wir nicht gesehen."[358]

Attraktive Ziele für Low-Level-Anschläge sind generell Menschenansammlungen in frequentierten urbanen Räumen. Gleichzeitige oder zeitlich versetzte Explosionen in Zügen oder U-Bahnen versprechen aus Sicht der Attentäter eine hohe Opferzahl während der Hauptverkehrszeit sowie eine mögliche Live-Berichterstattung. Anschläge mit Bomben sind bislang in unseren

Breitengraden eher die Ausnahme, doch suggerieren aufgedeckte Planungen von aktuellen Verdachtsfällen, dass die Variante Sprengstoffanschlag allmählich wieder relevant werden könnte.

Der Low-Level-Terrorismus von radikalisierten Gelegenheitseinzeltätern oder Mikrozellen basiert auf simpler Planung, schneller Ausführung und einer vergleichsweise leicht zu beschaffenden Bewaffnung der Attentäter (Schnellfeuergewehre und Sprengstoffwesten). Neben einfachen Wirkmitteln wie (Hieb- und Stich-)Waffen oder Alltagsgegenständen wie Küchenmesser werden auch Autos eingesetzt – Szenarien des vehikulären Terrorismus (unter anderem in Nizza, Berlin, Barcelona, Stockholm) haben sich aus Sicht der Attentäter bewährt. Dazu könnten in naher Zukunft möglicherweise auch vermehrt Drohnen gehören. Die bevorzugte Durchführungsmethode bei islamistischen Terroranschlägen in Europa basiert auf einer angepassten Form der Auftragstaktik. Das ist eine militärische Führungsdoktrin, die auf dem Zugeständnis hoher Flexibilität in der Auftragserfüllung vor Ort beruht. Gemäß solchen zumeist simplen taktischen Richtlinien geben die jeweiligen IS-Mittelsmänner, meist Planer oder Koordinatoren (im Jargon *Entrepreneure*), in Chats den Durchführenden ein Ziel und einen anzupassenden breiten Zeit- beziehungsweise Handlungsrahmen vor. Das terroristische Vorhaben ist dann spontan bei größtmöglicher Freiheit in der Durchführung umzusetzen.[359] Für gegenwärtige Ausprägungen des jihadistischen Terrorismus bedeutet dies, dass die Attentäter ungleich flexibler zu Werke gehen. Gleichgültig ob mit direktem Auftrag, aus eigenem Antrieb oder auch in Kombination beider Varianten. Das Mikromanagement von komplexen Anschlagsszenarios à la 9/11 mit detailliert vorstrukturierten Abläufen hat offenbar ausgedient. Es dürfte nun zugunsten eines effizienteren Verfahrens abgelöst worden sein.[360]

Eine empirische Analyse der bei durchgeführten oder verhinderten islamistischen Anschlägen eingesetzten (oder geplanten) Wirkmittel zeigt, dass sowohl die Killerkommandos großer jihadistischer Organisationen als auch Einzeltäter Sprengstoff, Schusswaffen und Fahrzeuge einsetzten, wobei Letztere bei den Hit-Teams häufiger zum Einsatz kamen. Jihadistische Einzeltäter setzten bei ihren Anschlägen ebenfalls Fahrzeuge und Schusswaffen ein, jedoch wesentlich häufiger Hieb- und Stichwaffen.[361] Seit 2017 wurde bei keinem jihadistischen Terroranschlag in Europa Sprengstoff verwendet. Messer und andere Stich- und Hiebwaffen können daher derzeit durchaus als klassische Wirkmittel des „niederschwelligen" Terrorismus bezeichnet werden.[362] Es ist zudem bemerkenswert, dass praktisch nahezu „jeder jihadistische Anschlag in Europa seit 2017 von einer Einzelperson verübt wurde, was darauf hindeutet, dass es sehr schwierig geworden ist, Gruppenanschläge zu planen".[363]

Zusammenfassend lässt sich festhalten, dass wir derzeit mit einem „opportunistischen" oder „Gelegenheits"-Terrorismus konfrontiert sind. Eine direkte Verbindung zum IS oder zu anderen Organisationen besteht in der Regel nicht, obwohl es bei der Mehrzahl der Vorfälle seit 2015, wie etwa beim Anschlag von Ansbach, fast ausschließlich Hinweise auf einen Kontakt zu einer terroristischen Organisation oder sogar auf eine „Fernsteuerung" durch diese gibt.[364]

Auf Sicht wird der niederschwellige Low-Level-Terrorismus in Europa die bestimmende Form politisch oder religiös motivierter Gewalt bleiben. Die Gründe hierfür liegen auf der Hand: Einerseits werden Kosten, operative Planungen und koordinierende Kommunikation reduziert, was die Wahrscheinlichkeit, dass solche Szenarien im Vorfeld vereitelt werden können, sehr minimiert. Andererseits sind die angestrebten Effekte nahezu die gleichen – Terrorakte nach diesem gängigen Muster ziehen ebenso Aufmerksamkeit auf sich und sind gleichermaßen geeignet, Angst und Schrecken in der Bevölkerung zu verbreiten.

KRIMINALITÄT-TERROR-NEXUS

Der „Crime-Terror Nexus" ist ein Fachbegriff, der die strukturelle Verbindung zwischen Kriminalität und Terrorismus thematisiert. Er bezieht sich auf die zahlreichen Wechselwirkungen, Kooperationen und gegenseitigen Vorteile, die zwischen kriminellen Organisationen und terroristischen Gruppen entstehen können.

Im Kern beschreibt der Crime-Terror Nexus ein Phänomen, das auf der direkten Verbindung (Nexus) zwischen (meist) Kleinkriminalität, aber auch Organisierter Kriminalität und Terrorismus als sich überlappender Milieus beruht. Diese Verbindung, die prominent bei jungen Jihadisten zu beobachten ist, hat in den letzten Jahren weltweit an Bedeutung gewonnen und stellt eine ernsthafte Herausforderung für die internationale Terrorismusbekämpfung dar. Auch im Phänomenbereich des Rechtsextremismus. In der einschlägigen Forschung hat man dieser zunehmenden Verstrickung von Kriminalität und Terrorismus seit einiger Zeit ein besonderes Augenmerk gewidmet.[365] Vor allem die wechselseitigen Synergien sind als relevant zu erachten. Bereiche, in denen es eindeutige Überschneidungen und Vorteilseffekte für beide Seiten gibt, sind jene der Finanzierung, der Logistik, der Rekrutierung, des Wissenstransfers und schließlich ebenso die Aspekte Schutz und Unterstützung.

Am besten lässt sich der Crime-Terror Nexus anhand der Biografien junger Extremisten nachvollziehen, die zuerst mit dem Gesetz in Konflikt gerieten, später ihren Lebensunterhalt durch kleinkriminelle Handlungen finanzierten und am Ende als Terroristen in Erscheinung traten. Die Verbindung zwischen Kriminalität und Terrorismus betrifft übrigens nicht bloß das jihadistische Spektrum (rund 65 Prozent der Attentäter in Europa mit einschlägiger Vorstrafe) des Extremismus, sondern ebenso die rechtsextremistische Szene (repräsentiert durch eine „deutliche Ausprägung" bei exemplarischen Stichproben).[366] Die Hemmschwelle, Gewalt anzuwenden, ist bei kriminell vorbelasteten Extremisten ungleich niedriger, da viele unter ihnen gewalttätiges Verhalten in einem delinquenten Umfeld erlernt haben. Ein typisches Beispiel hierfür ist Jamal, ein damals 30-jähriger Brite, der sich lange als Drogendealer verdingte und schließlich zum fanatischen Jihadisten wurde.[367] Jamal steht stellvertretend für viele der Generation des Jihad 3G (Gilles Kepel). Nach Kepel entstand diese „dritte Generation" des Jihad im Jahr 2005 rund um die Jugendunruhen in den Pariser Banlieues.[368] Aus dieser Generation von vernachlässigten jungen Muslimen in den Vorstädten europäischer Metropolen, unabhängig davon, ob sie als Kriegsheimkehrer aus Syrien oder als einheimische Gefährder zum Islamismus radikalisiert wurden, hat sich eine Art „neo-jihadistische" Bewegung entwickelt. Diese Bewegung prägt das derzeitige terroristische Geschehen in Europa maßgeblich und ist transnational vernetzt.

„MCJIHAD"

Die Wortschöpfung „McJihad" ist eine bildhafte Vermengung aus Fastfood und Jihadismus. Erfunden habe ich den Kunstbegriff nicht, aber ich habe ihm eine gänzlich andere Bedeutung zugewiesen als Timothy Mitchell, der eigentliche Urheber.[369] Mit „McJihad" beschreibe ich die neuerdings bestimmende Spielart von terroristischen Franchise-Strukturen. Franchise bedeutet die unabhängige, selbstständige Vermarktung und den Vertrieb eines Produkts (beziehungsweise einer Marke) an lokalen Standorten im Sinne einer vorgegebenen Idee des operativen Hauptquartiers. Oft handelt es sich auch bloß um ein Nutzungsrecht, das eingeräumt wird. Im übertragenen Sinn sind die Einzeltäter, die im Namen der Terrororganisation handeln, dabei die Franchise-Nehmer, die Terrororganisationen selbst hingegen die Franchise-Geber. Ein vereinfachtes Beispiel: Der IS gibt die Ideologie und die Marke vor, der jeweilige Attentäter hat diesen Vorgaben zu entsprechen und ist der lokale „Umsetzer". Der „McJihad" ist ein jihadistisches Mitmach-Netzwerk oder ein „Hub" für Trittbrettfahrer.

Diese Terror-Franchises integrieren in sich ein loses Netzwerk von einsamen Wölfen, Mitläufern und Nachahmern überall in Europa. In den meisten Fällen handelt es sich dabei um Personen ohne eine nachgewiesene „Erfolgsbilanz" als Jihadisten.[370] Dazu wird auch die Kategorie der verhinderten Jihad-Reisenden gezählt, eine unter besonderem Handlungsdruck stehende Gruppe, die sich in der radikalen Islamistenszene beweisen möchte. Radikalisierte Einzelpersonen wie Kujtim F. sind Teil eines solchen losen, inspirativen Netzwerks. In seinem konkreten Fall handelte es sich um eines, das Gleichgesinnte in Deutschland, in der Schweiz, am Balkan, aber auch in St. Pölten umfasste.[371]

Marc Sageman beobachtet entsprechend seiner These vom „führerlosen Jihad" sogar ein globales, entkoppeltes Franchise-Netzwerk von „hausgemachten Möchtegerns" (*homegrown wannabes*).[372] Die Hauptdarsteller dieser terroristischen Spielart sind ihm zufolge *homegrowns*, also ansässige Gefährder, die im eigenen Umfeld autodidaktisch ausgebildet, eigenständig finanziert und selbst radikalisiert sind. Es liegt auf der Hand, dass dieses Franchise-Phänomen eng mit früheren delinquenten Aktivitäten dieser zumeist kleinkriminellen Akteure (siehe Crime-Terror Nexus) verflochten ist. Beim bevorzugten Modus Operandi dieser Extremisten handelt es sich vorwiegend um Anschläge auf niederschwelliger Ebene (Low-Level-Szenarien), die von „Gangster-Jihadisten", gescheiterten terroristischen Auslandskämpfern oder Möchtegern-Terroristen verübt werden. Meist bestehen begrenzte Kontakte zu einem jihadistischen Netzwerk. Labile Attentäter versuchen durch die Propaganda der Tat ihre vielfältigen psychischen oder sozialen Defizite auszugleichen. Al-Qaida hatte Kleinkriminelle noch als Rekruten verschmäht, weil ihre kriminellen Aktivitäten nach strenger Auslegung gegen die Lehren des Islam verstoßen.[373] Der wachsende Erfolg der Strafverfolgungsbehörden bei der Bekämpfung der traditionellen Rekrutierungsmethoden von Terrorgruppen hat jihadistische Organisationen jedoch zusehends gezwungen, pragmatisch ihre religiös-moralischen Standards zu senken. Also suchten Terrororganisationen nach alternativen Rekrutierungspools. Praktisch jeder Sympathisant der jihadistischen Ideologie kann nunmehr kurzfristig dazugehören. Der islamistische Terrorismus der „dritten Generation" hat sich dadurch regelrecht verselbstständigt.

Mit dem System des „McJihad" korrespondiert das bereits erläuterte Prinzip der „jihadistischen Auftragstaktik", welches sinnstiftend für die derzeit vorherrschende Taktik islamistischer Organisationen und Strukturen ist. Im Falle von Jihadisten bezieht sich der Begriff darauf, wie kleinere Gruppen innerhalb einer größeren Organisation wie al-Qaida oder des IS operieren.[374]

Jihadisten wenden Auftragstaktik an, um spontan und effektiv auf sich verändernde Bedingungen reagieren zu können. Es geht um taktische Flexibilität. Auftragstaktik ermöglicht eine effektive Nutzung der Ressourcen, da jeder einzelne Terrorist nur das tun soll, was für den Erfolg des Kollektivs erforderlich ist. Ein wichtiger Aspekt von Auftragstaktik bei Jihadisten ist die Bedeutung der Loyalität gegenüber der Organisation. Im Hinblick auf die taktische Ebene bedeutet das, dass das grundlegende Muster jihadistischer Aktivitäten bereits besteht, aber die konkrete Umsetzung individuell und situationsabhängig festgelegt wird. Der Attentäter ist flexibel und nicht an die starre Hierarchie terroristischer Organisationen gebunden, dennoch kann er verbunden oder unterstützt sein. Dieses Vorgehen ermöglicht Überraschungsmomente bei Anschlägen und erschwert den Sicherheitsbehörden deren erfolgreiche Verhinderung. Nach dem Anschlag werden die Terroristen in der Regel von der Organisation instrumentalisiert, um Anhänger zu gewinnen oder Anerkennung für den Anschlag zu erhalten. Das lockere Franchise-System hat sich als äußerst effektiv erwiesen. Terroristische Aktionen werden flexibel, kurzfristig und unkompliziert, das heißt niederschwellig durchgeführt. Dabei wird vorab nur minimal intern kommuniziert. In Bezug auf die Struktur ist der „McJihad" eng mit dem zuvor beschriebenen Low-Level-Terrorismus verbunden, da die Attentäter die fehlende Verbindung zur Organisation und taktische Unabhängigkeit vollständig nutzen können.

Mit Blick auf die kommenden Jahre ist davon auszugehen, dass das System des „McJihad" für islamistisch motivierten Terrorismus weiterhin prägend bleiben wird. Das dahinterstehende taktische Prinzip gründet auf Zugängen und Bestandteilen, die vollends miteinander kompatibel sind: Low-Level-Attacken, Einzeltäter-Szenarios, Auftragstaktik, eine Verbindung zur Kriminalität, Flexibilität, Kosteneffizienz und minimale Kommunikation. Eine entsprechende Kombination ergibt ein resilientes System, das nur schwierig zu bekämpfen ist.

TRANSNATIONALISIERUNG

Beim Terrorismus spricht man aufgrund der zunehmend wichtiger werdenden länderübergreifenden Dimension bevorzugt von „transnational". Gleich zu Beginn stellt sich die Frage, was „transnational" im Zusammenhang mit (islamistischem) Terrorismus bedeutet. Der transnationale Terrorismus umfasst laut Martha Crenshaw „Handlungen, bei denen Opfer, Täter und Orte der Gewalt unterschiedliche Staaten und Nationalitäten repräsentieren".[375] Mehr noch: „Transnationale Terroranschläge können von lokalen Akteuren gegen ausländische Ziele im geografischen Konfliktraum oder von radikalisierten Einheimischen oder transnationalen Netzwerken gegen Ziele außerhalb der Kampfzone initiiert werden."[376]

„Transnational" im Zusammenhang mit terroristischen Netzwerken bezeichnet deren Fähigkeit, regionale Grenzen zu überwinden und Kräfte mit ausländischen „Partnern" zu bündeln. Die Ausstrahlung über die Landesgrenzen dient dazu, Synergieeffekte anzustreben. Durch eine solche Vernetzung erlangen jihadistische Gruppen Zugang zu einer Vielzahl von Ressourcen, darunter Geld, Waffen und Unterstützer. Ein weiterer Zweck der transnationalen Vernetzung besteht in der Kommunikation, um Informationen oder Anweisungen zwischen verschiedenen Gruppen und Einzelpersonen auszutauschen. Zudem steht die gegenseitige Unterstützung von Gruppen im Fokus der grenzüberschreitenden Zusammenarbeit. Durch einen Austausch von Informationen und Erfahrungen wollen sie voneinander lernen, mit dem Ziel, ihre Taktiken und Strategien zu verbessern. Transnationale Netzwerke können zudem dazu beitragen, die Anzahl und Intensität von Angriffen zu erhöhen, indem sie die Kräfte der Gruppen konzentrieren und koordinieren. Eine solche Vorgehensweise konnte man im Zusammenhang mit den grenzüberschreitenden Planungen im Vorfeld der Terroranschläge von Paris (13. November 2015) und Brüssel (22. März 2016) im Rahmen der Ermittlungen nachvollziehen.

Transnationale Kooperationen bieten jihadistischen Gruppen Schutz und Verstecke in anderen Ländern, wo sie außerhalb der Reichweite der Strafverfolgungsbehörden operieren können, ohne festgenommen oder ausgeliefert zu werden. Flüchtige Terroristen bemühen diese oder kriminelle Netzwerke, um unterzutauchen. Bei Anis Amri liegt der Verdacht nahe, dass er auf seiner 77 Stunden dauernden Flucht durch Westeuropa (Niederlande, Belgien, Frankreich, Italien) nach dem Anschlag am Berliner Breitscheidplatz Kontakt mit Unterstützern in einigen der Länder aufgenommen hat, die er im Laufe seiner Odyssee passiert hat.[377] Transnationale Netzwerke spielen regelmäßig eine wichtige Rolle im Radikalisierungsprozess von bestimmten Gruppen und Einzelpersonen, da sie extremistische Ansichten und Handlungen rechtfertigen.

Heutzutage scheinen eher kleinere Terrorzellen anstelle großer Netzwerke relevant. Die Vorteile kleinteiliger Strukturen liegen auf der Hand. Kleine Einheiten sind schwieriger zu detektieren und zu infiltrieren als größere und eindeutiger strukturierte Gruppen, was ihnen zugleich eine gesteigerte operative Flexibilität gewährt.[378] So können kleine Netzwerke schneller auf veränderte Umstände, Sicherheitsumgebungen und Bedrohungen reagieren.[379] Aktuelle Fallstudien terroristischer Vorkommnisse stützen die These, dass im jihadistischen Segment überwiegend kleine Zellen oder Einzeltäter Anschläge in Europa planen oder durchführen.[380]

Angesichts der vorgelagerten Konstellation des Wiener Terroranschlags vom 2. November 2020 kann von einer Art grenzüberschreitendem Mikronetzwerk mit der Schweiz und Deutschland ausgegangen werden.[381] Diese transnationalen Entwicklungen stehen im Einklang mit dem System „McJihad". Sie sind zugleich ein starkes Indiz für ein entkoppeltes, transnational agierendes Franchise-Netzwerk mit primär ideologischen Verbindungen zur Kernorganisation des IS.

VIRTUALISIERUNG

Der Terrorismus der Gegenwart hat sich allmählich virtualisiert. Terroristen, die im Verborgenen operieren, nutzen digitale Technologien vorwiegend, um sichere Kommunikationsnetzwerke aufzubauen oder illegale Inhalte zu hosten. Durch die Virtualisierung gelingt es den Terroristen zunehmend, anonym und unauffindbar zu bleiben, was es für Strafverfolgungsbehörden immer schwieriger macht, ihre Aktivitäten aufzudecken und präventiv zu unterbinden. Die Schleusen in die Tiefen der Illegalität sind eine Schattenseite der Digitalisierung. Ganz generell nutzen Terroristen kreativ die enormen Möglichkeiten, die sich aus der Ausnutzung neuer Cybertechnologien und der Anonymität des Internets, insbesondere des Deep Web oder des Darknet, ergeben.[382] Der TOR-Browser mit dem Zwiebellogo ist zugleich eine Eintrittskarte in eine dunkle Welt mit tiefen Abgründen. Vor allem das Darknet ist mittlerweile zu einem virtuellen Umschlagplatz der Organisierten Kriminalität geworden. Die Verschlüsselung von IP-Adressen erlaubt es kriminellen Akteuren, fast unbehelligt ihren gesetzwidrigen Machenschaften nachzugehen. Terroristen suchen und finden Synergien zur Kriminalität, und entsprechend dem Crime-Terror Nexus ist die anonyme virtuelle Großplattform ein idealer Ort, um Synergien zu entwickeln und davon wechselseitig zu profitieren. Im Darknet besteht ein reger illegaler Handel mit gestohlenen Daten, Drogen, Waffen, Kinderpornografie und anderen schauderhaften sogenannten Produkten und Dienstleistungen, häufig auch zwecks Terrorismusfinanzierung. Über Kryptowährungen werden in diesen Overlay-Netzwerken zudem eifrig Spenden für Terrororganisationen gesammelt. In der Vergangenheit hat es auf verschlüsselten Kanälen sogar bereits Austausch über konkrete Planungen von Terroranschlägen gegeben. Der Waffenerwerb im Vorfeld des Wiener Terroranschlags könnte Hinweisen zufolge über das Darknet organisiert und vielleicht auch abgewickelt worden sein. Die geheimdienstliche Infiltration des Darknet bleibt eine immense Aufgabe für die Sicherheitsbehörden. Es gibt zwar partielle Erfolge, doch eine nachhaltige Kontrolle hinsichtlich der unzähligen illegalen, terrorismusrelevanten Aktivitäten in diesem dunklen Netz wird auf Sicht nicht zu gewährleisten sein.

Der Kreativität von Terroristen bei der Ausnutzung technologischer Entwicklungen ist anscheinend keine Grenze mehr gesetzt. Symptomatisch hierfür ist die bereits zu beobachtende Zweckentfremdung von Spielekonsolen oder Internet of Things-Applikationen für extremistische Kommunikationszwecke.[383] Auch 3D-Drucker als Werkzeug zum Waffenbau gehören mittlerweile zum festen Repertoire von Terroristen.

Ein Gamechanger im Bereich der Virtualisierung von Extremismus und Terrorismus ist schließlich die unaufhaltsame Revolution der künstlichen Intelligenz. Auch wenn noch nicht absehbar ist, wohin die Reise in diesem Bereich führen wird, ist davon auszugehen, dass Kriminelle und Extremisten sich diese schwindelerregende Entwicklung zunutze machen. Gerade im Bereich der Planung von Terroranschlägen könnte künstliche Intelligenz eine Unterstützung bieten und eine Art Anleitung geben, welche Szenarien am besten mit welchen Taktiken und Methoden umzusetzen seien.

Das World Wide Web (vor allem soziale Medien und verschlüsselte Messenger-Apps) spielt mittlerweile eine Schlüsselrolle im Zusammenhang mit der gesamten Palette terroristischer Erscheinungsformen – vom Erstkontakt mit extremistischer Propaganda zu Radikalisierung und Rekrutierung über die Planung bis zur logistischen Unterstützung mitsamt dem kommunikativen Austausch über die effektive Durchführung eines Terroraktes. Eine Virtualisierung bringt eine Art All-inclusive-Modell für Terroristen mit sich.

Die Entwicklung im virtuellen Raum kann getrost als rasant bezeichnet werden. Niemals in der Geschichte der Menschheit war es schneller möglich, Inhalte über den Globus hinweg zu verbreiten. Hiervon sind selbstverständlich nicht nur seriöse Informationen betroffen, sondern wahrscheinlich bedauerlicherweise umso mehr Falschmeldungen, Fake News, Propaganda und extremistische Botschaften. Auch der IS hatte schnell begriffen, welche ungekannten Möglichkeiten sich für die Organisation ergeben hatten, um ihre radikalen Inhalte propagandistisch unter die Menschen zu bringen.

Die vermehrte Propaganda ist nur ein erster Punkt in Bezug auf die Ausnutzung der Virtualisierung durch Extremisten. Ein weiterer wichtiger Aspekt ist die Verschlüsselung: „Schließlich bot das neue Online-Ökosystem reiche Möglichkeiten für geheime Kommunikation. Verschlüsselte Messaging-Apps verbreiteten sich, und die Jihad-Kommunikation lief über eine Vielzahl von Plattformen. Es war ein Alptraum für die Nachrichtendienste."[384] Demgemäß gelingt es Terroristen immer besser, ihre Spuren im Cyberraum zu verwischen und ihre Kommunikation oder auch Handlungen zu vertuschen.

Die fortschreitende Digitalisierung hat sich jedenfalls als enormer taktischer Vorteil für jihadistische Entrepreneure (also Umsetzer, Vermittler und Planer) erwiesen, da die Penetration und schließlich ebenso die Infiltration dieser Kommunikation durch Sicherheitsbehörden das „Öffnen" von Social-Media-Anwendungen erfordert. Zumindest in einem gewissen Umfang. Diese Applikationen gehören jedoch Silicon Valley-Giganten wie dem Meta-Konzern (ehemals Facebook), was sich üblicherweise schwierig gestaltet. Noch komplizierter wird es bei Telegram oder TikTok. Technisch ist das zumeist unter bestimmten Voraussetzungen machbar. In liberalen Demokratien stellt sich jedoch die Frage, was rechtlich zulässig und kompatibel mit dem Datenschutz ist. Letztlich ist auch eine Vereinbarkeit von Maßnahmen mit grundrechtlich verankerten Rechten zum Schutz der Privatsphäre wie des Briefgeheimnisses sicherzustellen.

AUS BLICK:

KOMMT EINE NÄCHSTE TERRORWELLE?

„Trügerische Ruhe". Der Titel dieses Buches steht für die weit verbreitete Wahrnehmung der aktuellen terroristischen Bedrohung in Europa. Wahrscheinlich hätte auch die „Ruhe vor dem Sturm" gepasst, aber das ist dann womöglich doch zu reißerisch. Die in der EU aktuell rückläufigen Zahlen (ausgeführte Anschläge, Verhaftungen), die das terroristische Aufkommen betreffen, verheißen zumindest eine kurzfristige Entspannung. Daher die Perzeption einer ruhigeren Phase. Doch es braut sich an den extremistischen Rändern regelrecht etwas zusammen und wir tendieren dazu, uns in die Bequemlichkeit der phlegmatischen Gleichgültigkeit zurückzuziehen. Deshalb trügerisch. Das ist verständlich und nur allzu menschlich. Ist doch die Wahrscheinlichkeit, selbst Terroropfer zu werden, für den Einzelnen wenngleich nicht vollends auszuschließen, so doch fast verschwindend gering. Nicht zuletzt ist andererseits das subjektive Bedrohungsempfinden stets größer als die reale Gefahr oder die „objektive Bedrohungslage", wie es im Jargon heißt. Möglicherweise ist es doch eher Verdrängung? Man muss sich als aufgeklärter Bürger sicherlich nicht permanent mit dem Damoklesschwert des Terrorismus beschäftigen und in Furcht leben. Die Augen davor zu verschließen ist aber ebenfalls keine empfehlenswerte Strategie. Vielmehr ist eine rationale Beschäftigung mit dem Phänomen ein gutes Rezept, um einerseits der Lethargie zu entkommen und andererseits keinen diffusen, unbegründeten Ängsten ausgesetzt sein zu müssen. Denn wie der Dichter Heinrich Heine 1836 in einem Brief an Julius Campe geschrieben hat, ist „Angst bei Gefahren das Gefährlichste". Wahrscheinlich deshalb, weil sie uns träge im Denken macht und unsere Gedanken lähmt.

Wie ich zu zeigen versucht habe, hat die Pandemie als disruptives Jahrhundertereignis eine großflächige Unsicherheit und damit auch die Radikalisierung in sämtlichen Phänomenbereichen befördert und sogar neue Ausprägungen geformt oder zumindest gestärkt. Die „Gewinnerin" der Pandemie ist die Radikalisierung. In diesem recht kurzen Zeitraum von etwa zwei Jahren hat sich „eine diffuse Mischung aus verschiedenen Akteuren gebildet, die gegen den Staat und seine Institutionen gerichtet ist und zunehmend sogenannte Widerstandsnarrative propagiert".[385] Wesentliche extremistische Strukturen, Akteure und Dynamiken haben sich in den Coronajahren erst herausgebildet und verfestigt.

Außerdem haben sich gewisse strukturelle Sicherheitsvoraussetzungen nachteilig entwickelt, die terroristische Gewalt auf unserem Kontinent in naher Zukunft wahrscheinlicher werden lassen. Auf der Metaebene sind es aktuelle sicherheitspolitische Herausforderungen im eurostrategischen Umfeld, die die Sicherheit in Europa nachhaltig bestimmen. Solche sind insbesondere globale Problemlagen wie eine weltweite Demokratiekrise, der Zerfall der regelbasierten Ordnung in den internationalen Beziehungen, eine angespannte Wirtschaftsentwicklung, der sich verschärfende Klimawandel und die rasante Revolution im Bereich der künstlichen Intelligenz mit noch unbekannten Konsequenzen. Dann gibt es darüber hinaus den ausladenden Bereich der Geopolitik, der ungelöste Fragen für die Sicherheitspolitik mit sich bringen wird. Überschattet wird das aktuelle Tagesgeschehen vom grassierenden geopolitischen Konkurrenzkampf der neuen „Pentarchie" zwischen den fünf globalen Machtakteuren, den USA, Europa und möglicherweise Indien auf der einen Seite, China und Russland auf der anderen. Hinzu kommen herausfordernde Entwicklungen und Ereignisse wie der in der Ukraine tobende Krieg, die zunehmend instabile politische und wirtschaftliche Lage im breiten Krisenbogen rund um Europa – vom Maghreb, der Levante und Subsahara-Afrika über die Peripherie zum Bosporus, dem Iran bis zum Hindukusch. Praktisch überall dort schwelt eine konfliktgeladene Glut, die sich zu einem Flächenbrand ausweiten könnte. Die Auswirkungen dieser (über-)regionalen Konflikte und Krisen sind mannigfaltig. Mit Bezug auf die terroristische Lage in der EU kann sich das etwa durch größere Migrationsbewegungen aus besagten

Krisenräumen nach Europa, die extremistische Akteure und Organisationen bewusst ausnützen könnten, negativ auf unsere Sicherheit auswirken. Zum einen könnten sich potenzielle Terroristen unter entsprechende Migrantenströme mischen, zum anderen wäre es denkbar, dass Rechtsextremisten mögliche Zuwanderungswellen aus diesen Regionen propagandistisch ausschlachten könnten.

Konfliktgebiete außerhalb Europas, insbesondere im Nahen und Mittleren Osten, in Nordafrika oder auch Afghanistan sowie Pakistan haben in den letzten Jahrzehnten immer wieder einen fruchtbaren Nährboden für terroristische Organisationen dargestellt. Der Spillover-Effekt von Konflikten in diesen Zonen war im letzten Jahrzehnt ein entscheidender Faktor für die Förderung des Terrorismus in Europa durch Akteure mit regionalem Bezug. Der lange währende Zustrom ausländischer Jihad-Kämpfer, die im Anschluss an ihre Teilnahme an Konflikten im Ausland, wie zum Beispiel dem syrischen Bürgerkrieg, nach Europa zurückkehrten, hat erheblich zum Anstieg des islamistisch motivierten Terrorismus in europäischen Metropolen beigetragen. Zwischenzeitlich haben die Sicherheitsbehörden in vielen europäischen Staaten darauf reagiert und konkrete Maßnahmen gegen die Jihadistenszenen in ihrem lokalen Umfeld ergriffen, was zu einem spürbaren Rückgang an Aktivitäten aus diesem Milieu geführt hat. Doch das Erstarken von IS-K in Afghanistan hat inzwischen eine enorm beflügelnde Wirkung auf die jihadistischen Szenen in der EU und auf jene in Deutschland und in Österreich im Besonderen. Der IS und dessen Ideologie haben in einschlägigen Kreisen, nach einem zwischenzeitlichen Abflauen der Anziehungskraft der Organisation, wieder massiv an Bedeutung gewonnen und gleichermaßen sind im Bereich Propaganda und Rekrutierung wieder stattliche Zuwächse zu registrieren. In diesem Zusammenhang ist zudem die derzeit beginnende Welle an Haftentlassungen verurteilter Auslandskämpfer und ansässiger islamistischer Gefährder zu sehen, die nachhaltig eine Herausforderung für die innere Sicherheit in den betroffenen europäischen Staaten und aufgrund der offenen Schengen-Grenzen auch darüber hinaus bleiben werden.

Die prekäre Lage in der Ukraine wird sich ebenso mittelfristig auf das terroristische Geschehen auf unserem Kontinent auswirken, indem ein neuer, bedeutsamer Schwarzmarkt an Kriegswaffen und -material entsteht, welche über die diversen Kanäle Organisierter Kriminalität ihren Weg in die Hände von Extremisten finden könnten. Generell ist davon auszugehen, dass durch den Ukraine-Krieg rechtsextremistische Szenen in Europa stimuliert und ein revisionistisches Pro-Putin-Narrativ, das auf einer Kritik an den EU-Sanktionen aufbaut, vorangetrieben werden. In den ebenfalls an Bedeutung gewinnenden Lagern der Staatsleugner und der Verschwörungstheoretiker gibt es eine breite Sympathie für ein solches systemfeindliches Agitieren, das als Anti-Mainstream-Denken gesehen wird, zumal die EU im Ukraine-Krieg klar Position gegen das Putin-Regime bezogen hat. Organisierte Lügenkampagnen von vorwiegend prorussischen Gruppierungen polarisieren stark und schüren weithin extremistische Gewalt. Aber auch die Kontrahenten sind mehr als aktiv. Wie so oft in solchen Konstellationen existieren jeweils zwei „Wahrheiten" zu ein und derselben Situation. Es geht um nichts weniger als um die Interpretationshoheit. Ganz bewusst wird, auch jenseits des Ukraine-Kriegs, von Staaten und extremistischen Organisationen im Internet ein Krieg um die Herzen und Köpfe der Menschen ausgetragen. Vermehrt mit unlauteren Mitteln wie manipulierten Algorithmen, Trollen, Bots und Fake News. Für jedwede Form von Missständen und das Aufkommen unpässlicher Konstellationen wie Preiserhöhungen, eine Teuerung der Lebenshaltungskosten und die Inflation selbst wird in ansprechbaren radikalen Zirkeln eine „verfehlte" Politik des Westens gegenüber Putins Russland ausgemacht. Noch ist nicht absehbar, wie sich der Verlauf des Kriegs am Rande Europas weiterentwickeln und vor allem wie eine mögliche Nachkriegsordnung dereinst aussehen wird. Was sich jedoch bereits abzeichnet, ist, dass der Konflikt in hohem Maße im virtuellen Informationsraum ausgetragen wird. Damit ist das Entstehen einer größer werdenden Kluft in sozialen Beziehungen und einer dramatischen Polarisierung in Europa verbunden. Bei den Antipoden ganz links im politischen Spektrum wird die Gegenseite für die zunehmend prekäre Wirtschaftslage und gesellschaftliche Fehlentwicklungen verantwortlich gemacht.

In den sozialen Medien, generell im virtuellen Raum, haben Extremismen Hochkonjunktur und die diversen Angebote warten nur darauf, „abgeholt" zu werden. Auch die Nachfrage ist mittlerweile wieder größer geworden. Denn seitdem Extremisten ihren eigenen Content auf diversen offenen und zugleich privaten Plattformen wie Telegram, 8Chan und anderswo selbst organisieren und kuratieren, gibt es so viele ideologische Strömungen wie Extremisten selbst.[386]

Wir beobachten eine extremistische Wertschöpfung des Internets in sämtlichen Phänomenbereichen des Extremismus entlang einer Linie vom Erstkontakt mit Ideologien und verstärkenden Personen bis zur Planung von terroristischen Anschlägen. Brisant erscheint darüber hinaus, dass sich junge Menschen, die Generation der Digital Natives, nunmehr vorwiegend im Netz radikalisieren. Besorgniserregend ist ebenso der Trend, dass sowohl die Radikalisierten als auch die späteren Attentäter einer jüngeren Altersgruppe angehören als früher. Generell ist szenenübergreifend eine zunehmende Gewaltbereitschaft unter den Radikalisierten festzustellen und gleichfalls eine regelmäßige Steigerung der Motivation, Anschläge zu verüben. Ebenso ist eine verstärkte transnationale Vernetzung zu registrieren. Terroristische Aktivitäten müssen nicht mehr zwangsläufig in jenem Land geplant und vorbereitet werden, in dem sie schließlich umgesetzt werden. Das bedeutet, dass internationale Kooperation in der Terrorismusbekämpfung noch bedeutender wird, als sie ohnehin schon ist.

Insgesamt deuten die hier skizzierten Entwicklungen und Trends im Extremismusbereich in Summe darauf hin, dass es in absehbarer Zeit wieder vermehrt zu terroristischen Anschlägen in Europa kommen wird. Stimuliert durch äußere sicherheitspolitische und gesellschaftliche Impulse sowie im selben Atemzug auch durch interne Dynamiken. Denkbar sind in unseren Breitengraden Gelegenheitsattacken vorwiegend durch jihadistische oder rechtsextremistische Akteure – sehr wahrscheinlich weiterhin in Form von Low-Level-Szenarien, umgesetzt von selbst radikalisierten Einzeltätern oder Kleinstgruppen. Aber auch der stochastische Terrorismus könnte früher oder später in Deutschland und Österreich ein Thema werden. Zudem sind gewalttätige Eskalationen auch in anderen Phänomenbereichen absehbar. Was den Linksextremismus betrifft, sind solche als „sehr wahrscheinlich", im Segment der Reichsbürger wie jenem der Klimaschutzbewegung als „nicht mehr unwahrscheinlich" zu qualifizieren.

Die mit der Abwehr von Terrorismus befassten Behörden in Europa waren in den letzten Jahren alles andere als untätig, und so konnten etliche Anschläge verhindert und operative Strukturen in sämtlichen Phänomenbereichen zerschlagen werden. Die rückläufige EU-Terrorstatistik ist sicherlich auch diesem Umstand geschuldet. Teils wurde in einzelnen Staaten, wie etwa in Österreich seit dem Terroranschlag vom 2. November 2020, in dieser Hinsicht viel mehr unternommen als noch im Jahrzehnt zuvor. Dennoch haben sich europaweit die Aktivitäten von Extremisten noch weiter in den Untergrund verlagert, neue Strukturen herausgebildet und andere Zugangsweisen, Taktiken beziehungsweise Methoden etabliert. Das Visier des Verfassungsschutzes muss kontinuierlich neu justiert und hinsichtlich der sich stetig verändernden Bedrohung angepasst werden. Dafür ist neben dem operativen Tagesgeschäft ebenso ein strategischer Nachdenkprozess erforderlich, um die sich abzeichnenden Trends und Entwicklungen nicht zu verschlafen. Man muss als Terrorismusbekämpfer agil und ständig in Bewegung bleiben, den Austausch mit Partnerinstitutionen pflegen, auf nachrichtendienstlichem Weg Informationen generieren und diese akkurat verarbeiten und analysieren. Und schließlich entschlossen handeln. Im selben Atemzug ist bei der Vorbeugung anzusetzen. Diese ist mehr denn je eine gesamtstaatliche Aufgabe. Eine gelingende Extremismusprävention verhindert im Idealfall sogar Terroranschläge, denn der Terrorismus lebt von seiner extremistischen Unterfütterung.

An der „Heimatfront", also inmitten unserer Gesellschaften, wird der Umgangston immer rauer und die Luft dünner. Vor allem im politischen Diskurs. Extremismus gedeiht, wenn die Demokratie schwächelt. Zweifellos befinden wir uns in einem Zeitalter einer weitläufigen Demokratiekrise des Westens. Parteien der Mitte erreichen die Menschen mit moderaten Botschaften nur mehr bedingt. Der Populismus ist großflächig im Aufwind und die Profiteure sind Parteien mit radikalen und teilweise sogar extremen Botschaften, sowohl am rechten wie am linken Rand. Eine grassierende Politikverdrossenheit und die kaum zu verhehlende Ratlosigkeit von europäischen Regierungen angesichts enormer politischer Herausforderungen treibt die Wähler schnurstracks in die Hände von Demagogen mit falschen Heilsversprechungen. Zudem werden auf unterschiedlichen Kanälen, meist subtil, stereotypische Schuldzuweisungen und Feindbilder („Die Migranten sind schuld", „Die Reichen nehmen uns alles weg", „Alle sind gegen den Islam" oder „Der Staat ist das Übel") verbreitet, die unsere Gesellschaft spalten. Politische Parteien an den äußeren Rändern springen gefällig auf diesen Zug auf und multiplizieren diese Botschaften – manchmal in abgemilderter Form, gelegentlich unverblümt. Das Resultat hiervon ist eine zunehmende Ansprechbarkeit für extremistische Botschaften immer breiterer Bevölkerungsschichten. Angesichts einer Unübersichtlichkeit der Lage sucht man umso eher nach einfachen Wahrheiten und augenscheinlichen Botschaften. Diesen Reflex greifen Extremisten aller Couleurs dankend auf. Nicht zuletzt in Deutschland und Österreich. Einer derartigen Entwicklung müssen sich Demokratien und gerade auch die Zivilgesellschaft entschlossen entgegenstellen. Vor allem den offiziellen „System"-Medien, die ebenfalls mit einem Vertrauensverlust zu kämpfen haben, kommt in dieser Hinsicht eine verantwortungsvolle Rolle in der kritischen Auseinandersetzung mit bedenklichen, demokratiefeindlichen Entwicklungen in Richtung Extremismus zu.

Schließlich muss auch jeder Einzelne Verantwortung im eigenen Umfeld übernehmen. Intoleranz den Intoleranten gegenüber ist das Gebot der Stunde, oder wie Karl Popper es in *Die offene Gesellschaft und ihre Feinde* formulierte: „Uneingeschränkte Toleranz führt mit Notwendigkeit zum Verschwinden der Toleranz. Denn wenn wir die uneingeschränkte Toleranz sogar auf die Intoleranten ausdehnen, wenn wir nicht bereit sind, eine tolerante Gesellschaftsordnung gegen die Angriffe der Intoleranz zu verteidigen, dann werden die Toleranten vernichtet werden und die Toleranz mit ihnen."[387]

Am Ende bleibt eine in gefährdeten Demokratien häufig bemühte Warnung, die aber gegenwärtig ernster denn je gemeint ist: Wehret den Anfängen!

UNEINGESCHRÄNKTE
TOLERANZ FÜHRT MIT
NOTWENDIGKEIT
ZUM VERSCHWINDEN
DER TOLERANZ.

ANMER KUNGEN

1   Vgl. Enzensberger, Hans Magnus (2006): Schreckens Männer: Versuch über den radikalen Verlierer, Berlin: Edition Suhrkamp.

2   Vgl. etwa Waldmann, Peter (2011): Terrorismus. Provokation der Macht, Hamburg: Murmann Verlag; vgl. Hoffman, Bruce (2019): Terrorismus – der unerklärte Krieg. Neue Gefahren politischer Gewalt, Frankfurt am Main: Fischer; vgl. Goertz, Stefan (2017): Der neue Terrorismus. Neue Akteure, Strategien, Taktiken und Mittel, Wiesbaden: Springer VS; vgl. Crenshaw, Martha (1998): "The Logic of Terrorism: Terrorist Behavior as a Product of Strategic Choice", in: Origins of Terrorism: Psychologies, Ideologies, Theologies, States of Mind, Washington D.C.: Woodrow Wilson Center Press and Johns Hopkins University Press; vgl. Schmid, Alex P. (2023): Defining Terrorism. ICCT Report | March 2023; https://www.icct.nl/sites/default/files/2023-03/Schmidt%20-%20Defining%20Terrorism_1.pdf [15.06.2023].

3   Vgl. Ebner, Julia (2023): Massenradikalisierung. Wie die Mitte Extremisten zum Opfer fällt, Berlin: Suhrkamp Nova.

4   Schmid (2023): wie Anm. 2, S. 21.

5   Hoffman (2019): wie Anm. 2, S. 81.

6   Ebenda, S. 81.

7   Münkler, Herfried (2009): Die Strategie des Terrorismus und die Abwehrmöglichkeiten des demokratischen Rechtsstaats; http://edoc.bbaw.de/volltexte/2009/1214/pdf/II_01_Muenkler.pdf [27.04.2023].

8   Münkler, Herfried (2015): Terrorismus als ein Drittes zwischen Krieg und Frieden, in: Heinrich Böll-Stiftung; https://www.boell.de/de/2015/11/24/terrorismus-als-ein-drittes-zwischen-krieg-und-frieden, [27.04.2023].

9   Crawford, Neta C. (2021): The U.S. Budgetary Costs of the Post-9/11 Wars. Report for the Watson Institute for International and Public Affairs, Brown University; https://watson.brown.edu/costsofwar/files/cow/imce/papers/2021/Costs%20of%20War_U.S.%20Budgetary%20Costs%20of%20Post-9%2011%20Wars_9.1.21.pdf; https://watson.brown.edu/costsofwar/figures/2021/BudgetaryCosts [12.03.2023].

10 Vgl. Sageman, Marc (2008): Leaderless Jihad: Terror Networks in the Twenty-First Century, Philadelphia: University of Pennsylvania Press, Vorwort S. VII.

11   Vgl. Goertz, Stefan (2019): Islamistischer Terrorismus: Analyse – Definitionen – Taktik (Grundlagen der Kriminalistik, Band 23), 2. Aufl., Heidelberg: C. F. Müller Kriminalistik; Nesser, Petter (2018): Islamist Terrorism in Europe, Oxford: Oxford University Press; vgl. Fischer, Michael/Pelzer, Robert (2016): Die Logik des Anschlags. Zur Zielwahl dschihadistischer Terroristen in Europa, Frankfurt am Main: Campus; vgl. Nacos, Brigitte L. (2016): "The Making of Terrorists: Causes, Conditions, Influences", in: Terrorism and Counterterrorism, 5. Aufl., New York: Routledge, S. 135–154; Smith, Melanie/Barton, Sabine/Birdwell, Jonathan (2016, February): Lone-Actor Terrorism: Policy Paper 3: Motivations, Political Engagement and Online Activity. (CLAT Project; Countering Lone-Actor Terrorism Series, No. 7); https://rusi.org/publication/other-publications/lone-actor-terrorism-policy-paper-3- motivations-political-engagement; EUROPOL (November 2016): Changes in Modus Operandi of Islamic State (IS) revisited; https://www.europol.europa.eu/sites/default/files/documents/modus_operandi_is_revisited.pdf [alle 21.03.2023].

12   Stockhammer, Nicolas (2016): „Europa im Zangengriff des transnationalen Terrorismus. Ursachen, Wandel und Bekämpfung des Terrors der dritten Generation", in: Khol, Andreas et al. (Hrsg.): Österreichisches Jahrbuch für Politik 2016, Wien/Köln/Weimar: Böhlau, S. 301–313.

13   Vgl. Die Presse (20.07.2016): Der Terrorismus kann uns immer und überall treffen, Gastkommentar von Nicolas Stockhammer; https://www.diepresse.com/5054422/der-terrorismus-kann-uns-immer-und-uberall-treffen [21.03.2023].

14   Vgl. Hartleb, Florian (2020): Einsame Wölfe. Der neue Terrorismus rechter Einzeltäter, 2. Aufl., Hamburg: Hoffmann und Campe.

15   Vgl. Stockhammer, Nicolas/Neumann, Peter (2021): Vorläufige Lektionen vom Terror in Wien. EICTP Policy Brief, Wien; https://eictp.eu/wp-content/uploads/2021/01/FINAL_EICTP-Policy-Brief-Terror-and-lessons-learnt-1.pdf [21.03.2023], S. 11; vgl. Goertz, Stefan/Stockhammer, Nicolas (2022): Taktische Erkenntnisse zum Wiener Terroranschlag vom 2. November 2020, Wien: EICTP; https://www.eictp.eu/wp-content/uploads/2022/03/FINAL_Expert-Paper_Taktischer-Erkenntnisse.pdf [21.03.2023].

16   So sind etwa die rechtextremistisch motivierten Anschläge von München und Halle als Antwort auf die islamistischen Terrorakte in Berlin, Würzburg und Ansbach aufzufassen. Vgl. Hartleb (2020): wie Anm. 14.

17   Vgl. Deutschlandfunk Kultur (17.03.2018): Extremismusforscherin Julia Ebner. Was haben Rechtsextreme und Islamisten gemeinsam?; https://www.deutschlandfunkkultur.de/extremismusforscherin-julia-ebner-was-haben-rechtsextreme-100.html [22.06.2023].

18   Vgl. Goertz, Stefan (2017): Der neue Terrorismus. Neue Akteure, Stra-
          tegien, Taktiken und Mittel, Wiesbaden: Springer VS; außerdem vgl.
          Nesser (2018): wie Anm. 11; sowie vgl. Hartleb, Florian/Schliefsteiner,
          Paul (2021): „Einzeltäter, radikal, potenziell labil und eigentlich ‚gar
          nicht mehr da'. Eine vergleichende Fallstudie der dschihadistischen
          Terroranschläge mit tödlichem Ausgang in Deutschland und Öster-
          reich seit 2015", in: Backes, Uwe et al. (Hrsg.), Jahrbuch Extremismus
          & Demokratie (33), Baden-Baden, S. 195–218.

19   Europol (2022): European Union Terrorism Situation and Trend Re-
          port, Publications Office of the European Union, Luxembourg, S. 21;
          https://www.europol.europa.eu/cms/sites/default/files/documents/
          Tesat_Report_2022_0.pdf [21.06.2023]; sowie Europol (2023): Euro-
          pean Union Terrorism Situation and Trend Report, Publications Office
          of the European Union, Luxembourg, S. 9; https://www.europol.euro-
          pa.eu/cms/sites/default/files/documents/Europol_TE-SAT_2023.pdf
          [21.03.2023].

20   Vgl. Richardson, Louise (2007): Was Terroristen wollen. Die Ursachen
          von Gewalt und wie wir sie bekämpfen können, Frankfurt am Main:
          Fischer Verlag, S. 117/118.

21   Sofsky, Wolfgang (2003): „Sie morden, weil sie dürfen", in: du, Nr.
          736, Mai, S. 46.

22   Waldmann, Peter (2005): Terrorismus. Provokation der Macht, Mün-
          chen, S. 15.

23   Die Figur des „als interessiert unterstellten Dritten" hat Herfried
          Münkler eingeführt. Vgl. Münkler, Herfried (1980): „Guerillakrieg
          und Terrorismus", in: Neue politische Literatur, Bd. XXV, Heft 3, S.
          299–326, hier besonders S. 320 ff.

24   Cowen, Tyler (2006): "Terrorism as Theater: Analysis and Policy Im-
          plications", in: Public Choice, 128 (1/2), S. 233–244, hier S. 206; http://
          www.jstor.org/stable/30026642 [12.03.2023].

25   Harari, Yuval Noah (2018): 21 Lektionen für das 21. Jahrhundert, Mün-
          chen: C. H. Beck, S. 178.

26   Däniker, Gustav (1978): Antiterror – Strategie. Fakten – Folgerungen –
          Forderungen. Neue Wege der Terroristenbekämpfung, Frauenfeld, S.
          102 und S. 222/223.

27   Hierzu vgl. Waldmann, Peter (2003): „Das terroristische Kalkül und
          seine Erfolgsaussichten", in: Schluchter, Wolfgang (Hrsg.): Funda-
          mentalismus. Terrorismus. Krieg, Weilerswist, S. 90 ff.

28   Vgl. Harari (2018): wie Anm. 25, S. 178 ff.

29   Pinker, Steven (2011): Gewalt: Eine neue Geschichte der Menschheit, Frankfurt am Main: Fischer Verlag, S. 511.

30   Hartleb, Florian (2020): Einsame Wölfe. Der neue Terrorismus rechter Einzeltäter, 2. Aufl., Hamburg: Hoffman und Campe, S. 46–48.

31   Vgl. u. a. Schaffert, Richard W. (1992): Media Coverage and Political Terrorists. A Quantitative Analysis, New York u. a.: Praeger.

32   Vgl. Elter, Andreas (2008): Propaganda der Tat. Die RAF und die Medien, Frankfurt am Main: Suhrkamp, S. 270.

33   Vgl. Koidl, Roman Maria (2017): Warum wir Irre wählen, Hamburg: Hoffmann und Campe Verlag, S. 105/106.

34   Vgl. Waldmann, Peter (2005): Terrorismus: Provokation der Macht, Hamburg: Murmann Verlag, S. 19.

35   MDR AKTUELL (21.07.2020): Halle-Attentäter vor Gericht. Der Angeklagte möchte eine Aussage machen; https://www.mdr.de/nachrichten/deutschland/politik/attentat-halle-prozess-stephan-b-reportage-gericht-100.html [02.07.2023].

36   Evans, Robert (2019): "The El Paso Shooting and the Gamification of Terror", in: Bellingcat (August 4, 2019); https://www.bellingcat.com/news/americas/2019/08/04/the-el-paso-shooting-and-the-gamification-of-terror [02.07.2023].

37   Stuttgarter Zeitung (26.10.2015): NSU-Ausschuss begutachtet Bekennervideo. Die Botschaft von Paulchen Panther; https://www.stuttgarter-zeitung.de/inhalt.nsu-ausschuss-begutachtet-bekennervideo-die-botschaft-von-paulchen-panther.79cf352f-02f0-4fcb-b542-cdf84b806bf4.html [02.07.2023].

38   Vgl. Kearns, Erin/Betus, Allison/Lemieux, Anthony (2019): "Why Do Some Terrorist Attacks Receive More Media Attention Than Others?", in: Justice Quarterly, DOI: 10.1080/07418825.2018.1524507, S. 1–53. Detailliert hierzu: Köhler, Daniel (2018): „Rechtsextremer ‚Schwarmterrorismus'? Erklärungsansätze für Entwicklungen extrem rechter Gewalt und Terrorismus in Deutschland", in: Wissen Schafft Demokratie 6, S. 155.

39   Vgl. BBC (19.12.2022): US Capitol riots: What happened and who has been punished?; https://www.bbc.com/news/world-60265900 [02.07.2023].

40   Vgl. Backes, Uwe (1989): Politischer Extremismus in demokratischen
            Verfassungsstaaten. Elemente einer normativen Rahmentheorie, Op-
            laden: VS Verlag für Sozialwissenschaften; Backes, Uwe/Jesse, Eckhard
            (1996): Politischer Extremismus in der Bundesrepublik Deutschland,
            4. Aufl., Bonn: Propyläen Verlag; Backes, Uwe/Jesse, Eckhard (Hrsg.)
            (2006): Gefährdungen der Freiheit. Extremistische Ideologien im Ver-
            gleich, Göttingen: Vandenhoek & Ruprecht.

41   Borum, Randy (2011): "Radicalization into violent extremism. A re-
            view of social science Theories", in: Journal of Strategic Studies 4, S.
            37–62, hier S. 54.

42   Vgl. u. a. Wiktorowicz, Quintan (2005): Radical Islam Rising: Muslim
            Extremism in the West, London: Rowman & Littlefield Publishers;
            außerdem: Wiktorowicz, Qunitan/Karl Kaltenthaler (2006): "The
            Rationality of Radical Islam", in: Political Science Quarterly, 121, S. 295–
            319.

43   El Difraoui, Asiem (2021): Die Hydra des Dschihadismus. Entstehung,
            Ausbreitung und Abwehr einer globalen Gefahr, Berlin: Suhrkamp, S.
            14.

44   Ebenda, S. 14.

45   Horgan & Braddock (2010) definieren Radikalisierung als "the social
            and psychological process of incrementally experienced commitment
            to extremist political or religious ideology", vgl. Horgan,John/Brad-
            dock, Kurt (2010): "Rehabilitating the terrorists? Challenges in asses-
            sing the effectiveness of de-radicalisation programs", in: Terrorism
            and Political Violence, 22 (2), S. 279.

46   Daase, Christopher/Deitelhoff, Nicole/Junk, Julian et al. (2018): „Was
            ist Radikalisierung? Präzisierungen eines umstrittenen Begriffs", in:
            PRIF-Report /2018, Frankfurt am Main, S. 8; https://www.hsfk.de/file-
            admin/HSFK/hsfk_publikationen/prif0518.pdf [28.05.2023].

47   Vgl. Mansour, Ahmad (2014): „Salafistische Radikalisierung – und was
            man dagegen tun kann", in: Bundeszentrale für politische Bildung
            (BPB) Dossier Islamismus; https://www.bpb.de/politik/extremismus/
            islamismus/193521/salafistische-radikalisierung-und-was-man-dage-
            gen-tun-kann [28.05.2023].

48   Vgl. Dalgaard-Nielsen, Anja (2013): "Promoting exit from violent extre-
            mism: Themes and approaches", in: Studies in Conflict & Terrorism,
            36(2), S. 99–115; vgl. Vergani, Matteo et al. (2020): "The three Ps of
            radicalization: Push, pull and personal. A systematic scoping review of
            the scientific evidence about radicalization into violent extremism",
            in: Studies in Conflict & Terrorism, 43(10), S. 854.

49   Neumann, Peter R. (2016): Der Terror ist unter uns. Dschihadismus, Radikalisierung und Terrorismus in Europa, Berlin: Ullstein Buchverlage, S. 237.

50   Ebenda, S. 84.

51   Vgl. ebenda, S. 85.

52   Vgl. O'Brien, Briege/Haynes, David (2018): The Manchester Arena Attack: Terror, Trauma and Recovery, Wiesbaden: Springer Verlag.

53   Vgl. Rouhana, Nizar N. (2018): "The Manchester bombing: What do we know about the perpetrator?", in: Journal of Policing, Intelligence and Counter Terrorism, 13(1), S. 1–14.

54   Vgl. Gill, Paul/Horgan, John/Deckert, Paige (2018): "The Manchester attack: a preliminary psychological analysis", in: Studies in Conflict & Terrorism, 41(10), S. 831–842.

55   The Guardian (24.5.2017): What happened in Manchester? What we know so far about the attack; https://www.theguardian.com/uk-news/2017/may/23/manchester-arena-attack-what-we-know-so-far [19.04.2023].

56   https://www.gmp.police.uk/news/greater-manchester/news/news/2020/march/a-man-who-conspired-with-his-brother-to-carry-out-a-terror-attack-that-killed-22-people-at-the-manchester-arena-has-been-jailed [19.04.2023].

57   Vgl. Silke, Andrew (2008): "Holy warriors: Exploring the psychological processes of jihadi radicalization", in: European Journal of Criminology, 5(1), S. 99–123; außerdem: Horgan, John (2008): "From profiles to pathways and roots to routes: Perspectives from psychology on radicalization into terrorism", in: The Annals of the American Academy of Political and Social Science, 618(1), S. 80–94.

58   Vgl. Enander, Viviann/Wiik, Jenny (2017): Lessons from the Norway Terrorist Attack: The Way Forward, London: Palgrave Macmillan, S. 1–25.

59   Vgl. Berntzen, Lars Erik/Börjesson, Mats (2014): Anders Behring Breivik and the Rise of Islamophobia, London: Zed Books, S. 1–40.

60   Der Spiegel (09.08.2011): Psychogramm eines Massenmörders; https://www.spiegel.de/panorama/justiz/anders-breivik-psychogramm-eines-massenmoerders-a-778984.html [19.04.2023].

61   Vgl. Hammer, Marianne (2016): The Anders Breivik Trial: The Politics of Fear in Northern Europe, London: Routledge, S. 28–60.

62   Vgl. Seierstad, Åsne (2016): Einer von uns. Die Geschichte eines Mas-
            senmörders, Zürich: Kein & Aber Verlag.

63   Vgl. McCauley, Clark/Moskalenko, Sophie (2017): Friction. How Con-
            flict Radicalizes Them and US, Oxford: Oxford University Press.

64   Zur Ursachendimension vgl. u. a. Kruglanski, Arie W./Bélanger, Joce-
            lyn J./Gunaratna, Rohan (2020): The Three Pillars of Radicalization:
            Needs, Narratives, and Networks, Oxford: Oxford University Press.

65   Jeffrey Simon legt aber nahe, dass er einen Mitwisser gehabt haben
            dürfte. Vgl. Simon, Jeffrey D. (2016): Lone Wolf Terrorism: Understan-
            ding the Growing Threat, New York: Prometheus Books, S. 46–49.

66   Vgl. Michel, Lou/Herbeck, Dan (2001): American Terrorist: Timothy
            McVeigh and the Oklahoma City Bombing, Harper Collins Publishers.

67   Vgl. Wessely, Jana (2011): "Domestic Terrorists: Eric Rudolph", in:
            Sean Anderson (Hrsg.): Terrorists, Desperados, and Extremists, Santa
            Barbara: Praeger, S. 67–82.

68   Vgl. Farrell, Susan A. (2004): The Unabomber: The Life and Crimes of
            Ted Kaczynski, New York: Rosen Publishing, S. 39–54.

69   Vgl. ebenda, S. 55–78.

70   Vgl. Roth, Jürgen/Schäfer, Stefan (2004): The Hamburg Cell: The 9/11
            Terrorist Pilots and Their Support Network, New York: Carroll & Graf.

71   Vgl. Wright, Lawrence (2006): The Looming Tower: Al-Qaeda and the
            Road to 9/11, New York: Knopf.

72   Vgl. Laabs, Dirk (2006): Atta: Ein Deutscher und sein Leben mit dem
            Islamismus, Hamburg: Rowohlt Verlag.

73   Vgl. Horgan, John (2008): "From Profiles to Pathways and Roots to
            Routes: Perspectives from Psychology on Radicalization into Terro-
            rism", in: The ANNALS of the American Academy of Political and
            Social Science, vol. 618, (1), S. 80–94.

74   Vgl. ebenda, S. 85.

75   Vgl. ebenda, S. 91 ff.

76   Vgl. Hebel, Stephan/Jäger, Michael (Hrsg.) (2012): NSU-Komplex: Wo
            beginnt der Nationalsozialistische Untergrund – wo hört er auf?,
            Frankfurt am Main: Campus Verlag.

77   Vgl. Koehler, Daniel (2017): Right-Wing Terrorism in the 21st Century.
            The 'National Socialist Underground' and the History of Terror from
            the Far-Right in Germany, Oxford/New York: Routledge, S. 93–114.

78   Vgl. ebenda, S. 47 ff.

79   Vgl. Speckhard, Anne (2013): "The Boston Marathon Bombers: The Lethal Cocktail That Turned Troubled Youth to Terrorism", in: Perspectives on Terrorism 7, no. 3, S. 64–78.

80   Vgl. Postel, Thérèse (2013): "The Young and the Normless: Al Qaeda's Ideological Recruitment of Western Extremists", in: Connections 12, no. 4 (Fall 2013): S. 107.

81   Ann O'Neill: Dzhokhar Tsarnaev Trial: The Radicalization of Jahar, CNN, March 30, 2015, https://www.cnn.com/2015/03/27/us/tsarnaev-13th-juror-jahar-radicalization/index.html [19.04.2023].

82   FBI National Press Office: 2011 Request for Information on Tamerlan Tsarnaev from Foreign Government, FBI, April 19, 2013; https://www.fbi.gov/news/pressrel/press-releases/2011-request-for-information-on-tamerlan- tsarnaev-from-foreign-government [19.04.2023].

83   CNN Staff, Timeline: A Look at Tamerlan Tsarnaev's Past, CNN, April 22, 2013, https://www.cnn.com/2013/04/21/us/tamerlan-tsarnaev-timeline/index.html [19.04.2023].

84   Stern (14.06.2016): Anschlag auf Homosexuellenclub. Ex-Frau und -Mitschüler: Attentäter von Orlando war selbst schwul; https://www.stern.de/politik/ausland/orlando-attentaeter-war-laut-ex-frau-und-mitschueler-selbst-schwul-6899140.html [19.04.2023].

85   Horgan, John (2019): The Psychology of Terrorism (2nd ed.), London: Routledge, S. 41.

86   Vgl. ebenda, S. 42.

87   Vgl. Sageman, Marc (2017): "Turning to Political Violence: The Interactive Relationship between Religious Identity, Social Networks, and Political Context", in: Gurr, R. J./Horgan, John L. (Hrsg.): The Future of Terrorism: Violence in the New Millennium, London: Routledge, S. 49–68, hier S. 42.

88   Vgl. Koehler, Daniel (2015): "The Radical Online: Individual Radicalization Processes and the Role of the Internet", in: Journal for Deradicalization, (3/2015), S. 116–134.

89   Zum Fall Tarrant siehe den Abschlussbericht der Royal Commission; https://christchurchattack.royalcommission.nz [19.04.2023].

90   The Soufan Center IntelBrief: Shamima Begum and the Difficulty of Balancing Security, Humanitarian Concerns, and Accountability; https://thesoufancenter.org/intelbrief-2023-february-27 [19.04.2023].

91   Jenkins, Brian Michael (2022): Plagues and their Aftermath. How Societies Recover from Pandemics, Brooklyn/London: Melville House, S. 156.

92   Sold, Manjana/Süß, Clara-Auguste (2020): „Das Virus als Mittel zum Zweck. Extremistische (Um-)Deutungen der Corona-Pandemie", in: Bundeszentrale für Politische Bildung (BPB); https://www.bpb.de/themen/infodienst/308634/das-virus-als-mittel-zum-zweck [15.05.2023].

93   Politico (15.03.2020): ISIS tells terrorists to steer clear of coronavirus-stricken Europe; https://www.politico.eu/article/coronavirus-isis-terrorists-europe [15.05.2023].

94   Stern (21.10.2020): Daniel Wüstenberg: Anschlagspläne, Terror-werbung, Gewalt – die Akte des mutmaßlichen Messer-Mörders von Dresden; https://www.stern.de/panorama/verbrechen/messer-mord-von-dresden-die-akte-des-verdaechtigen-abdullah-a-h-h-9461632.html [15.05.2023].

95   Vgl. Mena-Watch (19.10.2020): Mohammed-Karikaturen: Verspottet die Empörten!; https://www.mena-watch.com/mohammed-karikaturen-verspottet-die-empoerten [15.05.2023].

96   Vgl. Hartleb, Florian/Schliefsteiner, Paul/Schiebel, Christoph (2023): "The Interrelation and Dynamics between the 'Reichsbürger' and the 'Querdenker' in Germany and Austria", in: Perspectives on Terrorism, 8 (1), April (2023), S. 123–143.

97   Vgl. Reckwitz, Andreas/Rosa, Hartmut (2021): Spätmoderne in der Krise: Was leistet die Gesellschaftstheorie?, Berlin: Suhrkamp Verlag, S. 206–212.

98   Siehe Kraemer, Klaus/Nessel, Sebastian (2012): Entfesselte Finanz-märkte. Soziologische Analysen des modernen Kapitalismus, Frankfurt am Main: Campus Verlag.

99   Vgl. Tölgyes, Joël (2022): Hausgemachte Teuerung durch Gewinn-In-flation, Momentum Institut; https://www.momentum-institut.at/news/gewinn-inflation [15.05.2023].

100   Vgl. Lee, Kai-Fu/Qifan, Chen (2021): AI 2041. Ten Visons for our Future, New York: Penguin Random House.

101   Vgl. Weingart, Peter/Engels, Anita/Pansegrau, Petra (2007): Von der Hypothese zur Katastrophe. Der anthropogene Klimawandel im Diskurs, Opladen: Barbara Budrich Verlag.

102   Siehe Zakaria, Fareed (2020): Ten Lessons for a Post-Pandemic World, New York: W. W. Norton, S. 147–167.

103   Vgl. Ferguson, Niall (2021): Doom. Die großen Katastrophen der Vergangenheit und einige Lehren für die Zukunft, München: DVA.

104   Vgl. Botzenhardt, Ulrike: „Die Folgen der Pandemie: Experte spricht von ‚toxischer Mischung'. Die Folgen der Pandemie drohen zur Zerreißprobe für unsere Gesellschaft zu werden. Wo stehen wir? Experte Nicolas Stockhammer im Interview", Kurier (01.02.2021); https://kurier.at/chronik/oesterreich/die-folgen-der-pandemie-experte-spricht-von-toxischer-mischung/401174563 [15.05.2023].

105   Vgl. "We must be more vigilant than ever", Guterres says on first International Day to prevent violent extremism; https://news.un.org/en/story/2023/02/1133402 [15.05.2023].

106   Hoffman, Bruce (2019): Terrorismus – Der unerklärte Krieg. Neue Gefahren politischer Gewalt, erw. Fassung, Frankfurt am Main: Fischer, S. 470.

107   CNN (07.01.2014): Al Qaeda controls more territory than ever in Middle East; https://edition.cnn.com/2014/01/07/opinion/bergen-al-qaeda-terrority-gains/index.html [15.05.2023].

108   Vgl. Clarke, Colin P. (2019): After the Caliphate. The Islamic State and the Future of the Terrorist Diaspora, Cambridge: Polity, S. 132.

109   Vgl. Steinberg, Guido/Albrecht, Aljoscha (2022): "Afghanistan after the US Withdrawal. The Taliban, al-Qaeda and IS Khorasan", in: Stockhammer, Nicolas (Hrsg.): EICTP Vienna Research Papers on Transnational Terrorism and Counter-Terrorism: Trend Scenarios of Transnational Terrorism, Volume IV, S. 149-161.

110   Im November 2013, also noch vor der Konjunktur des IS, war die Einschätzung hinsichtlich der Bedrohung durch al-Qaida für Europa bereits generell eher zurückhaltend. „Für den Westen klingt all das halbwegs beruhigend. Außer kleineren Anschlägen und Sabotageakten erwartet Guido Steinberg keine großen Terrorakte im Westen in naher Zukunft, Peter Neumann sieht das ähnlich. Für den Nahen Osten sieht die Zukunft allerdings nicht so rosig aus. Das Chaos in Ägypten, Libyen, Syrien, dem Irak und möglicherweise bald auch im Libanon eröffnet den Dschihad-Salafisten ungeahnte Möglichkeiten und Spielräume", in: Metzger, Albrecht: „Abkehr vom fernen Feind"; https://de.qantara.de/inhalt/militant-islamistische-gruppierungen-abkehr-vom-fernen-feind [25.05.2023].

111   Vgl. Stockhammer, Nicolas (2021): „Al-Qaida – 20 Jahre danach: Zwischen Abdriften in die Bedeutungslosigkeit, systemischer Konsolidierung und strategischer Resilienz", in: Journal for Intelligence, Propaganda and Security Studies (JIPSS) Vol.15, Nr. 2/2021, S. 112–122; https://acipss.org/wp-content/uploads/2021/09/editS_JIPSS_V15_N2.pdf [25.05.2023].

112   Vgl. United Nations Security Council (2022): "Twenty-Ninth Report of the Analytical Support and Sanctions Monitoring Team Submitted Pursuant to Resolution 2368 (2017) Concerning ISIL (Da'esh), Al-Qaida and Associated Individuals and Entities", S/2022/83, February 3, 2022.

113   Vgl. Mullins, Sam (2019): Jihadist Infiltration of Migrant Flows to Europe: Perpetrators, Modus Operandi and Policy Implications, Basingstoke: Palgrave MacMillan.

114   Reuters (21.05.2016): Chmaytelli, Maher/Kalin, Stephen/Abdelaty, Ali: Islamic State calls for attacks on the West during Ramadan in audio message; https://www.reuters.com/article/us-mideast-crisis-islamic-state-idUSKCN0YC0OG [25.05.2023].

115   Frankfurter Allgemeine Zeitung (05.08.2016): Attentäter von Würzburg und Ansbach holten sich Rat beim IS; https://www.faz.net/aktuell/politik/kampf-gegen-den-terror/attentaeter-von-wuerzburg-und-ansbach-hatten-is-kontakt-14373354.html [25.05.2023].

116   Vgl. Der Spiegel (06.08.2015): Der Brandstifter aus Wien; https://www.spiegel.de/politik/ausland/islamischer-staat-mohamed-mahmoud-der-brandstifter-aus-wien-a-1046964.html [15.05.2023].

117   Der Standard (18.06.2018): Lebenslang für Doppelmord an Linzer Ehepaar; https://www.derstandard.at/story/2000081819827/lebenslang-fuer-doppelmord-an-linzer-ehepaar [15.05.2023].

118   Global Terrorism Database (GTD), GTD ID 201706300036; https://www.start.umd.edu/gtd/search/IncidentSummary.aspx?gtdid=201706300036 [15.05.2023].

119   Steinberg, Guido (2021): Islamistischer Terrorismus in Europa: Dschihadismus in Österreich, Berlin: Konrad-Adenauer-Stiftung, S. 18; https://www.kas.de/documents/252038/11055681/IslamistischerTerrorismus+in+Europa.+Dschihadismus+in+Österreich.pdf/1ceb670c-c3d5-d3e7-c15f-1ed74223b2e0?version=1.2&t=1629885370056 [15.05.2023].

120   Vienna.at (14.09.2020): Mit dem Köpfen gedroht: Wiener IS-Terrorist Lorenz K. erneut vor Gericht; https://www.vienna.at/mit-dem-koepfen-gedroht-wiener-is-terrorist-lorenz-k-erneut-vor-gericht/6739310 [15.05.2023].

121   Vgl. Hofinger, Veronika/Schmidinger, Thomas (2017): Endbericht. Wege in die Radikalisierung. Wie Jugendliche zu IS-Sympathisanten werden (und welche Rolle die Justiz dabei spielt), Uni Innsbruck, Institut für Rechts- und Kriminalsoziologie, S. 24; https://www.uibk.ac.at/irks/publikationen/2020/pdf/endbericht_wegeradikalisierung_final.pdf [02.07.2023].

122   Kronen Zeitung (01.07.2023): Chats verdeutlichen Interesse an Bau einer Bombe; https://www.krone.at/3048001 [02.07.2023].

123   Der Standard (21.06.2023): Verdächtiger kündigte Terroranschlag auf Wiener Pride in IS-Chat an; https://www.derstandard.at/story/3000000175546/verdaechtige-kuendigte-terroranschlag-auf-wiener-pride-in-i [02.07.2023].

124   Der Falter (10.11.2020): Konzett, Eva/Klenk, Florian/Matzinger, Lukas: Die Protokolle einer mörderischen Radikalisierung; https://www.falter.at/zeitung/20201110/die-protokolle-einer-moerderischen-radikalisierung [15.05.2023].

125   Ebenda.

126   Der Spiegel (03.11.2020): So radikalisierte sich Kujtim F.; https://www.spiegel.de/ausland/attentaeter-von-wien-zeit-fuer-den-heiligen-krieg-a-55aafd8e-fcfc-4a63-9744-aea10383f042 [15.05.2023].

127   Zerbes, Ingeborg et al. (22.12.2020): Zwischenbericht der Untersuchungskommission zum Terroranschlag vom 02.11.2020, S. 10; https://www.bmi.gv.at/Downloads/Zwischenbericht.pdf [15.05.2023].

128   Ebenda, S. 10.

129   Ebenda, S. 10.

130   Profil (08.12.2020): Wiener Islamisten Szene: „Schwach halt, ein Mitläufer"; https://www.profil.at/oesterreich/wiener-islamisten-szene-schwach-halt-ein-mitlaeufer/401094030 [15.05.2023].

131   Ebenda.

132   Vgl. Reicher, Fabian/Melzer, Anja (2022): Die Wütenden. Warum wir im Umgang mit dem dschihadistischen Terror radikal umdenken müssen, Frankfurt am Main: Westend Verlag; vgl. Ebner, Julia (2018): WUT. Was Islamisten und Rechtsextremisten mit uns machen, Darmstadt: WBG Theiss.

133   Vgl. Saal, Johannes/Lippe, Felix (2021): "The Network of the November 2020 Vienna Attacker and the Jihadi Threat to Austria", in: CTC Sentinel, February 2021, S. 38 (Übers. durch den Verf.); https://ctc.westpoint.edu/wp-content/uploads/2021/02/CTC-SENTINEL-022021.pdf [25.05.2023].

134   Flade, Florian (2021): „Das Terrornetzwerk ‚Löwen des Balkan'", in: Verschlusssache. Über Extremismus, Terrorismus und Sicherheitspolitik (Online BLOG); https://ojihad.wordpress.com/2021/07/07/das-terrornetzwerk-lowen-des-balkan [25.05.2023].

135   Vgl. Stockhammer/Neumann (2021): wie Anm. 15, S. 10; Goertz/Stock-hammer (2022): wie Anm. 15, S. 25.

136   Vgl. ebenda.

137   Vgl. Goertz/Stockhammer (2022): wie Anm. 15, S. 26.

138   Die Presse (04.11.2020): Mit Attentat einer Razzia zuvorgekommen?; https://www.diepresse.com/5892657/mit-attentat-einer-razzia-zuvor-gekommen [19.04.2023].

139   Reuters (09.11.2020): Behörde – Mehr als 60 Razzien bei Muslimbru-derschaft in Österreich; https://www.reuters.com/article/sterreich-razzien-idDEKBN27P0RG [25.05.2023].

140   Zerbes, Ingeborg et al. (22.12.2020): Zwischenbericht der Untersu-chungskommission zum Terroranschlag vom 02.11.2020, S. 18; https://www.bmi.gv.at/Downloads/Zwischenbericht.pdf [15.05.2023].

141   Kurier (16.11.2020): Terroranschlag in Wien: Löste Routine-SMS die Attacke aus?; https://kurier.at/chronik/wien/terroranschlag-in-wien-lo-este-routine-sms-die-attacke-aus/401097597 [19.04.2023].

142   Kronen Zeitung (13.12.2022): Einfache Buchrückgabe oder doch Atten-tat geplant?; https://www.krone.at/2880499 [15.05.2023].

143   Nau.ch (03.11.2020): Nach Anschlag: Wien laut Experten ein „weiches und attraktives" Ziel; https://www.nau.ch/news/europa/nach-an-schlag-wien-laut-experten-ein-weiches-und-attraktives-ziel-65814019 [19.04.2023].

144   Kronen Zeitung (03.11.2020): Experte: Wien ist „leichtes und attrakti-ves" Ziel; https://www.krone.at/2267125 [19.04.2023].

145   Crenshaw, Martha (1998): "The Logic of Terrorism: Terrorist Behavior as a Product of Strategic Choice", in: Origins of Terrorism: Psycholo-gies, Ideologies, Theologies, States of Mind, Washington D.C.: Woo-drow Wilson Center Press and Johns Hopkins University Press.

146   Waldmann, Peter (2005): Terrorismus. Provokation der Macht, 2. Aufl., Hamburg: Murmann, S. 17.

147   Jenkins, Brian M.: "The New Age of Terrorism", in: RAND http://www.rand.org/content/dam/rand/pubs/reprints/2006/RAND_RP1215.pdf [19.04.2023].

148   New York Times (10.09.2066): "What Terrorists Want"; https://www.nytimes.com/2006/09/10/books/chapters/0910-1st-rich.html?page-wanted=all&_r=0 [19.04.2023].

266

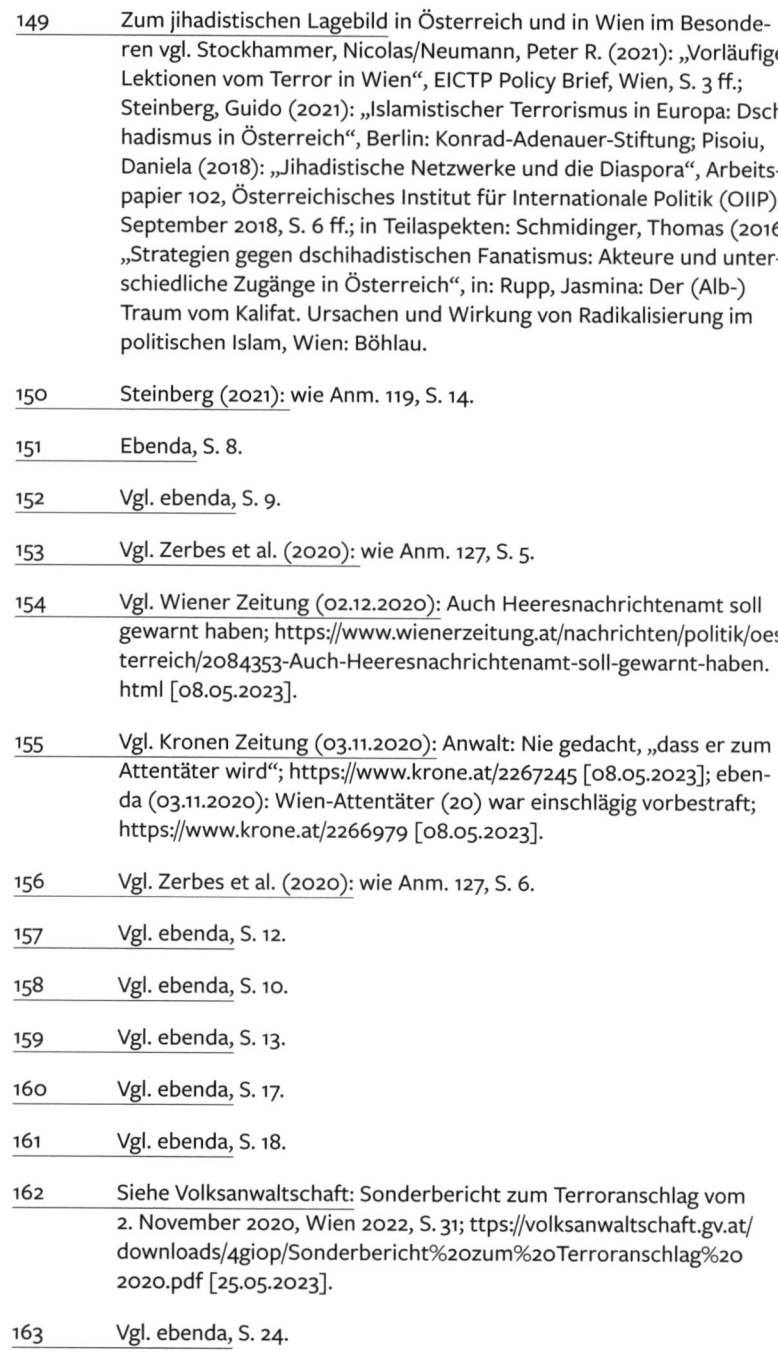

149   Zum jihadistischen Lagebild in Österreich und in Wien im Besonderen vgl. Stockhammer, Nicolas/Neumann, Peter R. (2021): „Vorläufige Lektionen vom Terror in Wien", EICTP Policy Brief, Wien, S. 3 ff.; Steinberg, Guido (2021): „Islamistischer Terrorismus in Europa: Dschihadismus in Österreich", Berlin: Konrad-Adenauer-Stiftung; Pisoiu, Daniela (2018): „Jihadistische Netzwerke und die Diaspora", Arbeitspapier 102, Österreichisches Institut für Internationale Politik (OIIP), September 2018, S. 6 ff.; in Teilaspekten: Schmidinger, Thomas (2016): „Strategien gegen dschihadistischen Fanatismus: Akteure und unterschiedliche Zugänge in Österreich", in: Rupp, Jasmina: Der (Alb-)Traum vom Kalifat. Ursachen und Wirkung von Radikalisierung im politischen Islam, Wien: Böhlau.

150   Steinberg (2021): wie Anm. 119, S. 14.

151   Ebenda, S. 8.

152   Vgl. ebenda, S. 9.

153   Vgl. Zerbes et al. (2020): wie Anm. 127, S. 5.

154   Vgl. Wiener Zeitung (02.12.2020): Auch Heeresnachrichtenamt soll gewarnt haben; https://www.wienerzeitung.at/nachrichten/politik/oesterreich/2084353-Auch-Heeresnachrichtenamt-soll-gewarnt-haben.html [08.05.2023].

155   Vgl. Kronen Zeitung (03.11.2020): Anwalt: Nie gedacht, „dass er zum Attentäter wird"; https://www.krone.at/2267245 [08.05.2023]; ebenda (03.11.2020): Wien-Attentäter (20) war einschlägig vorbestraft; https://www.krone.at/2266979 [08.05.2023].

156   Vgl. Zerbes et al. (2020): wie Anm. 127, S. 6.

157   Vgl. ebenda, S. 12.

158   Vgl. ebenda, S. 10.

159   Vgl. ebenda, S. 13.

160   Vgl. ebenda, S. 17.

161   Vgl. ebenda, S. 18.

162   Siehe Volksanwaltschaft: Sonderbericht zum Terroranschlag vom 2. November 2020, Wien 2022, S. 31; ttps://volksanwaltschaft.gv.at/downloads/4giop/Sonderbericht%20zum%20Terroranschlag%202020.pdf [25.05.2023].

163   Vgl. ebenda, S. 24.

164   Vgl. ebenda, S. 26 bzw. S. 29.

165 Siehe https://www.wienerzeitung.at/nachrichten/politik/oester-
reich/2067182-Staatsschutz-Andere-sind-uns-da-weit-voraus.
html; https://www.wienerzeitung.at/nachrichten/politik/oester-
reich/2092234-Der-Spion-der-nicht-Englisch-spricht.html; https://
www.wienerzeitung.at/nachrichten/politik/oesterreich/2082528-Oes-
terreichs-laedierte-Spione.html; https://www.wienerzeitung.at/nach-
richten/politik/oesterreich/2081664-Nachrichtendienst-im-Schatten-
des-Attentats.html; https://steiermark.orf.at/stories/3074317/; https://
www.wienerzeitung.at/nachrichten/politik/oesterreich/2092423-Ver-
nichtendes-Urteil-fuer-Verfassungsschutz.html; https://www.profil.at/
oesterreich/geheimdienstexperte-beer-bvt-9464227 [alle 26.05.2023].

166 Siehe Kronen Zeitung (14.11.2020): Fatale Kettenreaktion: SMS löste
Terrornacht aus; https://www.krone.at/2275735; Kurier (16.11.2020):
Terroranschlag in Wien: Löste Routine-SMS die Attacke aus?; https://
kurier.at/chronik/wien/terroranschlag-in-wien-loeste-routine-sms-die-
attacke-aus/401097597 [28.05.2023].

167 Vgl. https://www.derstandard.at/story/2000121546906/50-razzien-
gegen-strukturen-der-muslimbruderschaft-in-oesterreich; https://
www.sn.at/panorama/oesterreich/operation-luxor-razzien-bei-muslim-
bruderschaft-millionenbetraege-wurden-sichergestellt-95377003;
https://www.spiegel.de/ausland/oesterreich-60-razzien-gegen-muslim-
bruderschaft-und-hamas-in-oesterreich-a-6c6651a6-520e-4ebe-ba4b-
4df389ed6a8f [alle 28.05.2023].

168 Vgl. Zerbes et al. (2020): wie Anm. 127, S. 18.

169 Vgl. ORF.at (04.11.2020): Spur führt in die Schweiz; https://orf.at/sto-
ries/3187960 [19.04.2023].

170 Vgl. Die Presse (26.04.2021): Anschlag in Wien: Attentäter war 90
Minuten vor der Tat am Schwedenplatz; https://www.diepresse.
com/5971445/anschlag-in-wien-attentaeter-war-90-minuten-vor-der-
tat-am-schwedenplatz [19.04.2023].

171 Vgl. Der Standard (09.11.2020): Einzeltätertheorie gerät ins Wanken:
Wie kam der Attentäter in die Innere Stadt?; https://www.derstandard.
at/story/2000121564629/einzeltaetertheorie-bekommt-kratzer-wie-
kam-der-taeter-in-die-innere [19.04.2023].

172	APA OTS (0194): KURIER: Wien-Attentäter Kujtim F. hatte wohl Ziel und Helfer; https://www.ots.at/presseaussendung/OTS_20210427_OTS0194/kurier-wien-attentaeter-kujtim-f-hatte-wohl-ziel-und-helfer [19.04.2023].
173	Vgl. ebenda.
174	Vgl. Zarinfard, Sahel (2021): „Der Anschlag", in: Dossier. Politisch motivierte Gewalt. Eine Spurensicherung, No.5, 10/2021, S. 56–61.
175	Bundesministerium für Inneres (BMI): „Schützen, helfen, koordinieren", in: Öffentliche Sicherheit, Heft 1/2021, S. 9; https://www.bmi.gv.at/magazinfiles/2021/01_02/terroranschlag_in_wien_bf_20210115.pdf [08.05.2023].
176	Ebenda, S. 9/10.
177	Vgl. Zarinfard (2021): wie Anm. 174, S. 64.
178	Vgl. Kronen Zeitung (08.11.2020): Das waren die Waffen des Attentäters in Wien; https://www.krone.at/2271091 [19.04.2023].
179	Vgl. Reicher/Melzer (2022): wie Anm. 132, S. 196.
180	Vgl. ebenda, S. 196.
181	Zur Stilisierung zum „negativen Helden" vgl. Khosrokhavar, Farhad (2016): Radikalisierung, Hamburg: Europäische Verlagsanstalt, S. 144 ff.; zur nicht eingelösten Sinnsuche von Radikalisierten vgl. Kruglanski, Arie W./Bélanger, Jocelyn J./Gunaratna, Rohan (2019): The Three Pillars of Radicalization: Needs, Narratives, and Networks, Oxford: Oxford University Press.
182	Vgl. Goertz, Stefan (2019b): Terrorismusabwehr. Zur aktuellen Bedrohung durch den islamistischen Terrorismus in Deutschland und Europa, 2. Aufl., Wiesbaden: Springer VS, S. 37/38.
183	Riedel, Bruce (2015): Modeled on Mumbai? Why the 2008 India attack is the best way to understand Paris, Markaz Blog, Brookings Institution; https://www.brookings.edu/blog/markaz/2015/11/14/modeled-on-mumbai-why-the-2008-india-attack-is-the-best-way-to-understand-paris [04.05.2023].
184	Stockhammer/Neumann (2021): wie Anm. 15, S. 10.
185	Kurier (25.05.2022): Michaela Reibenwein: Neue Aufarbeitung: Der Terroranschlag von Wien in vier Akten; https://kurier.at/chronik/wien/der-terroranschlag-von-wien-in-vier-akten/402020928 [25.05.2023].
186	Vgl. Zarinfard (2021): wie Anm. 174, S. 55 ff.

187   Vgl. Münkler, Herfried (2006): Der Wandel des Krieges. Von der Symmetrie zur Asymmetrie, Weilerswist.

188   Zerbes, Ingeborg et al. (22.12.2020): Zwischenbericht der Untersuchungskommission zum Terroranschlag vom 02.11.2020, S. 23; https://www.bmi.gv.at/Downloads/Zwischenbericht.pdf [08.05.2023].

189   Vgl. „vienna.at" (23.10.2021): WEGA-Chef erzählt von Anschlag in Wien; https://www.vienna.at/wega-chef-erzaehlt-von-anschlag-in-wien/7167943 [28.05.2023].

190   BMI (2021): wie Anm. 175, S. 7.

191   Ebenda, S. 7.

192   Ebenda, S. 9.

193   Vgl. Kellerhoff, Sven Felix (2022): Anschlag auf Olympia. Was 1972 in München wirklich geschah, Darmstadt: WBG Theiss, S. 94 ff.

194   Kurier (24.03.2016): Experte sieht Anschlagsgefahr auch für Österreich. Europa müsse sich auf 20 Jahre Kampf gegen den Terror einstellen; https://kurier.at/politik/inland/experte-sieht-anschlagsgefahr-auch-fuer-oesterreich/188.910.391 [25.05.2023].

195   Vgl. Krassay, Bernadette (2023): Neun Minuten. Die wahre Geschichte des Mannes, der im Kugelhagel des Wiener Terroranschlags überlebte, Wien: Edition A.

196   Ebenda, S. 24/25.

197   Niederösterreichische Nachrichten – NÖN (03.11.2020): Terror in Wien: Todesopfer aus Korneuburg; https://m.noen.at/korneuburg/allerseelen-anschlag-terror-in-wien-todesopfer-aus-korneuburg-korneuburg-wien-redaktionsfeed-terror-trauer-anschlag-redaktion-231763944 [25.05.2023].

198   Der Standard (06.11.2020): „Leg die Waffen weg und setz dich her zu mir": Irmgard P. erinnert sich an eines der Opfer des Terroranschlags von Wien – ihre Schwester; https://www.derstandard.at/story/2000121476639/leg-die-waffen-weg-und-setz-dich-her-zu-mir [25.05.2023].

199   Zarinfard (2021): wie Anm. 174, S. 63.

200   Vgl. Krassay (2023): wie Anm. 195, S. 115 ff.

201   Zarinfard (2021): wie Anm. 174, S. 59.

202   Ebenda, S. 59.

203   Vgl. Der Standard (10.08.2022): Hinterbliebene der vier Getöteten erhalten nach Terroranschlag in Wien 450.000 Euro; https://www.derstandard.at/story/2000138168490/hinterbliebene-der-vier-getoeteten-erhalten-nach-terroranschlag-in-wien-450 [25.05.2023].

204   Der Standard (07.11.2020): BVT-Chef Gridling geht im September in Pension; https://www.derstandard.at/story/2000117352581/bvt-chef-gridling-geht-im-september-in-pension; tiroler Tageszeitung (07.05.2020): https://www.tt.com/artikel/16930738/bvt-direktor-gridling-geht-im-herbst-in-pension [25.05.2023].

205   Vgl. Der Standard (11.07.2023): „Überraschungsangriff", Ex-BVT-Direktor Gridling schreibt Buch über BVT-Razzia und Folgen; https://www.derstandard.at/story/3000000178347/ex-bvt-d [15.07.2023].

206   Vgl. ebenda.

207   NZZ (26.11.2020): Misstrauen und Politisierung: Österreichs Nachrichtendienst ist ein Sanierungsfall; https://www.nzz.ch/international/terror-oesterreich-der-nachrichtendienst-bvt-als-sanierungsfall-ld.1588716?reduced=true [25.05.2023].

208   Vienna.at (30.10.2021): https://www.vienna.at/terror-anschlag-in-wien-einsatzkraefte-blicken-zurueck/7173019 [25.05.2023].

209   Kleine Zeitung (02.12.2021): Der Staatsschutz liegt nun in den Händen eines Grazers; https://www.kleinezeitung.at/steiermark/6068733/Steirer-des-Tages_Der-Staatsschutz-liegt-nun-in-den-Haenden-eines; Nachrichten.at (14.11.2020): Terror: Ermittelt wird gegen 21 mögliche Unterstützer; https://www.nachrichten.at/politik/innenpolitik/terror-ermittelt-wird-gegen-21-moegliche-unterstuetzer;art385,3322393 [25.05.2023].

210   BKA (07.11.2020): https://bundeskriminalamt.at/news.aspx?id=6D34324E7161387261616F3D; BMI (13.11.2020): https://www.bmi.gv.at/news.aspx?id=2F4F4D5758556B416D79633D [25.05.2023].

211   APA OTS (20.10.2021): Terroranschlag in Wien: Kriminalpolizeiliche Zwischenbilanz; https://www.ots.at/presseaussendung/OTS_20211020_OTS0156/terroranschlag-in-wien-kriminalpolizeiliche-zwischenbilanz; Kleine Zeitung (02.10.2021): Terror-Anschlag in Wien: Ermittler rekonstruieren Waffenkauf; https://www.kleinezeitung.at/oesterreich/6041912/Vier-Todesopfer_TerrorAnschlag-in-Wien_Ermittler-rekonstruieren [25.05.2023].

212 Kurier (26.05.2022): Die vier Phasen des Terroranschlags; https://www.
pressreader.com/austria/kurier-3402/20220526/281870122059558;
PULS 24 (23.04.2021): Wien: Terrorist war bereits um 18.25 Uhr am
Schwedenplatz; https://www.puls24.at/news/chronik/wien-terrorist-
war-bereits-um-1825-uhr-am-schwedenplatz/232620; Die Presse
(27.04.2021): Anschlag in Wien: Attentäter war 90 Minuten vor der
Tat am Schwedenplatz; https://www.diepresse.com/5971445/anschlag-
in-wien-attentaeter-war-90-minuten-vor-der-tat-am-schwedenplatz;
Der Standard (06.11.2020): Neun Minuten: Die Geschichte einer Nacht
voll Terror und Heldentaten in Wien; https://www.derstandard.at/
story/2000121511296/neun-minuten-die-geschichten-einer-nacht-vol-
ler-heldentaten-und-terror; Profil.at (28.10.2021): Neue Rekonstruktion: Wiener IS-Attentäter spähte Tatort aus; https://www.profil.at/
oesterreich/neue-rekonstruktion-wiener-is-attentaeter-spaehte-ta-
tort-aus/401786330 [25.05.2023].

213 Kurier (04.03.2021): Der Attentäter von Wien gab 80 Schüsse ab;
https://kurier.at/chronik/wien/der-attentaeter-von-wien-gab-80-schu-
esse-ab/401208100 [25.05.2023].

214 Kleine Zeitung (15.09.2021): Steirischer Polizist wird zweithöchster
Staatsschützer; https://www.kleinezeitung.at/steiermark/5897106/
Michael-Lohnegger_Steirischer-Polizist-wird-zweithoechster.
[25.05.2023].

215 ORF WIEN (23.11.2020): Terror: Ex-BVT-Chef ortet Skandalisierung;
https://wien.orf.at/stories/3077342/; Der Standard (23.11.2020): Ex-
BVT-Chef Gridling verteidigt Verfassungsschutz nach Anschlag in
Wien; https://www.derstandard.at/story/2000121931893/ex-bvt-
chef-gridling-verteidigt-verfassungsschutz-nach-anschlag-in-wien
[25.05.2023].

216 Siehe Der Standard (01.02.2023): Wiener Terrorprozess: Zweimal lebenslang, zwei hohe Strafen und zwei Mordfreisprüche; https://www.
derstandard.at/story/2000143149214/urteile-zum-attentat-in-wien-
zwei-freisprueche-vier-angeklagte-wegen [25.05.2023].

217 Der Standard (27.05.2023): Waffenlieferant profitiert nach Anschlag in Wien von Justizirrtum; https://www.derstandard.at/
story/3000000172104/waffenlieferant-profitiert-nach-anschlag
[25.05.2023].

218 Vgl. ORF.at (30.05.2023): Anschlag: Neun Monate Haft für Waffenlieferanten; https://wien.orf.at/stories/3209470 [25.05.2023].

219 Der Standard (01.02.2023): Wiener Terrorprozess: Zweimal lebenslang, zwei hohe Strafen und zwei Mordfreisprüche.

220 Ebenda.

221   Ebenda.

222   Vgl. Verfassungsschutz Baden-Württemberg: Die Anschläge vom Oktober 2020 als islamistische Ereigniskette. (19.01.2021): https://www.verfassungsschutz-bw.de/,Lde/Die+Anschlaege+vom+Herbst+2020+als+islamistische+Ereigniskette#:~:text=Die%20Anschl%C3%A4ge%20vom%20Oktober%20 2020%20als%20islamistische%20Ereigniskette&text=Ab%20September%202020%20kam%20es,und%20mehr%20als%2025%20verletzt [08.06.2023].

223   Berger, J. M. (2018): Extremism, Cambridge, Mass.: MIT Press, S. 44 ff.

224   Vgl. Mannewitz, Tom et al. (2018): Was ist politischer Extremismus. Grundlagen, Erscheinungsformen, Interventionsansätze, Frankfurt am Main: Wochenschau Verlag, S. 138 ff.

225   Schneckener, Ulrich (2007): „Internationale Terrorismusbekämpfung – im Spannungsfeld zwischen USA und Vereinten Nationen", in: Chancen und Grenzen multilateraler Terrorismusbekämpfung, hg. von Ulrich Schneckener, Berlin: SWP, S. 7–13, hier S. 9.

226   Vgl. Zick, Andreas et. al. (2019): „Individuelle Faktoren der Radikalisierung zu Extremismus, Gewalt und Terror: Zur Forschungslage", in: Daase, Christopher et al. (Hrsg.): Gesellschaft Extrem. Was wir über Radikalisierung wissen, Frankfurt am Main/New York: Campus, S. 57.

227   Vgl. ebenda, S. 52; außerdem: Borum, Randy (2014): "Psychological Vulnerabilities and Propensities for Involvement in Violent Extremism", in: Behavioral Sciences & the Law 32(3), S. 286–305.

228   Vgl. Haller, Reinhard (2023): „Der Trieb zur Grausamkeit. Psychodynamik und Psychopathologie des Hasses", in: Liessmann, Konrad Paul (Hrsg.): Hass. Anatomie eines elementaren Gefühls, Philosophicum Lech, Wien: Zsolnay, S. 67–94.

229   Vgl. della Porta, Donatella (1992): "Political Socialization in Left-Wing Underground Organizations: Biographies of Italian and German Militants", in: della Porta, Donatella (Hrsg.): Social Movements and Violence: Participation in Underground Organizations, London, S. 259–290.

230   Vgl. Lohlker, Rüdiger (2016): Theologie der Gewalt. Das Beispiel IS, Wien: Facultas.

231   Der Spiegel (03.11.2020): So radikalisierte sich Kujtim F.; https://www. spiegel.de/ausland/attentaeter-von-wien-zeit-fuer-den-heiligen-kriega-55aafd8e-fcfc-4a63-9744-aea10383f042 [28.05.2023].

232   OÖ-Nachrichten (04.11.2020): Nach Terroranschlag in Wien: Was
        über den Täter bekannt ist; https://www.nachrichten.at/panorama/
        chronik/nach-terroranschlag-in-wien-was-ueber-den-taeter-bekannt-
        ist;art58,3318935 [04.05.2023].

233   Kleine Zeitung (07.11.2020): Attentäter war „nie emotional oder
        aufbrausend"; https://www.kleinezeitung.at/oesterreich/5894048/
        Anschlag-in-Wien_Attentaeter-war-nie-emotional-oder-aufbrausend
        [28.05.2023].

234   Vgl. ebenda.

235   Ebenda.

236   Ebenda.

237   Goertz (2017): wie Anm. 2, S. 143.

238   News (12.11.2020): Erste strukturelle Lektionen vom Terror in Wien,
        Gastkommentar von Nicolas Stockhammer; https://www.news.at/a/
        bvt-erste-terror-wien-11741640 [28.05.2023].

239   Vgl. Zarinfard (2021): wie Anm. 174, S. 74.

240   Die Presse (28.08.2023): Hausdurchsuchung im BVT war nicht recht-
        mäßig; https://www.diepresse.com/5486926/hausdurchsuchung-im-
        bvt-war-nicht-rechtmaessig [28.05.2023].

241   Vgl. Polli, Gert René (2022): Schattenwelten. Österreichs Geheim-
        dienstchef erzählt, Graz: Ares Verlag, S. 309.

242   Die Presse (12.11.2019): Berner Club ortet grobe Sicherheitslücken
        beim BVT; https://www.diepresse.com/5720923/berner-club-ortet-gro-
        be-sicherheitsluecken-beim-bvt [28.05.2023].

243   Vgl. Riegler, Thomas (2022): Österreichs geheime Dienste. Eine neue
        Geschichte, Wien: Klever Verlag, S. 142.

244   Vgl. ebenda, S. 283.

245   Sehr aufschlussreich zur Außenwirkung des BVT-Skandals vgl. Polli
        (2022): wie Anm. 241, S. 309.

246   Vgl. Der Standard (08.05.2019): „New York Times" schreibt über
        isoliertes BVT unter Türkis-Blau; https://www.derstandard.at/sto-
        ry/2000102724614/new-york-times-schreibt-ueber-isoliertes-bvt-un-
        ter-tuerkis-blau [28.05.2023].

247   Vgl. Riegler (2022): wie Anm. 243, S. 160/161.

248   Vgl. ebenda, S. 285.

249   Vgl. New York Times (07.05.2019): As Far Right Rises, a Battle Over Security Agencies Grows; https://www.nytimes.com/2019/05/07/world/europe/austria-far-right-freedom-party.html [28.05.2023].

250   Vgl. ebenda.

251   Zack Zack (13.11.2019): Offen wie ein Scheunentor – Inlandsgeheimdienst mit heftigen Sicherheitslücken; https://zackzack.at/2019/11/13/offen-wie-ein-scheunentor-inlandsgeheimdienst-mit-heftigen-sicherheitsluecken [28.05.2023].

252   Vgl. Salzburger Nachrichten (23.05.2018): Suspendierung aufgehoben: Gridling kommt „mit gemischten Gefühlen" ins BVT zurück; https://www.sn.at/politik/innenpolitik/suspendierung-aufgehoben-gridling-kommt-mit-gemischten-gefuehlen-ins-bvt-zurueck-28288450 [28.05.2023].

253   Vgl. Der Standard (17.05.2023): BVT-Prozess mit Auftritt des schweigsamen Brigadegenerals; https://www.derstandard.at/story/2000146508260/bvt [28.05.2023].

254   Vgl. ORF.at (03.11.2020): Derzeit kein Hinweis auf zweiten Täter; https://orf.at/stories/3187835 [25.05.2023].

255   Vgl. Frankfurter Allgemeine Zeitung (04.11.2020): Nach dem Anschlag in Wien: Ihm gelang die perfekte Täuschung; https://www.faz.net/aktuell/politik/ausland/schuldzuweisungen-nach-dem-terroranschlag-in-wien-17035869.html [25.05.2023].

256   Zerbes, Ingeborg et al. (22.12.2020): Zwischenbericht der Untersuchungskommission zum Terroranschlag vom 02.11.2020; https://www.bmi.gv.at/Downloads/Zwischenbericht.pdf [08.05.2023].

257   Dem Heeresnachrichtenamt war Kujtim F. lt. Untersuchungsbericht seit 2018 als FTF bekannt.

258   Vgl. Zerbes et al. (2020): wie Anm. 127, S. 15.

259   Vgl. ebenda, S. 17.

260   Vgl. ebenda, S. 18.

261   Zarinfard (2021): wie Anm. 174, S. 77.

262   Vgl. Zerbes, Ingeborg et al. (10.02.2021): Abschlussbericht. – Untersuchungskommission zum Terroranschlag vom 02.11.2020, S. 18 bzw. S. 23; https://www.bmi.gv.at/downloads/Endbericht.pdf [25.05.2023].

263   Vgl. https://globalgovernanceprogramme.eui.eu/event/the-art-of-counter-terrorism [25.05.2023].

264   Vgl. Ganor, Boaz (2005): The Counter-Terrorism Puzzle: A Guide for Decision Makers, New Brunswick, N.J.: Transaction.

265   Vgl. Intelligence Failures können allgemein als Fehler in der nachrichtendienstlichen Informationsanalyse verstanden werden; https://greydynamics.com/intelligence-failure-what-when-why-how [25.05.2023].

266   Siehe den Bericht des Rechnungshofes: Verfassungsschutz und Terrorismusbekämpfung, Wien 2009, S. 30 bzw. S. 56 ff.

267   Vgl. Zerbes, Ingeborg et al. (2021): Abschlussbericht. Untersuchungskommission zum Terroranschlag vom 02.11.2020, S. 25.

268   Ebenda, S. 25.

269   Vgl. Riegler (2022): wie Anm. 243, S. 285.

270   Ebenda, S. 285.

271   Vgl. Parlamentskorrespondenz Nr. 310 vom 16.03.2021: Politik am Ring: Ist die Terror-Bekämpfung in Österreich am richtigen Weg?; https://www.parlament.gv.at/aktuelles/pk/jahr_2021/pko310 [05.06.2023].

272   Siehe Parlamentskorrespondenz Nr. 852 vom 07.07.2021: Nationalrat beschließt Anti-Terror-Paket; https://www.parlament.gv.at/aktuelles/pk/jahr_2021/pko852#XXVII_NRSITZ_00115 [05.06.2023].

273   Vgl. https://www.ris.bka.gv.at/Dokumente/BgblAuth/BGBLA_2021_I_159/BGBLA_2021_I_159.pdfsig [05.06.2023].

274   Der Spiegel (16.11.2017): Im Billigflieger auf und davon – trotz Fußfessel; https://www.spiegel.de/politik/deutschland/terrorismus-gefaehrder-fliegt-trotz-fussfessel-ins-ausland-a-1178292.html [05.06.2023]; Bayerischer Rundfunk – BR Puls (01.02.2017): Kampf gegen den Terror. Warum elektronische Fußfesseln keine Attentate verhindern können; https://www.br.de/puls/themen/welt/elektronische-fussfessel-terror-100.html [05.06.2023].

275   Vgl. Meier, Christian (28.01.2021): Was ist eigentlich unter „politischem Islam" zu verstehen? Allah und die Ordnung der Welt, Bundeszentrale für politische Bildung (BpB); https://www.bpb.de/themen/infodienst/326260/was-ist-eigentlich-unter-politischem-islam-zu-verstehen [05.06.2023].

276   Vgl. Hofinger, Veronika/Pisoiu, Daniela: „Zu viel Symbolpolitik im Anti-Terror-Gesetz", Gastkommentar in: Der Standard (12.05.2021); https://www.derstandard.at/story/2000126574345/zu-viel-symbolpolitik-im-anti-terror-gesetz [05.06.2023].

277   Vgl. Die Zeit (16.11.2020): Muslime in Mithaftung; https://www.zeit.
       de/gesellschaft/2020-11/politischer-islam-straftatbestand-sebasti-
       an-kurz-diskriminierung-demokratie-gedankenfreiheit-oesterreich
       [05.06.2023].

278   Vgl. ORF.at (27.05.2021): https://orf.at/stories/3214929 [05.06.2023].

279   Vgl. Österreichischer Fonds zur Dokumentation von religiös motivier-
       tem politischem Extremismus, Dokumentationsstelle Politischer Islam
       (Hrsg.) (2020): Der Politische Islam als Gegenstand wissenschaftli-
       cher Auseinandersetzungen und am Beispiel der Muslimbruderschaft.
       Grundlagenpapier der Dokumentationsstelle Politischer Islam in Zu-
       sammenarbeit mit Mouhanad Khorchide und Lorenzo Vidino, S.12/13;
       https://www.dokumentationsstelle.at/wp-content/uploads/2021/08/
       Der-Politische-Islam-als-Gegenstand-wissenschaftlicher-Ausei-
       nandersetzungen-und-am-Beispiel-der-Muslimbruderschaft1.pdf
       [05.06.2023].

280   Vgl. Vidino, Lorenzo (2017): The Muslim Brotherhood in Austria,
       George Washington University/Program on Extremism, August 2017;
       https://soerenkern.com/pdfs/islam/AustriaMB2017.pdf [05.06.2023];
       außerdem: vgl. Altuna, Sergio/Vidino, Lorenzo (2022): The Muslim
       Brotherhood in Germany and Austria: Documenting Testimonies
       of Four Insiders, Report i. A. des Österreichischen Fonds zur Doku-
       mentation von religiös motiviertem politischen Extremismus (Do-
       kumentationsstelle Politischer Islam); https://www.dokumentations-
       stelle.at/wp-content/uploads/2022/11/DPI_MB_AustriaGermany.pdf
       [05.06.2023].

281   Hoffman (2019): wie Anm. 106, S. 493/494.

282   Urban, Johannes (2006): Die Bekämpfung des Internationalen Isla-
       mistischen Terrorismus, Wiesbaden: Springer VS., S. 18, FN 6.

283   Vgl. Ganor, Boaz (2005): The Counter-Terrorism Puzzle: A Guide for
       Decision Makers, New Brunswick, N.J.: Transaction.

284   Stellvertretend für die relevanten europäischen Lageeinschätzun-
       gen zur islamistischen Terrorbedrohung vgl. die britische: Protect.
       uk (16.02.2023): https://www.protectuk.police.uk/print/pdf/node/846;
       vgl. die französische: POLITICO (20.05.2023): French minister warns
       of resumption of 'Islamist terrorist' threat in Europe; https://www.
       politico.eu/article/france-minister-warns-resumption-sunni-islamist-
       terrorism-threat-europe-gerard-darmanin; vgl. die deutsche: SZ
       (06.07.2023): Bundesinnenministerin Faeser: „Die Bedrohung durch
       den islamistischen Terrorismus bleibt sehr akut"; https://www.sued-
       deutsche.de/politik/bundesinnenministerin-faeser-die-bedrohung-
       durch-den-islamistischen-terrorismus-bleibt-sehr-akut-1.6003234; vgl.
       die österreichische: Der Standard (12.05.2023): Verfassungsschutzbe-

richt. Islamistischer Terrorismus bleibt die größte Bedrohung; https://
www.derstandard.at/story/2000146368777/islamistischer-terrorismus-
bleibt-die-groesste-bedrohung [alle 07.07.2023].

285   Vgl. Europol (2023): European Union Terrorism Situation and Trend
Report, Publications Office of the European Union, Luxembourg,
S. 9 ff.; https://www.europol.europa.eu/cms/sites/default/files/docu-
ments/Europol_TE-SAT_2023.pdf; vgl. The European Conservative
(16.06.2023): Europol: Vast Majority of Terrorist Crimes Motivated by
Jihadism; https://europeanconservative.com/articles/news/europol-
vast-majority-of-terrorist-crimes-motivated-by-jihadism [02.07.2023].

286   Bundesamt für Verfassungsschutz (2023): Islamismus und islamistischer Terrorismus; https://www.verfassungsschutz.de/DE/themen/
islamismus-und-islamistischer-terrorismus/islamismus-und-islamis-
tischer-terrorismus_node.html [02.07.2023].

287   Zur generellen Problematik der jihadistischen Infiltration von Flücht-
lingsströmen vgl. Mullins, Sam (2019): Jihadist Infiltration of Migrant
Flows to Europe: Perpetrators, Modus Operandi and Policy Implications, London: Palgrave-MacMillan.

288   Vereinte Nationen/Sicherheitsrat (2023): Thirty-first report of
the Analytical Support and Sanctions Monitoring Team submitted pursuant to resolution 2610 (2021) concerning ISIL (Da'esh),
Al-Qaida and associated individuals and entities (13.02.2023), S. 14
(Übers. durch den Verf.); https://www.securitycouncilreport.org/atf/
cf/%7B65BFCF9B-6D27-4E9C-8CD3-CF6E4FF96FF9%7D/N2303891.
pdf [21.03.2023].

289   Ebenda, S. 14 (Übers. durch den Verf.).

290   Bundesministerium für Inneres/Direktion Staatsschutz und Nachrichtendienst (Hrsg.): Verfassungsschutzbericht 2022, S. 37; https://
www.dsn.gv.at/501/files/VSB/Verfassungsschutzbericht_2022_BF.pdf
[21.05.2023].

291   Vgl. Neumann, Peter R./Stockhammer, Nicolas/Heinisch, Heiko/Scholz,
Nina (2022): Lagebild Extremismus und Migration: Fallstudien aus
vier österreichischen Migrations-Communitys; https://www.bmi.gv.at/
bmi_documents/3020.pdf [15.06.2023].

292   Goertz, Stefan (2022): Rechtsextremisten und Staatsleugner in Europa – Aktuelle Ideologieelemente, Trends und Akteure, EICTP Expert
Paper; https://www.eictp.eu/wp-content/uploads/2022/03/Rechtsex-
tremisten-und-Staatsleugner-in-Europa-Aktuelle-Ideologieelemente-
Trends-und-Akteure-GOERTZ.pdf [15.06.2023].

293   Steinhagen, Martin (2021): Rechter Terror. Der Mord an Walter Lüb-
cke und die Strategie der Gewalt, Hamburg: Rowohlt Polaris, S. 228.

294 Vgl. Goertz, Stefan (2022): Extremismus und Sicherheitspolitik. Studienkurs für die Polizei und die Verfassungsschutzbehörden, Wiesbaden, S. 73–75.

295 DSN, Verfassungsschutzbericht 2022: S. 17/18.

296 Vgl. Goertz, Stefan (2021): Rechtsextremismus und Rechtsterrorismus in Deutschland. Eine analytische Einführung für die Polizei und Sicherheitsbehörden, Hilden: Verlag Deutsche Polizeiliteratur, S. 157–159.

297 Quent, Matthias (2022): „Rechtsterrorismus", in: Rothenberger, Liane/Krause, Joachim/Jost, Jannis/Frankenthal, Kira (Hrsg.): Terrorismusforschung. Interdisziplinäres Handbuch für Wissenschaft und Praxis, Baden-Baden: Nomos, S. 180.

298 Vgl. Goertz, Stefan/Stockhammer, Nicolas (2021): Corona-„Maßnahmen-Gegner". Rezente Akteure, Ideologieelemente und ihr Stochastisches Gewaltpotenzial, EICTP Expert Paper; https://www.eictp.eu/wp-content/uploads/2022/01/FINAL_EICTP_Expert-Paper_Corona-massnahmengegner.pdf [15.06.2023].

299 Vgl. Die Zeit (14.12.2022): Razzia gegen Reichsbürger: Wie gefährlich waren die Verschwörer?; https://www.zeit.de/gesellschaft/zeitgeschehen/2022-12/reichsbuerger-razzia-verschwoerung-waffen-schiessuebungsplatz [15.06.2023].

300 Vgl. Focus (2022): Reichsbürger Heinrich XIII. Prinz Reuß. Dieser Mann sollte nach Umsturz Staatsoberhaupt von Deutschland werden; https://www.focus.de/panorama/welt/reichsbuerger-heinrich-xiii-prinz-reuss-dieser-mann-sollte-nach-umsturz-das-staatsoberhaupt-von-deutschland-werden_id_180437793.html [15.06.2023].

301 Vgl. Salzburger Nachrichten (21.12.2020): 3693 Staatsleugner sind bisher bekannt; https://www.sn.at/panorama/oesterreich/3693-staatsleugner-sind-bisher-bekannt-97272769 [15.06.2023].

302 Hamm, Mark S./Spaaij, Ramón (2017): The Age of Lone Wolf Terrorism, New York, NY: Columbia University Press, S. 84.

303 DSN, Verfassungsschutzbericht 2022: S. 24.

304 Vgl. Goertz (2022): wie Anm. 292, S. 19.

305 Vgl. DSN, Verfassungsschutzbericht 2022: S. 27.

306 Goertz (2022): wie Anm. 292, S. 25.

307   Goertz, Stefan: „‚Verschwörungstheorien', Verschwörungserzählungen – Wege in die Radikalisierung?", in: Konrad Adenauer Stiftung
(KAS), o. J.; https://www.kas.de/de/web/extremismus/„verschwörungs-
theorien-verschwörungserzählungen-wege-in-die-radikalisierung
[15.06.2023].

308   Vgl. Quinn, Michael D. (2020): QAnon: An Objective Guide to Under-
stand QAnon, The Deep State, and Related Conspiracy Theories: The
Great Awakening Explained, o. V., S. 10 ff.

309   Goertz/Stockhammer (2021): wie Anm. 298, S. 13.

310   Siehe Der Standard (13.04.2020): QAnon: Verschwörungstheoretiker erhalten dank Xavier Naidoo und Covid-19 neuen Aufschwung;
https://www.derstandard.de/story/2000116789442/qanon-verschwoe-
rungstheoretiker-erhalten-dank-xavier-naidoo-und-covid-19-neuen
[15.06.2023].

311   Vgl. Frankfurter Allgemeine Zeitung (20.04.2022): Xavier Naidoo.
„Habe Dinge gesagt und getan, die ich heute bereue"; https://www.
faz.net/aktuell/gesellschaft/menschen/xavier-naidoo-entschuldigt-sich-
fuer-verstoerende-aeusserungen-17969285.html [15.06.2023].

312   Vgl. Goertz (2022): wie Anm. 292, S. 33.

313   Zitiert nach Goertz (o. J.): wie Anm. 307.

314   Vgl. Butter, Michael (2021): Nichts ist, wie es scheint. Über Verschwörungstheorien, 5. Aufl., Berlin: Suhrkamp.

315   Vgl. Radicalisation Awareness Network (RAN) der Europäischen Kom-
mission (2021): Contemporary Violent Left-wing and Anarchist Extremism (VLWAE) in the EU: Analysing Threats and Potential for P/CVE;
https://home-affairs.ec.europa.eu/system/files/2021-11/ran_vlwae_
in_the_eu_analysing_threats_potential_for_p-cve_112021_en.pdf
[19.07.2023].

316   Vgl. Bergsdorf, Harald/van Hüllen, Rudolf (2011): Linksextrem –
Deutschlands unterschätzte Gefahr?, Paderborn: Ferdinand Schö-
ningh, S. 31 ff.

317   Vgl. van Hüllen, Rudolf (2023): „Die radikale Klimaschutzbewegung
und der Linksextremismus – eine synergetische Beziehung?", in:
Stockhammer, Nicolas (2023): Zwischen zivilem Ungehorsam und
Militanz. Die radikale Klimaschutzbewegung und ihr extremistisches
Potenzial, S. 69/70.

318   Ebenda.

319   Ali, Ayaan Hirsi (2023): „In Amerika greift die Ideologie des Wo-
        keismus [sic!] um sich. Wir Europäer erhalten eine Anschauung
        davon, was uns erst noch bevorsteht; Essay in der Neuen Zürcher
        Zeitung (NZZ), Ausgabe vom 18.07.2023, S. 30/31; https://www.nzz.
        ch/feuilleton/in-amerika-greift-die-ideologie-des-wokeismus-um-sich-
        ld.1745600?reduced=true [19.07.2023].

320   Shapiro, Ben (2022): Der autoritäre Terror. Wie Cancel Culture und
        Gutmenschentum den Westen verändern, München: Langen Müller
        Verlag, S. 16.

321   Die Tagespost (09.03.2021): Steven Pinker über den „Wokismus":
        „Dieser universitäre Irrsinn geht uns alle an"; https://www.die-tages-
        post.de/politik/steven-pinker-ueber-den-wokismus-dieser-universitae-
        re-irrsinn-geht-uns-alle-an-art-216495 [14.07.2023].

322   Vgl. Nida-Rümelin, Julian (2023): „Cancel Culture" Ende der Aufklä-
        rung? Ein Plädoyer für eigenständiges Denken, München: Piper.

323   Vgl. Pfister, René (2022): Ein falsches Wort. Wie eine neue linke Ideo-
        logie aus Amerika unsere Meinungsfreiheit bedroht, München: DVA/
        Spiegel Buchverlag, S. 116 ff.

324   Vgl. Shapiro (2022): wie Anm. 320, S. 16 ff.

325   Vgl. Bolz, Norbert (2023): Der alte, weiße Mann. Sündenbock einer
        Nation, München: Langen Müller Verlag.

326   Vgl. Kaube, Jürgen/Kieserling, André (2022): Die gespaltene Gesell-
        schaft, Berlin: Rowohlt Berlin, S. 193.

327   Vgl. Taguieff, Pierre-André (2020): L' imposture décoloniale. Science
        imaginaire et pseudo-antiracisme, Paris: L' Oberservatoire, S. 263.

328   Vgl. Deutschland Radio Kultur (04.02.2019): Francis Fukuyama: „Iden-
        tität". Der doppelte Verrat der Linken; https://www.deutschlandfunk-
        kultur.de/francis-fukuyama-identitaet-der-doppelte-verrat-der-lin-
        ken-100.html [14.07.2023].

329   Vgl. Fukuyama, Francis (2020): Identität. Wie der Verlust der Würde
        unsere Demokratie gefährdet, Hamburg: Hoffmann und Campe Ver-
        lag, S. 144/145.

330   Vgl. ebenda, S. 146.

331   Ebenda, S. 147.

332   Bundesamt für Verfassungsschutz (2023): Verfassungsschutzbericht 2022. Fakten und Tendenzen, S. 25; https://www.verfassungsschutz.de/SharedDocs/publikationen/DE/verfassungsschutzberichte/2023-06-20-verfassungsschutzbericht-2022-fakten-und-tendenzen-kurzzusammenfassung.pdf?__blob=publicationFile&v=3 [14.07.2023].

333   Vgl. ebenda, S. 25.

334   Vgl. ebenda, S. 25.

335   Vgl. ebenda, S. 26.

336   Vgl. ebenda, S. 27.

337   DSN, Verfassungsschutzbericht 2022: S. 31.

338   Vgl. ebenda, S. 34.

339   Vgl. ebenda, S. 34.

340   Vgl. Europol TE-SAT Report (2023): S. 9.

341   DSN, Verfassungsschutzbericht 2022: S. 80.

342   Vgl. Stockhammer, Nicolas (2023): Zwischen zivilem Ungehorsam und Militanz. Die radikale Klimaschutzbewegung und ihr extremistisches Potenzial, EICTP Research Study; https://eictp.eu/wp-content/uploads/2023/06/Final_EICTP_Research-Papers_Klimaextremismus_Ansicht.pdf [14.07.2023].

343   Vgl. Stockhammer, Nicolas (13.07.2023): Radikale Klimaaktivisten: „Es gibt bereits Extremismus in der Klimaschutzbewegung", Interview für Cicero Online; https://www.cicero.de/innenpolitik/nicolas-stockhammer-extremismus-klimaschutz-letzte-generation [14.07.2023].

344   van Hüllen (2023): wie Anm. 317, S. 79.

345   Vgl. Baron, Udo (2020): Klimaschutzbewegung und Linksextremismus. Wie Linksextremisten vom Klimakampf profitieren, Aktuelle Analysen 79 der Hanns-Seidl-Stiftung; https://www.hss.de/download/publications/AA_79_Klimaschutzbewegung.pdf [14.07.2023].

346   Bundesamt für Verfassungsschutz (2023): Verfassungsschutzbericht 2022. Fakten und Tendenzen, S. 28/29.

347   Vgl. sehr ausführlich hierzu Goertz, Stefan (2023): „(Militante) Klimaaktivisten – auf dem Weg in den Extremismus oder gar Terrorismus?", in: Stockhammer, Nicolas (2023): Zwischen zivilem Ungehorsam und Militanz. Die radikale Klimaschutzbewegung und ihr extremistisches Potenzial, S. 117 ff.

348   ZDF (16.6.2022): Interview. „Mehr auf Sabotage setzen: Klimaaktivist: Bürger müssen uns nicht mögen"; https://www.zdf.de/ nachrichten/ politik/klimabewegung-protest-radikalisierung-tadzio-mueller-100. html [10.07.2023].

349   Vgl. https://climatejustice.social/@muellertadzio/109665200416712070 [10.07.2023].

350   Vgl. Kraushaar, Wolfgang (2023): „Zum Radikalisierungspotenzial der Klimaprotestbewegung", in: Stockhammer (2023): wie Anm. 347, S. 34.

351   Vgl. Nesser, Petter (2018): Islamist Terrorism in Europe, Oxford: Oxford University Press; vgl. Goertz, Stefan (2017): Der neue Terrorismus. Neue Akteure, Strategien, Taktiken und Mittel, Wiesbaden: Springer VS.

352   Vgl. https://www.consilium.europa.eu/en/infographics/terrorism-eu-facts-figures [21.05.2023].

353   Europol (2022): European Union Terrorism Situation and Trend Report, Publications Office of the European Union, Luxembourg, S. 21; https://www.europol.europa.eu/cms/sites/default/files/documents/ Tesat_Report_2022_0.pdf [21.05.2023].

354   Europol TE-SAT Report (2023): S. 9.

355   Vgl. ebenda, S. 9.

356   Vgl. ebenda, S. 9.

357   Vgl. ebenda, S. 9.

358   Nesser, Petter (2021): "Foiled Versus Launched Terror Plots: Some Lessons Learned", in: EICTP Vienna Research Papers on Transnational Terrorism and Counter Terrorism: Key Determinants of Transnational Terrorism in The Era of Covid-19 and beyond. Trajectory, Disruption and the Way Forward, Vol. II, March 2021, S. 151.

359   Vgl. Stockhammer, Nicolas (2017): „Europa im Zangengriff des transnationalen Terrorismus. Ursachen, Wandel und Bekämpfung des Terrors der dritten Generation", in: Khol/Ofner/Karner/Halper (Hrsg.): Österreichisches Jahrbuch für Politik 2016, Wien/Köln/Weimar, S. 301–313.

360   Vgl. ebenda.

361   Vgl. Nesser, Petter (2023): "Introducing the Jihadi Plots in Europe Dataset" (JPED), in: Journal of Peace Research, 0(0).

362   Goertz, Stefan (2020): Terrorismusabwehr. Zur aktuellen Bedrohung durch den islamistischen Terrorismus in Deutschland und Europa, Wiesbaden: Springer VS, S. 24.

363   Hegghammer, Thomas: "Resistance is Futile. The War on Terror Supercharged State Power", in: Foreign Affairs, vol. 100 no 5, Sept/Oct 2021, S. 51.

364   Vgl. Monaghan, Rachel/McIlhatton, David (2021): "Prevention of Bomb Attacks by Terrorists in Urban Settings: Improvised Explosive Devices", in: Schmid, Alex P. (Hrsg.): Handbook of Terrorism Prevention and Preparedness, Den Haag: ICT Press, S. 704–731.

365   Vgl. Makarenko, Tamara/Mesquita, Michael (2014): "Categorising the crime-terror nexus in the European Union", in: Global Crime, 15:3–4, S. 259–274.; sowie Llan, Jonathan/Sandberg, Sveinung (2019): "How 'gangsters' become jihadists: Bourdieu, criminology and the crime-terrorism nexus", in: European Journal of Criminology. 2019;16(3): S. 278–294; zum „Crime-Terror Nexus" außerdem: Gunaratna, Rohan (2015): Crime-terror nexus: Combating terrorism through financial disruption, Springer; McKenzie, Amy A./Levitt, Matthew (2011): "Preventing the crime-terror nexus: Understanding offender convergence", in: Journal of Policing, Intelligence and Counter Terrorism, 6(1), S. 3–18; Shelley, Louise I. (2014): Dirty Entanglements: Corruption, Crime, and Terrorism, Cambridge: Cambridge University Press.

366   Vgl. zur jihadistischen Ausprägung: Basra, Rajan/Neumann, Peter et al. (2016): "Criminal Pasts, Terrorist Futures: European Jihadists and the New Crime-Terror-Nexus", in: Perspectives on Terrorism, 10 (6), S. 34; hinsichtlich des rechtsextremistischen Terrorismus vgl. Lützinger, Saskia (2010): Die Sicht der Anderen. Eine qualitative Studie zu Biographien von Extremisten und Terroristen, Köln.

367   Vgl. McDonald, Kevin (2018): Radicalization, Cambridge: Polity Press, S. 116 ff.; Waldmann (2011): wie Anm. 2, S. 201 ff.

368   Vgl. Kepel, Gilles, mit Antoine Jardin (2016): Terror in Frankreich. Der neue Dschihad in Europa, München.

369   Vgl. Mitchell, Timothy (2002): "McJihad: Islam in the U.S. Global Order", in: Social Text 20(4), S. 1–18; https://www.muse.jhu.edu/article/38471 [21.06.2023].

370   Vgl. Stockhammer, Nicolas (2020): "Introduction to Combined Expert Contributions: The Case of Hybrid Terrorism – Systemic Lessons from Recent European Plots", in: EICTP Vienna Research Papers on Transnational Terrorism and Counter Terrorism, Current Developments, Volume I, S. 13/14.

371   Vgl. Stockhammer, Nicolas/Neumann, Peter (2021): Vorläufige Lek-
       tionen vom Terror in Wien. EICTP Policy Brief, Wien; https://eictp.
       eu/wp-content/uploads/2021/01/FINAL_EICTP-Policy-Brief-Terror-and-
       lessons-learnt-1.pdf [21.03.2023]; vgl. Goertz, Stefan/Stockhammer,
       Nicolas (2022): Taktische Erkenntnisse zum Wiener Terroranschlag
       vom 2. November 2020, Wien: EICTP; https://www.eictp.eu/wp-con-
       tent/uploads/2022/03/FINAL_Expert-Paper_Taktischer-Erkenntnisse.
       pdf [21.03.2023]; vgl. Saal, Johannes/Lippe, Felix (2021): "The Network
       of the November 2020 Vienna Attacker and the Jihadi Threat to Aus-
       tria", in: CTC Sentinel, February 2021; https://ctc.westpoint.edu/wp-
       content/uploads/2021/02/CTC-SENTINEL-022021.pdf [21.03.2023]; vgl.
       Schliefsteiner, Paul/Hartleb, Florian (2022): „Dschihadistischer Terror
       mit tödlichem Ausgang. Eine vergleichende Fallstudie zu Anschlägen
       in Österreich und Deutschland", in: SIAK-Journal – Zeitschrift für
       Polizeiwissenschaft und polizeiliche Praxis (2), S. 4–22; http://dx.doi.
       org/10.7396/2022_2_A [21.03.2023].

372   Sageman, Marc (2008): Leaderless Jihad: Terror Networks in the
       Twenty-First Century, Philadelphia: University of Pennsylvania Press,
       Vorwort S. VII.

373   Vgl. Gerges, Fawaz A. (2011): The rise and fall of Al Qaeda. Oxford:
       Oxford University Press; Shariatmadari, Ahmad (2012): "Al-Qaida's
       ideology: An analysis", in: Journal of Politics and Law, 5(1), S. 120–129;
       sowie wesentlich: Wiktorowicz, Quintan (2006): "Anatomy of the Sa-
       lafi movement", in: Studies in Conflict & Terrorism, 29(3), S. 207–239.

374   Vgl. Coolsaet, Rik (2016): Jihadi Terrorism and the Radicalisation Chal-
       lenge: European and American Experiences, London: Routledge, S.
       49–72.

375   Crenshaw, Martha (2020): "Rethinking Transnational Terrorism: An In-
       tegrated Approach", in: Peaceworks (No. 158), United States Institute
       of Peace (February), S. 4.; https://www.usip.org/publications/2020/02/
       rethinking-transnational-terrorism-integrated-approach [21.06.2023].

376   Ebenda, S. 4.

377   Vgl. Der Spiegel (05.01.2017): Flucht von Anis Amri. 77 Stunden quer
       durch Europa; https://www.spiegel.de/politik/ausland/anis-amri-sta-
       tionen-seiner-flucht-durch-europa-a-1128683.html [21.06.2023]; vgl.
       Telepolis (30.06.2020): Hatte Anis Amri bei seiner Flucht doch ein
       Handy bei sich?; https://www.telepolis.de/features/Hatte-Anis-Amri-
       bei-seiner-Flucht-doch-ein-Handy-bei-sich-4798414.html [21.06.2023].

378   Vgl. Alimi, Eitan Y. (2019): "Small cells and lone wolves: How terrorism
       goes from the transnational to the local", in: International Affairs,
       95(1), S. 65–84.

379 Vgl. Coolsaet (2016): wie Anm. 374, S. 10.

380 Vgl. Goertz (2020): wie Anm. 362; sowie Nesser (2023): wie Anm. 361.

381 Vgl. Stockhammer/Neumann (2021): wie Anm. 371.

382 Vgl. Nitsch, Holger (2020): „Terrorismus und die Nutzung des Internet", in: Rüdiger, Thomas G./Bayerl, Petra S.: Cyberkriminologie. Kriminologie für das digitale Zeitalter, Wiesbaden: Springer VS, S. 193–216.

383 https://www.freitag.de/autoren/matthias-jauch/immer-einen-schritt-zu-spaet [21.03.2023].

384 Ebenda, S. 50.

385 Neumann, Peter (2023): „Terrorismus: Risiken und Bedrohungen für Österreich", in: Risikobild 2023. Krieg um Europa, hg. vom Bundesministerium für Landesverteidigung, S. 233; https://www.bmlv.gv.at/pdf_pool/publikationen/risikobild_2023.pdf [17.07.2023].

386 Vgl. Ebner (2023): wie Anm. 3, S. 296.

387 Popper, Karl (1969): Die offene Gesellschaft und ihre Feinde: Der Zauber Platons, Band 3, Tübingen: Mohr Siebeck, S. 265/266.

DANK SAGUNG

Ein Projekt wie dieses hat einen längeren, nicht immer friktionslosen Entstehungsprozess. Auf dem Weg bis zum finalen Manuskript gab es zahlreiche gute Geister beiderlei Geschlechts, die mir als wohlwollende, geduldige Gesprächspartner und fachliche Kritiker zur Verfügung gestanden sind.

Allen voran möchte ich mich bei meinen geschätzten Kollegen und Freunden Prof. Dr. Stefan Goertz, Dr. Florian Hartleb und Dr. Nico Prucha sehr herzlich bedanken. Sie alle haben mein Manuskript oder Auszüge davon sorgfältig gelesen und mich vor dem einen oder anderen Fallstrick bewahrt. Meine beiden wissenschaftlichen Mitarbeiter am Research Cluster in Krems, Dr. Barbara Gruber und MMag. Florian Liepold haben ebenfalls die Genese dieser Publikation mit ihrer Expertise begleitet. Auch ihnen sei mein Dank gewiss. Florian Liepold gilt hierbei noch ein besonderes Dankeschön für seine rechts- und nachrichtendienstwissenschaftliche Fachunterstützung, die sich als unerlässlich erwiesen hat.

Es versteht sich von selbst, dass allfällige Ungereimtheiten und Irrtümer nur mir allein zuzuschreiben sind!

Prof. Peter Neumann, ebenfalls ein langjähriger Mitstreiter und Freund, schulde ich großen Dank für seine überaus freundliche Bereitschaft, ein Vorwort für die vorliegende Darstellung beizusteuern.

Bedanken möchte ich mich ausdrücklich auch bei den phänomenalen Damen des Amalthea Verlags, bei Mag. Katarzyna Lutecka und bei MMag. Madeleine Pichler, die dieses Buchprojekt mit der größtmöglichen Umsicht und Geduld betreut haben. Frau Mag. Eva Harker hat das Lektorat mit Akribie und Sachverstand übernommen – auch ihr mein aufrichtiges Danke.

Nicht zuletzt danke ich aus vollem Herzen meiner Frau Cordula, die mich stets ermuntert hat und zugleich meine schärfste Kritikerin war. Ihre Engelsgeduld und Entschlossenheit, mir den Rücken freizuhalten, sind ohnegleichen. Ohne sie wäre das Buch in dieser Form nicht möglich geworden.